U0579124

广视角·全方位·多品种

经济信息绿皮书

GREEN BOOK OF
ECONOMIC INFORMATION

中国与世界经济发展报告
（2014）

ANNUAL REPORT ON ECONOMIC DEVELOPMENT OF
CHINA AND THE WORLD (2014)

主　编／杜　平
副主编／范剑平　祝宝良　步德迎
　　　　阎娟荣　张亚雄

社会科学文献出版社
SOCIAL SCIENCES ACADEMIC PRESS (CHINA)

图书在版编目（CIP）数据

中国与世界经济发展报告. 2014/杜平主编. —北京：社会科学
文献出版社，2013.12
（经济信息绿皮书）
ISBN 978 – 7 – 5097 – 5295 – 1

Ⅰ.①中… Ⅱ.①杜… Ⅲ.①中国经济 – 经济发展 – 研究报告 –
2014 ②世界经济 – 经济发展 – 研究报告 – 2014 Ⅳ.①F124 ②F112

中国版本图书馆 CIP 数据核字（2013）第 271040 号

经济信息绿皮书
中国与世界经济发展报告（2014）

主　　编/杜　平
副 主 编/范剑平　祝宝良　步德迎　阎娟荣　张亚雄

出 版 人/谢寿光
出 版 者/社会科学文献出版社
地　　址/北京市西城区北三环中路甲 29 号院 3 号楼华龙大厦
邮政编码/100029

责任部门/皮书出版中心（010）59367127　责任编辑/陈　帅　王　颉
电子信箱/pishubu@ ssap. cn　　　　　　　责任校对/师旭光
项目统筹/邓泳红　　　　　　　　　　　　责任印制/岳　阳
经　　销/社会科学文献出版社市场营销中心（010）59367081　59367089
读者服务/读者服务中心（010）59367028

印　　装/北京季蜂印刷有限公司
开　　本/787mm×1092mm　1/16　　　　印　　张/22.75
版　　次/2013 年 12 月第 1 版　　　　　字　　数/368 千字
印　　次/2013 年 12 月第 1 次印刷
书　　号/ISBN 978 – 7 – 5097 – 5295 – 1
定　　价/79.00 元

经济信息绿皮书编委会

主要编撰者简介

杜　平　男，研究员。国家信息中心常务副主任兼国家电子政务外网管理中心主任，兼任中国人力资源开发研究会副会长、中国信息协会副会长、中国区域经济学会副理事长、中国可持续发展研究会常务理事、中国地理学会理事，还担任中国科学院地理资源研究所兼职研究员和浙江大学管理学院兼职教授。1982年以来，先后在国家发改委（原国家计委）地区协作计划局、地区综合计划局（国土地区司）、国土开发与地区经济研究所、国务院西部开发办综合组、国家发改委培训中心及智力引进办工作，任处长、所长、司长、主任等行政职务。主要负责和参与有关区域经济发展、国土开发、生态与环境保护、可持续发展、西部大开发等领域的国家规划、计划、战略和政策等文件（报告）研究起草以及相应的业务管理工作，以及干部教育培训和引进国外智力等管理工作。曾经主持或合作主持完成各级政府委托的研究报告30多项，先后获得过省部级科技成果一等奖一次、二等奖二次、三等奖三次。先后主持完成亚洲开发银行、联合国开发计划署（UNDP）、德国经济技术合作公司（GIZ）、日本海外协力机构（JICA）多次委托的研究咨询报告。

范剑平　男，江苏省无锡人，中国人民大学经济学硕士，国家信息中心首席经济师，研究员，教授，主要从事宏观经济、消费经济和收入分配研究。《中国中长期粮食供求问题》获国家计委宏观经济研究院优秀科研成果一等奖、国家计委科技进步二等奖，《中国城乡居民消费结构变动趋势》和《居民消费结构变动对国民经济发展的影响》获国家计委宏观经济研究院优秀科研成果二等奖、国家计委科技进步三等奖等。主要著作有《居民消费与中国经济发展》《中国城乡居民消费结构的变化趋势》《我国消费需求发展趋势和消费政策研究》等。

祝宝良　男，山东青岛人，国家信息中心经济预测部主任，研究员，华东师范大学硕士。从事宏观经济和数量经济研究，主持20多个国内外研究项目，获国家重大科技成果进步奖一次，环保部科技进步一等奖一次，国家发改委优秀研究成果三等奖两次。在《宏观经济研究》《金融研究》《国际贸易》《世界经济研究》《数量经济与技术经济》《预测》《人民日报》《经济日报》《中国经济时报》《中国证券报》等刊物上发表文章150余篇。出版《欧盟经济概况》《欧盟地区经济政策》《中国宏观经济运行定量分析》专著三本。

步德迎　男，山东邹县人，国家信息中心经济预测部副主任，高级经济师，中国人民大学经济学学士。曾任新疆维吾尔自治区发改委副主任。曾主编国家信息中心《经济预测分析》杂志和国家计委内部刊物《经济消息（快报）》，曾主持1989~1993年全国工业和市场监测系统工作，按月出版全国工业生产和消费市场月度分析预测报告，参与社科基金项目"经济周期波动分析预警系统研究"和"国有资产管理体制改革思路"课题，担任1998~2001年《中国经济展望》和2008~2011年《中国与世界经济发展报告》副主编。研究领域涉及宏观经济、区域经济、投资、消费、物价、就业、工业、农业、金融、外汇等，在内部刊物和权威公开报刊上发表经济研究论文70余篇，其中多篇获中央领导同志批示。

阎娟荣　女，河北衡水人，国家信息中心经济预测部副主任，高级工程师，清华大学自动化系本科毕业。从事宏观经济数量方法及应用系统研究，主持并参加《中国多部门宏观经济模型》《亚洲地区国际投入产出模型》《中国区域间投入产出模型编制与应用》《世界主要国家宏观经济跟踪与分析系统》，以及国家电子政务工程——《宏观经济信息管理系统》等多项国内外研究项目，获国家发改委机关、国家信息中心优秀研究成果奖。

张亚雄　男，河北丰润人，国家信息中心经济预测部副主任，研究员，"百千万"人才工程国家级人选，中国投入产出学会副理事长，新加坡国立大学管理学硕士。从事宏观经济与数量经济、能源与气候变化等研究。曾获国家发改委优秀研究成果三等奖（三项）、国家发改委第四届中青年干部经济研讨会优胜奖、首届国家信息中心创新奖等。主持或参加国家重大科学研究计划（973）、科技部软科学、国家社科基金、自然科学基金及政府、社会和国际合作课题多项。在《经济研究》《统计研究》《经济学动态》《国际经济评论》《改革》《预测》《中国软科学》《国际贸易问题》《国际贸易》《气候变化进展》，以及 *Asian Economic Journal*，*Energy Economics*，*Energy Policy* 等期刊发表论文多篇，出版《区域间投入产出分析》等专著。

摘　要

　　《中国与世界经济发展报告（2014）》由国家信息中心组织专家队伍编撰，对 2014 年国内外经济发展环境、宏观经济发展趋势、经济运行中的主要矛盾、产业经济和区域经济热点、宏观调控政策的取向进行了系统分析预测，内容涵盖了 10 大宏观经济领域、5 大重点行业、6 大经济地区、4 大世界经济体，并对国际贸易、国际货币、国际金融、国际大宗商品、国际油价的走势进行了分析和预测，目的是为各级政府部门、企业、科研院所和大专院校开展经济形势分析预测和政策分析提供较为系统、全面的决策参考资料。

　　国家信息中心专家认为，2013 年，全球经济增长出现分化，发达国家经济改变前两年的低迷状态，复苏速度有所加快，新兴经济体增长态势则继续减弱。美国经济在消费和房地产市场拉动下温和复苏，制造业复苏加快，制造业采购经理人指数 2013 年 9 月创 2011 年 4 月以来的新高。欧洲经济逐步从二次衰退中走出，欧债危机总体形势逐渐缓和，金融市场趋于稳定，欧洲经济开始进入恢复性增长阶段。日本经济在安倍经济学刺激下出现加速复苏势头。主要新兴国家经济全面减速，巴西、印度、俄罗斯经济严重失速，通货膨胀严重，陷入滞胀的困扰。

　　报告认为，中国经济发展仍然处于重要战略机遇期，改革红利不断释放，科技创新能力逐步提高，国内需求扩大和供给改善潜力巨大，但也不能不看到经济中存在严重的结构性问题。因此，2014 年中国经济增速将以稳为主，重在加快改革、结构调整和转型升级，宏观调控的政策取向仍将是稳增长、调结构和促改革，改革和结构调整力度都将加大，增长质量将明显提高。综合各种因素预测，2014 年中国经济将增长 7.5%，投资增速略有放慢，消费增速平稳，净出口增速将有较大上升，居民消费价格上涨 2.7% 左右。

报告建议，2014 年应坚持稳增长的宏观调控政策总基调，继续实施积极的财政政策和稳健的货币政策；促进改革和产业升级，着力激发各类企业的自主增长活力；推动收入分配体制改革，夯实消费增长基础；以上海自由贸易区建设为契机，不断探索改革开放的新模式；下决心从体制上化解产能过剩问题和地方债务风险问题，消除经济发展的潜在风险。

Abstract

The Annual Report on Economic Development of China and the World (*2014*), written by an expert team organized by the State Information Center, conducts systematic analysis and forecasting on the domestic and international environment for economic development, the trend in macro-economic development, major problems in the economy, hot topics in industrial and regional economy, and the orientation of future macroeconomic control. The report covers 10 major macro-economic issues, 5 major industries, 6 major economic regions, and 4 major economies in the world. In addition, it contains analysis of and forecast for international trade, international financial markets, and international commodity markets. The report provides systematic and comprehensive materials and references for decision-making to governments, enterprises, research institutions and universities in their analysis of the economy and macro policies.

Researchers in the State Information Center believe that, in 2013, the global economy appeared great difference in performance from before. The economy of developed countries has become better off than in the time of deep economic depression, and the pace of recovery has accelerated. By contrast, the growth in emerging economies continues to be weak. With the help of consumption and real estate market, the America's economy is undergoing a moderate recovery. America's manufacturing industries are going towards a revival, with PMI reaching a new high since April 2011. The European economy has gradually got out of the double dip recession, the debt crisis eased, and financial markets stabilized. Therefore, the European economy began to enter a relatively stable growth phase. With Abenomics, green shoots have emerged in Japanese economy. However, major emerging economies, such as Brazil, India, Russian, have seen sharp slowdown and high inflation.

The report believes that, China's economic development is still in an important period rich with strategic opportunities, reform dividends continue to accrue,

science and technology innovation capacity is gradually improving, and the room for further expansion of domestic demand and supply is huge. However, we admit that China's economy has serious structural problems. Therefore, in 2014 China's economic growth should be kept stable, and marked priority should be given to speeding up reform, restructuring and upgrading. The objectives of macroeconomic policies will continue to be stabilizing growth, adjusting structure, and promoting reform. Government will pay much attention to reform and structural adjustment, and as a result the quality of growth will be significantly improved. We predict that in 2014 China's GDP will grow by 7. 5% , investment growth will slow down slightly, consumption growth will remain steady, net exports will rise significantly, and CPI could rise by 2. 7% .

The report recommends that, in 2014, China should adhere to the general tone of macroeconomic regulation, continue to implement proactive fiscal policies and prudent monetary policies; promote reform and industrial upgrading by eneouraging all kinds of businesses to grow actively; promote the reform of the income distribution system in order to consolidate the foundation of consumption growth; make Shanghai FTA as a break-through point, continuing to explore new model of reform and opening-up; resolve the problems of local debt and overcapacity in many industries so as to eliminate the potential risks of economic development.

序

临近 2014 年，国家信息中心继续组织有关专家编撰了《中国与世界经济发展报告（2014）》，按照惯例还是要写一篇序。

2013 年，关于国际国内大的经济走势，与 2012 年相比可以说没有发生本质上的变化，依然表现出十分严峻而又复杂的总体特征。从国内情况看，经济增长下滑压力历经了上半年明显加大但第三季度有所好转的过程，部分行业产能过剩并且化解起来十分艰难始终是一个重大问题，人民币继续升值以及土地、劳动力等成本上升，再加上融资困难，导致企业特别是中小企业生产经营非常困难，大面积雾霾天气和自然灾害增多带来新的经济增长与社会发展再平衡问题。显然，这都是一系列短期困难与中长期矛盾叠加的棘手问题。从外部环境来看，美欧经济继续艰难爬坡，新兴经济体多数出现滞胀局面，日本等发达国家引发新一轮货币贬值浪潮，世界性的贸易保护主义普遍增强，国际贸易增长乏力。在此大背景下，新一届中央领导集体创新宏观调控思路，在明确界定我国经济运行按照合理区间上下限目标的前提下，按照"宏观政策要稳住、微观政策要放活、社会政策要托底"的总体要求，着力统筹稳增长、调结构、促改革，有针对性地陆续出台了一系列既利当前、更利长远的政策措施，全国经济总体运行基本形成"稳中有进、稳中向好"的势头，年初制定的主要目标均可以确保实现。

展望 2014 年，影响我国经济社会发展的积极向上的重大利好因素，就是 2013 年以来坚持创新宏观调控思路以及配套政策继续发力，特别是十八届三中全会深化改革将带来新的政策红利以及对未来的良好预期。但同时，由于制约我国中长期发展的周期性因素和结构性因素还难以在短期内化解，如化解严重过剩行业产能、防范出现系统性财政金融风险、合理调控房地产市场、改善企业投融资环境和减缓经营成本上升压力等。因此，总体上讲还是说了多年的那句老话，就是"机遇与挑战并存"。一方面，从宏观经济先行指数的变化趋势来看，2014 年我国经济增速将处于稳中向上时期，即可能仍然会以 7.5% 以上的速度增长。但是，若考虑到现实中的许多深层次困难和矛盾、复杂多变的国际因素，以及我国加快推动经济社会走上科学发展轨道所必须支付的成本，将 2014 年 GDP 增长预期目标定为 7% 可能比较适宜。因为在这样的目标导向下，统筹考虑就业增长、结构调整、发展方式转型以及相应的财政金融等资源配置，可能回旋的余地要大一些。当然，在质量和效益都得到提高的基础上实际增长速度更快一点，是大家都乐见的一件事情。

总之，当今世界的经济发展格局和 2014 年的走势，既受制于现实经济规律的作用，也受制于历史矛盾积累的影响；既取决于国际政治角力对全球经济秩序和规则重建及其对国际投资和经济贸易的影响，也取决于决策者们对宏观调控思路、目标、重点及其配套政策措施的完善和优化。因此，从不同的角度和视野来分析预测 2014 年的中国与世界经济发展，也会呈现出不同的判断和建议。作为多年来持续跟踪研究这一领域的专门机构及专业人士，我们努力做到客观、中立、科学，但呈现出的研究成果仍然只是一家之言，我们愿意提供给相关人士参考，敬请批评指正。

杜平

2013 年 11 月

目 录

皮书数据库阅读**使用指南**

CONTENTS

G III   Reports on International Economics

G IV   Reports on Industrial Development

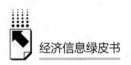
G Ⅴ　Reports on Regional Economics

总 报 告

General Report

G.1

2014 年中国经济展望和
宏观调控政策取向

国家信息中心

摘 要:

2013 年，面对复杂多变的世界经济环境和国内经济下行压力加大的困难局面，我国坚持稳中求进的工作总基调，统筹稳增长、调结构、促改革，宏观经济保持平稳增长态势。展望 2014 年，中央在经济体制改革方面将迈出新步伐，宏观调控政策会继续发挥积极作用，我国宏观经济将保持平稳较快增长态势。2014 年，应继续实行积极的财政政策和稳健的货币政策，着力通过改革释放经济增长的动力和活力，增强信心，稳定预期，保持宏观经济持续健康发展。

关键词:

中国经济　宏观调控　2014 年预测

一 2013 年中国经济形势基本特征及全年预测

2013 年，中央以提高经济增长质量和效益为中心，牢牢把握"宏观政策要稳住、微观政策要放活、社会政策要托底"的要求，有针对性地出台了一系列既利当前、又利长远的措施，着力深化改革，加快转型升级，不断改善民生，经济社会发展平稳开局。

（一）"稳增长"政策逐步见效，可以完成经济增长预期目标

适应世界经济进入低速增长的新常态和我国经济从高速增长进入中高速增长的新阶段，十八大后，我国不再追求高经济增长，更加重视结构调整和增长质量，提高经济增长的动力和活力。从我国经济发展变化的客观实际出发，科学确定经济运行合理区间，保证经济增长率、就业水平等不滑出"下限"、物价涨幅等不超出"上限"。只要经济运行处在合理区间，就要尽量保持宏观政策的连续性和稳定性。坚定不移地深化改革，着力激发市场活力，大力推进行政管理体制改革，取消和下放了 200 多项行政审批事项。同时，扩大了"营改增"试点范围，积极推动利率市场化、铁路等基础设施投融资体制、资源性产品价格等领域改革。着力调整优化结构，积极培育信息消费，增加节能环保、棚户区改造、城市基础设施建设、中西部铁路建设等方面的投资，促进养老、健康、文化、教育等服务业发展。这些稳中有为的配套政策措施，稳定了市场预期，增强了市场信心，保证了经济平稳运行。特别是 2013 年第三季度，经济运行出现企稳回升态势。前三季度我国经济分别增长 7.7%、7.5% 和 7.8%，累计增长 7.7%，规模以上工业增加值累计增长 9.6%，工业企业效益出现恢复性增长，前 8 个月实现利润同比增长 12.8%。预计全年 GDP 将增长 7.6%，居民消费价格指数（CPI）将上涨 2.7%，均可完成全年预期调控目标（见表 1）。

表1　2013 年中国主要经济指标预测

指　标	2012 年实际		2013 年 1～9 月实际		2013 年预测	
	绝对值	增速(%)	绝对值	增速(%)	绝对值	增速(%)
GDP(亿元)	518942	7.7	386762	7.7	566518	7.6
第一产业	52374	4.5	35669	3.4	56539	3.7
第二产业	235162	7.9	175118	7.8	249240	7.9
第三产业	231406	8.1	175975	8.4	260739	8.3
规模以上工业增加值(亿元)	—	10.0	—	9.6	—	9.6
轻工业	—	10.1		8.5		8.6
重工业	—	9.9		10.0	—	10.0
固定资产投资	364835	20.6	309208	20.2	438451	20.1
房地产投资	71804	16.2	61120	19.7	85091	18.5
社会消费品零售额(亿元)	207167	14.3	168817	12.9	234065	13.0
出口(亿美元)	20489	7.9	16148.6	8.0	22123	8.0
进口(亿美元)	18178	4.3	14455.0	7.3	19538	7.5
外贸顺差(亿美元)	2311.0	48.1	1693.6	14.4	2585	11.9
财政收入(亿元)	117210	12.8	98389	8.6	127220	8.5
财政支出(亿元)	125712	15.1	91532	8.8	139220	10.5
居民消费价格指数	102.6	2.6	102.5	2.5	102.7	2.7
工业生产者出厂价格指数	98.3	-1.7	97.9	-2.1	98.0	-2.0

（二）需求保持基本稳定，投资发挥关键性作用

投资依然是经济增长的主要动力。2013 年 1～9 月，固定资产投资名义增长 20.2%，较上年同期放缓 0.3 个百分点，但剔除价格因素，实际增速同比加快约 1.4 个百分点。其中，基本建设投资增长 24.2%，增幅同比加快 11.6 个百分点；房地产投资增长 19.7%，增幅同比加快 4.3 个百分点；制造业投资仅增长 18.5%，增幅同比放缓 5 个百分点。投资对经济增长的贡献增强，前三季度资本形成总额对 GDP 的贡献率是 55.8%，较上年同期提高了 5.3 个百分点，拉动 GDP 增长 4.3 个百分点。预计全年固定资产投资将增长 20.1% 左右，超过 18% 的预期调控目标；房地产开发投资将增长 18.5% 左右，增幅同比提高 2.3 个百分点。

消费增速基本稳定。2013 年 1～9 月，社会消费品零售总额名义增长

12.9%，增幅同比放缓1.2个百分点，剔除价格因素后实际增长11.3%，同比放缓0.3个百分点。居民收入减速以及零售物价涨幅回落使得消费增速放缓。此外，中央提倡勤俭节约严格公务消费有效抑制了公款吃喝，1~9月餐饮收入增长8.9%，增幅同比放缓4.3个百分点，下拉社会消费品零售总额增速0.5个百分点。预计全年社会消费品零售总额增长13%左右，大大低于14.5%的预期调控目标。

外贸出口平稳增长。2013年1~9月，我国外贸出口同比增长8%，增幅同比提高0.6个百分点，不计算对香港贸易的出口仅增长4.6%左右。由于我国经济的逐步企稳回升以及大宗初级产品价格的明显上行，第三季度我国进口增速回升至8.5%，较第二季度提高了3.5个百分点。预计全年外贸出口增长8%左右，接近预期调控目标，进口将增长7.5%左右，外贸顺差2585亿美元，增长11.9%左右。

（三）消费物价温和回升，生产价格降幅收窄

居民消费价格温和上涨，工业品价格连续下跌。在国内货币流动性相对宽松、工资等成本压力较大等作用下，居民消费价格保持温和上涨态势，2013年1~9月CPI同比上涨2.5%，涨幅同比放缓0.3个百分点。受新涨价因素累积、季节性以及极端灾害天气等因素的影响，第四季度CPI将上涨3%以上，全年CPI上涨2.7%左右。受国内产能过剩、供过于求等因素影响，工业生产者出厂价格指数（PPI）已连续保持了19个月的下跌状态，1~9月PPI同比下降2.1%，降幅同比扩大0.6个百分点。预计全年PPI将下降2%左右。

（四）服务业发展较快，经济结构调整取得积极进展

服务业延续较快增长态势，2013年前三季度，第三产业增长8.4%，较上年同期提高0.5个百分点，占GDP比重达到45.5%，同比提高了1.6个百分点。新兴产业和新兴业态发展迅猛，2013年上半年，全国信息消费规模达2.07万亿元，同比增长20.7%，全国电子商务交易额达4.35万亿元，同比增长24.3%。东部地区创新发展能力进一步增强，信息、医药等战略性新兴产业发展势头强劲，东部地区部分劳动密集型和资本密集型产业向中西部加快转移，

中西部地区和东北老工业基地发展潜力和比较优势得到释放。东中西部地区各自的动态比较优势逐步形成。节能减排取得积极进展，上半年单位 GDP 能耗同比降低 3.4%。放开许多基础设施建设领域投资准入，促进了民营经济的发展。2013 年 1～9 月，民营企业对基础设施建设的投资份额接近 25%，增速达到 35.6%。

（五）就业弹性明显提高，就业形势基本稳定

经济增长对就业的吸纳能力增强，特别是就业容量较大的服务业发展加快，相对较低的经济增速可以创造较多的就业岗位。近年来我国就业弹性大幅提高，每 1 个百分点 GDP 吸纳的城镇新增就业人数由 2005 年的 86 万人增加至 2010 年的 112 万人，到 2012 年进一步增加至 164 万人。同时，劳动力供求关系正在发生变化，企业不会轻易主动裁员。2013 年前三季度，就业形势基本稳定，城镇新增就业 1066 万人，同比增加 42 万人，农村外出务工劳动力同比增加 525 万人，增长 3.1%。

二 2014 年中国经济发展环境及趋势展望

（一）国际经济环境总体稳定

1. 美日欧等发达国家经济有望进一步好转

次贷危机爆发后，发达国家普遍采取了加强金融监管、为银行提供流动性支持等措施，改善了金融系统的资产状况，重新发挥了金融业对经济润滑剂的作用，系统性金融风险明显降低。发达国家率先启动新一轮经济结构调整。除私人和公共部门经历持续"去杠杆化"外，欧美等国家和地区还实施了"再工业化"等结构性调整措施。目前，发达国家经济调整效果初显。美日私人消费重新启动，房地产市场持续复苏，欧元区出口竞争力回升，工业产能利用率等指标较上年同期均有明显改善，制造业出现回流迹象。2014 年美国经济增速有望进一步回升，据国际货币基金组织（IMF）预计，2014 年美国经济将增长 2.6%，比 2013 年提高 1 个百分点。欧元区经济经历长期结构性调整

之后，将进入恢复性增长阶段。预计 2014 年欧元区经济有望实现微弱增长。发达经济体经济好转总体上有利于世界经济的稳定。

2. 部分新兴经济体经济下行压力较大

新兴经济体内部增长动能疲弱、结构性矛盾突出的问题仍将存在，可能成为 2014 年世界经济中的重要不稳定因素。美联储量化宽松政策退出的影响难以避免，金融危机后，各国央行从全球金融市场上购买了近 10 万亿美元的金融资产。美国退出量化宽松会引起金融产品的重新组合，导致全球资本市场、大宗商品市场波动，新兴经济体货币将承受较大的贬值压力。在增长放缓、资本外流和本币贬值三者叠加下，部分国家金融乃至实体经济可能出现危机，并将影响所在区域的经济稳定。目前来看，三类国家面临的风险最大：一是政府债务占 GDP 比重过高的国家；二是财政贸易"双赤字"国家；三是资源型出口国家。

3. 全球经济仍面临诸多不确定性

一是美国参众两院达成协议，结束政府"关门"和提高债务上限，这虽然使美国联邦政府暂时避免了债务违约，但并没有改变债务增速大幅高于财政收入和国内生产总值的基本状况，高度依赖借新还旧维持其偿债能力的模式将不断增加联邦政府债务偿还能力的脆弱性，导致主权债务时刻处于危机边缘，这不仅将冲击国际金融市场和全球经济信心，而且将进一步削弱未来美国经济复苏的动力。二是欧元区国家政局仍然存在不稳定因素。由于严苛的减支条款加剧了重债国执政当局与国内民众间的矛盾，2013 年以来，希腊、葡萄牙、意大利等国都出现了政治动荡，引发市场对欧债危机的再度担忧。在欧元区国家继续坚持财政紧缩且失业率高企的情况下，国内矛盾激化可能导致下半年部分重债国政局再次动荡，从而危及这些国家财政整顿和国际援助计划的顺利实行。三是中东地区动荡局势仍会持续。当前叙利亚内战旷日持久，埃及政治动荡持续升级，伊朗在核问题和地区安全方面难以对西方做出根本性让步。因此，中东错综复杂的利益格局和各方博弈仍将使该地区充满动荡，这将对国际能源价格和供给安全带来负面影响。

4. 对我国经济的影响

今后一段时期，我国面临的外部环境依然错综复杂。受世界经济低速复苏及低端制造业向外转移影响,发达国家需求回升对我国出口拉动有限,而新兴经济体增速下滑对我国出口也将带来不利影响。同时,受美联储货币政策调整影响,2014 年我国吸引外资难度将加大,外资流入将进一步放缓。但也要看到,世界经济低速复苏、新兴经济体经济增长减速,将推动国际市场大宗初级产品价格稳中趋降,有助于降低我国进口的成本,并减轻输入性通胀压力。同时,新兴经济体虽然短期风险上升,但从中长期看仍将是世界经济增长的主要动力。在全球经济复苏格局酝酿重大结构性变化的背景下,只要我国加快产业升级,积极构筑对外投资合作的新平台,不仅有助于实现国内经济的平稳运行,也有助于提升我国在国际贸易和全球产业分工格局中的位势,提高长期经济增长潜力。

(二)当前经济面临的突出问题和风险隐患

我国经济增长从 10% 左右的高速向目前 8% 左右的中速转换后,出现了许多矛盾和问题,包括传统产业产能严重过剩、新兴产业尚在培育中、货币政策扩张后大量资金进入房地产和其他虚拟部门、政府通过基础设施投资拉动经济增长使政府债务风险增加、企业生产经营困难、财政收入减缓等。这些突出矛盾和风险与体制改革滞后有关,也是应对金融危机期间大规模扩张政策的代价。这些问题相互联系、相互影响、相互强化,处理不好,不仅会加大经济下行压力,影响短期经济增长,而且会降低潜在经济增长水平,影响中长期经济发展。

1. 产能过剩制约经济回升程度

我国的产能过剩呈现行业面广、绝对过剩程度高、持续时间长等特点。一方面,我国产能过剩行业已从钢铁、有色金属、建材、化工、造船等传统行业扩展到风电、光伏、碳纤维等战略性新兴产业,许多行业产能利用率不足 75%,处于严重过剩状态,有的甚至处于绝对过剩状态。另一方面,尽管产能呈现大范围过剩,但过剩行业的投资仍在增长,而且大部分为现有水平的重复投资,新的中低端产能继续积累,必将导致过剩程度进一步加剧。在中期潜在经济增长速度下降的背景下,如果不能加快淘汰和兼并重组,过剩行业的利润会继续下降,优秀企业将难以发展壮大。

2. 财政金融风险增加调控难度

目前，我国财政问题与金融问题不断交织，导致系统性风险加大，严重影响经济增长的稳定性。近年来，财政收支矛盾日渐显现，地方政府偿债能力受到制约，债务风险提高。与此同时，由于货币投放量偏大，货币环境宽松，融资平台公司负债增长较快。根据 IMF 估计，我国广义政府债务增加到占 GDP 近50%，这些负债的本息中很大一部分只能依靠出售土地收入偿还，或者举新债还旧债。为了规避信贷控制，继续对基础设施建设进行投融资，商业银行和其他金融机构大规模扩张影子银行业务，随着国内企业效益下降、破产增多，部分理财产品信用违约风险提高，这些因素积累将导致金融风险不断上升。

3. 房地产市场分化加剧系统性风险

当前，我国房地产市场在调控政策、实际需求、区域差异等因素的影响下，呈现明显分化走势。一方面，一、二线城市房地产市场泡沫风险继续累积。以限购限贷为核心的房地产调控并没有抑制住房价上涨，以北京、上海为代表的一线城市房价不断飙升，远远超出居民的承受能力。另一方面，我国部分三、四线城市由于土地供应规模不断扩大，近年房地产开发投资增长较快，但产业升级步伐缓慢，难以创造大量就业岗位，房地产需求不足，出现了严重过剩局面，"鬼城"现象增加，部分城市房价出现连续下跌。目前，我国房地产调控主要采取的是抑制需求的政策，一旦三、四线城市房地产市场普遍出现衰退，局部风险就可能引发房地产系统性风险，并引起融资平台偿还困难、金融机构资金链断裂等连锁反应，导致金融风险爆发。

4. 企业经营成本上升

首先，在产能过剩影响下，2013年以来，我国工业品出厂价格连续负增长，企业实际融资成本显著提高。新增资金主要流向大型企业、房地产与融资平台，中小型企业融资困难。其次，2005~2012年我国城镇单位就业人员平均货币工资年均增长14.4%，2010~2012年农民工收入年均上涨17.4%，企业用工成本提高。最后，企业面对的环境、土地等成本在污染严重、节能减排、地价攀高、水价上调等因素的影响下，呈现刚性上涨局面，未来还将节节攀升。企业负担加重导致大部分企业在需求不足、产能过剩的情况下，微利经营，艰难度日，影响未来投资、技改等生产活动。

（三）我国仍具备保持稳定增长的基本条件

当前，我国经济发展仍然处于重要战略机遇期，改革红利不断释放，科技创新能力逐步提高，国内需求扩大和供给改善潜力巨大，短期内企业库存回补仍将继续。

1. 改革开放深入推进将极大调动和激发经济社会发展的动力和活力

新一届政府以转变政府职能为核心，大力推进经济、行政领域各项改革，已陆续出台的各项改革举措在 2014 年将继续发挥积极成效，不断激发市场活力和增长动力，大力推动经济发展。特别是十八届三中全会将会对我国未来改革路线图、时间表做出全面部署，在财政、金融、行政、价格、城镇化等领域加快改革步伐，这将极大地激发经济社会发展的动力和活力，有利于充分发挥市场的作用，调动企业尤其是民营企业的积极性，释放制度改革红利。

2. 国家努力打造"经济升级版"，调整优化结构展现良好态势

在区域方面，东部地区不断调整经济、产业结构，目前转型升级取得初步成效，经济增速率先企稳。由于东部经济总量大、占比高，未来有利于带动全国经济稳步运行。在产业方面，第二产业比重回落，第三产业增长加速，新兴产业增势良好，新兴业态蓬勃兴起，经济增长潜力逐步累积。在企业方面，在创新驱动发展战略的指导下和经济结构转型升级的倒逼下，部分企业积极进行技术升级，加大研发投入，科技创新水平有所提高。2013 年以来，相当一部分工业企业利润上升，增加了企业扩大投资、强化技改等生产经营后劲。

3. 我国国内市场空间广阔，扩大内需潜力巨大

当前，我国储蓄率维持在较高水平，有利于保持较高的投资水平。在高铁、城市基础建设、信息基础设施、节能减排、棚户区改造以及保障房建设等领域仍有较大的投资需求空间。近年来，我国高度重视保障和改善民生，城镇低收入群体和农民收入增速及水平都有明显提高，覆盖城乡的社会保障体系基本建立，为扩大国内消费需求奠定了基础。我国不断突破户籍、土地、教育等制约城镇化发展的障碍，加快推进城镇化进程，为内需增长注入新动力。

4. 宏观调控水平不断提高，宏观政策仍具备运用空间

2013 年以来，我国在宏观调控上创新思路，提出了"底线思维"理念，

确定了按"上下限"调控的合理区间，采取了与"稳中有进、稳中有为"相配套的政策措施，特别是在调控方向、力度和时机的把握上，在调控手段和工具的使用上，都增加更多的鲜活经验。从总体上讲，当前我国宏观政策特别是财政政策仍具备较大的空间，国家总体资产负债安全，财政赤字和政府债务余额均处于安全线内。银行基准利率和存款准备金率较高，有足够多的调节流动性的手段和工具。

三　2014 年中国经济增长预测和目标建议

根据国内外经济发展环境分析，如果继续保持宏观调控政策基本稳定，我国 2014 年经济增速将有望保持基本稳定。

（一）我国经济将保持中高速平稳增长态势

经济运行中存在的新矛盾和新问题会加大经济下行压力，而释放改革红利、基础设施投资和库存回补因素将推动我国经济稳定增长。国家信息中心开发的经济景气指数系统显示，至 2013 年 8 月，我国综合先行指数已连续 20 个月稳中回升，表明我国经济 2014 年有望保持平稳增长态势。预计 2014 年我国 GDP 将增长 7.5% 左右，工业增速稳中略降，规模以上工业增加值实际增长 9.3%，同比放缓 0.3 个百分点（见表 2）。

表 2　2014 年中国主要经济指标预测

指　标	2012 年实际		2013 年预测		2014 年预测	
	绝对值	增速（%）	绝对值	增速（%）	绝对值	增速（%）
GDP（亿元）	518942	7.7	566518	7.6	622455	7.5
第一产业	52374	4.5	56539	3.7	62209	3.8
第二产业	235162	7.9	249240	7.9	266841	7.6
第三产业	231406	8.1	260739	8.3	293405	8.2
规模以上工业增加值（亿元）	—	10.0	—	9.6	—	9.3
轻工业	—	10.1	—	8.6	—	8.4
重工业	—	9.9	—	10.0	—	9.7
固定资产投资	364835	20.6	438451	20.1	521757	19.0

续表

指 标	2012 年实际		2013 年预测		2014 年预测	
	绝对值	增速(%)	绝对值	增速(%)	绝对值	增速(%)
房地产投资	71804	16.2	85091	18.5	97854	15.0
社会消费品零售额(亿元)	207167	14.3	234065	13.0	264494	13.0
出口(亿美元)	20489	7.9	22123	8.0	24114	9.0
进口(亿美元)	18178	4.3	19538	7.5	21003	7.5
外贸顺差(亿美元)	2311.0	48.1	2585	11.9	3111	20.3
财政收入(亿元)	117210	12.8	127220	8.5	138034	8.5
财政支出(亿元)	125712	15.1	139220	10.5	152034	9.2
居民消费价格指数	102.6	2.6	102.7	2.7	103.2	3.2
工业生产者出厂价格指数	98.3	-1.7	98.0	-2.0	99.5	-0.5

(二)投资增幅高位趋缓

基础设施建设是稳定投资的关键因素。营业税改征增值税试点范围和领域扩大有利于激励服务业投资,服务业投资将会加快。制造业产能过剩会降低企业投资意愿,制造业投资会稳中趋缓。受开工面积连续两年增速较慢和部分地区销量迟滞的影响,房地产投资将稳中略降。预计 2014 年固定资产投资名义增长 19%,较 2013 年放缓 1.1 个百分点;房地产开发投资名义增长 15%,较 2013 年放缓 3.5 个百分点。

(三)消费增长保持稳定

2013 年,我国居民实际可支配收入增长有所放缓,这将直接影响到居民的实际消费能力。但我国就业形势比较稳定,收入分配制度改革全面推进,财政支出不断向社保、公共卫生、教育、低保等民生领域倾斜,有助于推动消费稳定增长。信息消费、社区消费等新型消费模式进一步显示出较大潜力。严格公务消费对抑制餐饮等消费增速的影响基本消失。消费需求基本稳定,2014 年社会消费品零售总额将增长 13%,与 2013 年基本持平。

(四)进出口平稳增长

我国主要贸易伙伴经济回暖,美国经济复苏势头增强,欧元区经济出现改

善迹象，日本经济在强力政策刺激下步入短期复苏轨道，人民币实际有效汇率上升压力减小，我国对发达国家出口将有所好转。由于新兴经济体增速下滑，贸易保护主义依然严重，出口难以有大的改变。国内需求减弱使进口增速难以加快。初步预计，2014 年出口将增长 9% 左右，进口将增长 7.5% 左右。进出口贸易增速与 2013 年基本持平，全年外贸顺差 3000 亿美元左右，国际收支保持小幅顺差。

（五）物价呈温和回升态势

从工业品价格看，国际大宗商品价格基本稳定，输入性通胀压力不大。我国工业行业产能较大，供大于求的格局短期内不会改变，工业品价格会基本稳定。从服务业看，人口结构变化带来低端劳动者工资上涨推动部分劳动密集型服务业价格上升。从食品来看，2013 年各地普遍高温以及北方主产区的涝灾将会对秋粮产量带来一定的影响，有可能影响到粮价的稳定。初步预计，2014 年居民消费价格将上涨 3.2% 左右，工业生产者价格将下降 0.5%，房价同比小幅上涨。

（六）2014 年的建议调控目标

考虑需要和可能，兼顾当前和长远，建议把 2014 年的经济增长预期目标确定为 7%，经济结构进一步优化；居民消费价格指数涨幅控制在 3.5% 左右；城镇新增就业 900 万人，城镇登记失业率控制在 4.6% 以内；进出口增长目标确定为 8%，使国际收支基本平衡；城乡居民收入实际增长预期目标确定为 7%，与经济增长率同步。一方面，这样的目标能较好地协调经济增长、就业、物价三者的关系，合理利用好现有的生产能力，使发展、改革与稳定相互协调、相互促进。另一方面，经济增长预期目标留有一定的余地，可以引导政府、企业把经济工作的重点放在加快推进经济体制改革和加快转变经济发展方式上，不再盲目追求高速度，更加注重增长的质量和效益，保证经济增长速度与结构、效益相统一，经济发展与人口环境相协调。

四　宏观调控政策建议

做好 2014 年经济工作，要全面贯彻落实党的十八大和十八届三中全会精神，坚持以毛泽东思想、邓小平理论、"三个代表"重要思想、科学发展观为指导，以提高经济增长质量和效益为中心，深化改革开放，强化创新驱动，加大经济结构战略性调整力度，积极扩大国内需求，保持物价总水平基本稳定，着力保障和改善民生，实现经济持续健康发展和社会和谐稳定。为此，在宏观调控中要把握好四项原则：一是着力推进改革开放，增强经济发展动力。按照改革开放的路线图和时间表，明确改革的主攻方向和切入点，力求取得突破，从制度建设层面防范和化解各种潜在风险，增强经济发展的动力和活力。二是坚持有扶有控，促进经济结构调整。以市场调控手段为基础，综合运用财税、金融、产业、技术、区域等政策手段，化解过剩产能，培育和发展新兴产业，加快经济结构战略性调整。三是稳定宏观调控政策，保持经济稳定增长。准确把握稳定需求的宏观调控政策的力度和节奏，使经济运行处于合理区间，经济增长和就业不滑出下限，价格总水平不超出上限。四是着力保障和改善民生，提高公共服务水平。加强和创新社会管理，促进社会发展。既要尽力而为、量力而行，积极回应社会关切，又要根据经济发展水平和公共服务职能确定民生投入。

（一）继续实施积极的财政政策

一是适当扩大财政赤字和国债规模。建议 2014 年中央财政赤字规模安排 9000 亿元，比上年增加 1000 亿元；中央代地方发行 5000 亿元地方债，比上年增加 1000 亿元；全国财政赤字规模增加到 14000 亿元，财政赤字占 GDP 的比重与上年基本持平，保持在 2% 左右。二是加快地方主体税建设，除共享税外，地方政府逐步形成以消费税、房产税为主的稳定收入来源。三是加快深化政府预算体制改革，以法治为导向，建立"科学规范、完整透明"的预算管理体制。四是逐步建立规范的地方政府债务融资机制。研究建立一个以市政债市场为基础的、由中央确定总盘子的市场调控性地方债制度。

（二）坚持实施稳健的货币政策

一是继续实行稳健的货币政策，并坚持中性操作，为"调结构"创造良好的资金环境，为"稳增长"提供稳定的货币条件。广义货币（M2）增长13%左右，"社会融资总量"增长规模在18万亿元左右，其中人民币信贷增长规模在9万亿元左右。二是继续以数量型工具为主，加快推进金融体制改革，增强价格型工具的有效性。三是通过公开市场操作与窗口指导引导货币信贷资金及社会融资规模合理增长，引导商业银行降低信贷资金成本。四是通过窗口指导在保证信贷资金总量合理、稳定增长的同时，加强信贷资金结构调整，"盘活存量"，"用好增量"。

（三）切实推动收入分配体制改革，夯实消费增长基础

一是努力深化收入分配改革，尽量减少企业部门和政府部门对居民部门的挤压，同时缩小社会各阶层收入差距，提高居民实际收入，为扩大消费打下坚实基础。二是不断改善民生，完善社会保障体系。扩大社会保障覆盖面，重点关注农民工、小型经济组织成员、社会低收入群体的社会保障情况；重视结构性失业问题，鼓励技术教育培训，同时拓宽高校毕业生就业渠道；研究考虑将国有企业上缴的部分红利投入社保基金、养老基金等领域，实现国有资本收益全民共享。三是积极培育扶植养老、医疗、保健等行业。尽快促使财政、税收、金融等配套措施积极跟进，积极引入民间资本、境外资本，打造多元化投资体系，建设多层次养老、健康消费市场体系。四是结合"宽带中国"战略、"信息惠民"工程等，促进信息消费发展，打造消费增长新引擎。

（四）大力深化投融资体制改革，增强投资增长动力

一是进一步深化投资体制改革，取消和下放投资审批事项，切实保障企业和个人的投资自主权。二是推进融资渠道市场化，为企业投资提供有效率的资金支持。通过发展非银行金融和直接融资来实现金融机构和金融产品的市场化，提高全社会融资效率，切实有效地支持企业投资活动。三是优化政府投资

效率，发挥政府投资对技术进步、社会发展的重要推动作用。通过政府投资的宏观导向作用，促进社会对高新技术产业、科技、教育等方面的投资，促进技术创新和人力资本积累；增加对欠发达地区、农村地区的基础设施、农业现代化、环境治理等公共投资支出。四是鼓励和引导民间投资健康发展。深入贯彻落实"新非公 36 条"，拓宽民间投资的领域和范围，促进民间投资持续健康发展，增强投资稳定增长的内生动力。

（五）加快推进自贸区建设，推动进出口稳定增长

一是全面推进上海自贸区建设，不断探索和总结实践过程中的问题和经验。在此基础上，适当增加天津、深圳等地不同规模自贸区试点，不断探索改革新路径，形成可复制、可推广的经验，服务全国发展。二是密切跟踪国际服务贸易协定及重大区域自贸区谈判进程，逐步完善金融、证券、保险、物流等服务业的制度建设，主动适应国际贸易发展的新趋势，积极参与制定新标准和新规则。三是加大对国际大通道内外互联互通建设的协调力度，积极推进陆路"丝绸之路经济带"和"海上丝绸之路"战略，加快落实泛亚铁路大通道建设进程，努力开拓国际经贸合作新领域。四是充分发挥"走出去"对出口的带动作用，拓展企业出口途径，增强企业国际竞争力。五是抓住国际大宗商品价格下滑的时机，扩大战略性资源进口。提高原油、贵金属等初级产品进口，健全能源、资源储备体系；增加农产品尤其是粮食等商品进口，开展大宗商品直接贸易，提高相关产品国际定价能力。

（六）加快建立房地产市场健康发展长效机制

当前，完善房地产政策的关键是增加住房持有成本，降低交易环节税费，推动住房回归"居住"的本质属性。一是尽快扩大房产税征收范围，按照人均居住面积征收累进房产税，挤出投机投资房源，增加市场供应量。二是加快推进不动产统一登记联网，为征收房产税提供依据。三是增加中小户型商品房供应，加大保障房供给，满足普通居民刚性需求。四是降低交易环节税费，切实减轻普通老百姓购房成本，尽快研究制定房地产市场健康发展的长效机制。

（七）下决心从体制上化解产能过剩问题

认真落实国务院出台的《关于化解产能严重过剩矛盾的指导意见》，通过加快改革解决导致产能过剩的体制性根源。一是改革财税体制，特别是理顺中央与地方之间的利益分配机制，改革政绩考核体制，消除地方政府干预企业投资的强烈动机。二是推动金融体制改革，硬化银行预算约束，理顺地方政府与银行的关系。三是加快国有企业改革，国有企业要坚决退出一般竞争性领域，确保公平市场竞争，对国有企业采取必要行政手段淘汰落后产能。四是完善资源性产品价格形成机制，减少通过转嫁资源成本获益的项目上马。五是改革现有的环境保护体制，防止地方政府以牺牲环境为代价吸引外资，鼓励社会公众广泛监督。

（八）积极防范和化解地方债务风险

一是尽快建立地方政府债券发行制度，允许地方政府合理举债，短期内加大财政部代发地方政府债的力度。二是加大对地方政府融资平台的清理和规范力度。制定统一标准，将地方政府融资平台严格限制在基础设施建设等领域。建立信息披露制度，及时将融资平台的资金、负债以及项目效益等公之于众。三是建立有效的偿债机制，地方政府应通过国有资产的出售、转让或证券化偿还债务。四是研究中央政府救助地方政府的条件和惩罚措施，包括领导干部政绩考核、中央财政转移支付等，约束地方政府的举债行为。

综 合 篇

Overall Reports

G.2

2013 年中国固定资产投资形势
分析与 2014 年展望

胡祖铨*

摘　要：

2013 年，我国固定资产投资保持平稳较快增长态势，发挥了拉动经济增长的关键性作用。前三季度，资本形成总额对经济增长的贡献率高达 55.8%，较上年同期提高了 5.3 个百分点，拉动 GDP 增长 4.3 个百分点。从主要投资领域来看，基建投资保持快速增长，房地产开发投资有所加快，制造业投资明显放缓。展望 2014 年，重大改革举措的全面启动将会激发市场活力和投资热情，稳增长政策将继续推动投资稳定增长，但是产能过剩、地方政府债务压力和房地产市场分化等问题将会制约投资增长。总体上，投资将保持稳中趋缓的增长态势，名义增速有望保持

* 胡祖铨，经济学博士，国家信息中心经济预测部宏观经济研究室助理研究员，主要研究方向是固定资产投资运行与政策、财政与税收。

在 19% 左右。应以优化投资结构和提高投资效益为出发点，加大投融资体制改革步伐，促进投资持续健康增长。

关键词：

稳中趋缓　优化结构　提升效益　体制改革

一　2013 年固定资产投资的基本特征

（一）固定资产投资增幅同比略有放缓，总体处于平稳态势

受世界经济复苏缓慢、国内经济处于结构调整和转型升级重要阶段以及稳增长政策等因素影响，2013 年我国固定资产投资增速保持缓中趋稳的增长态势。前三季度，固定资产投资累计同比增长 20.2%，增幅较上年同期下降 0.3 个百分点，与 2008～2012 年同期均值相比低 5.96 个百分点（见图 1）。在第二季度经济增速触及 7.5% 的下限目标之后，国家及时释放了一系列"稳增长、保下限"的政策信号，在一定程度上稳住了固定资产投资增速放缓的趋势。前三季度固定资产投资增速较上半年加快 0.1 个百分点，9 月固定资产投资环比增长 1.28%，均表明固定资产投资开始有所企稳。前三季度固定资产投资价格零增长，固定资产投资实际增速为 20.2%，增幅同比加快 1.4 个百分点。

（二）第三产业投资比重有所提高，基础设施建设和房地产开发是投资增速企稳的主要支撑力量

三次产业的投资结构有所优化。2013 年前三季度，第一产业投资占比 2.2%，第二产业投资占比 42.9%，第三产业投资占比 54.9%，分别比上年同期降低 0.35 个、降低 1.35 个和增加 1.7 个百分点。但从更长的时间维度考察，与 2008～2012 年同期平均占比情况相比，第一产业和第三产业投资占比分别增加了 0.23 个和 0.45 个百分点，第二产业投资占比则降低了 0.68 个百分点，表明投资的产业结构有所优化，第三产业的投资比重逐步提高。

在三大主要投资领域中，制造业投资明显减速，基础设施建设和房地产开发构成投资增速企稳的主要支撑力量（见图 2）。2013 年前三季度，制造业、

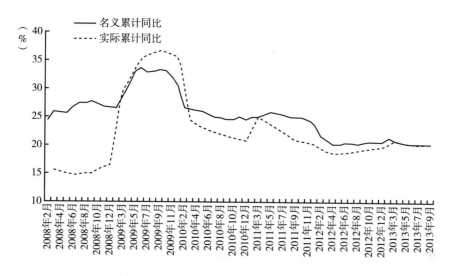

图1　2008～2013 年固定资产投资增速走势

基础设施建设、房地产开发投资对投资增长的贡献率合计达到 75.4%，较上年同期提高 7.5 个百分点，其中制造业投资的贡献率下降 7.1 个百分点，基础设施建设投资和房地产开发投资的贡献率则分别提高了 10.8 个和 3.8 个百分点。从增速上看，制造业投资同比增长 18.5%，比总投资增速低 1.7 个百分点，较上年同期低 5 个百分点；基础设施建设投资同比增长 24.2%，比总投资增速高 4 个百分点，较上年同期提高 11.7 个百分点；房地产开发投资同比增长 19.7%，比总投资增速低 0.5 个百分点，但较上年同期高 4.3 个百分点。可以看出，在产能过剩的大背景下，制造业投资正在减速，新增投资动力不足。受益于城镇化进程和年内一系列稳增长政策，基础设施建设投资实现较快反弹，成为稳定投资增长的重要力量。年内房地产市场大幅回暖，房价再次进入较快上升周期，房地产开发投资速度明显加快。

（三）区域投资结构有所改善，中部地区投资明显减缓

中西部地区投资增速仍高于东部，但减速幅度相对较大。2013 年以来，区域投资结构继续改善，投资协调性有所增强，产业转移成为驱动中西部投资增长的重要动力。2013 年前三季度，东、中、西部地区投资累计同比分别增长 18.8%、23.4% 和 23%，中西部地区投资增速持续高于东部地区。与 2012

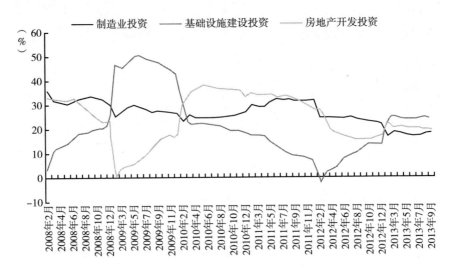

图 2　2008～2013 年三大领域投资增速走势

年同期相比，东部地区投资增速提高了 0.4 个百分点，而中、西部地区则分别降低了 2.4 个和 1.1 个百分点。东部地区在铁路尤其是城际铁路投资、城市基础设施建设、棚户区改造、保障房等领域投资的带动下，率先实现了投资增速回升。中西部地区投资增速则减慢较多，尤其是中部地区的新开工项目个数已经连续两年减少（见图 3）。

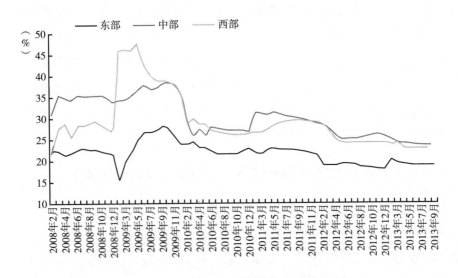

图 3　2008～2013 年三大区域投资增速走势

（四）投资主体继续优化，但民间投资下调幅度较大

2013 年以来，我国民间投资增速继续保持着高于总投资增速的态势。前三季度，我国民间投资累计同比增长 23.3%，高出同期总投资增速 3.1 个百分点，占总投资的比重达到 63.6%。但是，在本轮投资周期性减速的情况下，民间投资增速下降幅度长时期大于总投资，两者之间的累计同比增速差值在不断缩小（见图 4）。前三季度，民间投资增速较上年同期降低 1.8 个百分点，而总投资增速仅放缓 0.3 个百分点。

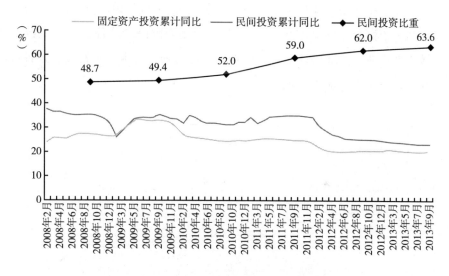

图 4　2008～2013 年民间投资增速及占比走势

（五）制造业投资继续减速下行，内部结构出现分化

2013 年以来，受制于产能过剩、工业品价格下跌、实际利率较高等因素影响，制造业投资继续减速下行，其内部结构出现分化。高耗能行业投资增速得到有效控制，累计同比增速显著放缓。装备制造业投资增速上半年虽有放缓迹象，但下半年受到通用设备制造业、专用设备制造业以及计算机、通信和其他电子设备制造业投资快速提高的积极推动，全年有望表现出平稳增长态势。

2013 年前三季度，高耗能行业投资累计同比增长 14.4%，较上年同期低

7.8 个百分点，比总投资增速低 5.8 个百分点，但高耗能投资占比仍为 13%，仅比上年同期下降 0.7 个百分点。从结构的角度看，高耗能投资的地位尚未根本动摇。根据调研情况，一方面，不少东部沿海地区尤其是次发达沿海地区，仍然热衷于临港石化、钢铁等产业的发展；另一方面，随着东部产业向中西部转移进程不断推进，高耗能投资也由东部地区资源环境承载能力饱和的地区转移到资源环境容量相对宽松的中西部地区，形成了"局部改善，总体恶化"的局面。

2013 年前三季度，装备制造业投资累计同比增长 16.8%，较上年同期低 3.6 个百分点，比总投资增速低 3.4 个百分点。装备制造业投资在总投资中占 13.4%，较上年同期下降 0.4 个百分点，但是较 2008 ~ 2012 年同期平均占比提高了 0.7 个百分点（见图 5）。装备制造业是为国民经济各行业提供技术装备的战略性产业，产业关联度高，吸纳就业能力强，技术资金密集，是各行业产业升级、技术进步的重要保障。

图 5　2008 ~ 2013 年高耗能行业和装备制造业投资增速走势

二　当前固定资产投资需要关注的主要问题

当前，我国固定资产投资形势总体上相对平稳，但也存在诸多短期和中长期的矛盾。这些矛盾既有来自外部经济环境的影响，又有内部经济发展方式尚未顺利转型的因素；既有财政金融体系不够完善的问题，又有实体企业自身公司治理结构的缺陷。多种矛盾混合交织在一起，情况错综复杂，对固定资产投资的持续健康增长形成了较大的挑战。

（一）制造业产能过剩对投资增长形成较大阻力

当前，我国产能过剩问题不断加重，并呈逐步蔓延的态势。钢铁、电解铝、水泥、平板玻璃、船舶等传统行业产能利用率大多低于 75%，产能过剩情况比较突出。与此同时，产能过剩行业已从上述传统行业扩展到风电、光伏、碳纤维等战略性新兴产业。我国太阳能光伏电池、风电设备产能利用率均不足 60%。产能过剩意味着工业产品供大于求，价格下行压力不断加大，企业普遍经营困难，效益不佳。2013 年前三季度，全国规模以上工业企业实现利润同比增长 13.5%，较 2008~2012 年同期平均增速回落 4.3 个百分点。经营利润增速的下降影响了企业扩大投资的自筹资金来源，对投资增长形成一定阻力。

（二）地方财政风险不断攀升导致基建投资增长受限

分税制改革以来，我国中央政府、地方政府在财力、事权上的不匹配状况日益严重，地方政府在事权不断增加、财力却未能显著扩大的现实条件下，通过地方政府融资平台来筹措建设资金，由此产生了地方政府债务问题。国际金融危机之后，地方政府密集借贷使得地方财政风险逐渐暴露出来。中华人民共和国审计署报告显示，截至 2012 年底，36 个地方政府本级政府性债务余额达到 3.85 万亿元，比 2010 年增长了 12.94%。从债务率看，在 36 个地方政府中，有 10 个 2012 年政府负有偿还责任债务的债务率超过 100%，如加上政府负有担保责任的债务，有 16 个地方政府的债务率超过 100%。虽然我国地方政府性债务风险总体可控，但也要看到，部分地区和行业的偿债能力较弱，加上债务偿还对土地出让收入的依赖性较大，导致财政风险隐患不可忽视。目前，地方政府性债务的资金投向主要是交通运输、市政建设、土地收储、教科文卫、农林水利建设、生态建设和环境保护、保障性住房等基础设施建设领

域，而地方政府性债务居高不下，中央政府加强地方政府财政风险管控，使得由地方政府主导的基础设施建设投资的增长空间受到一定限制。

（三）制造业投资面临的货币条件仍然偏紧

2013年以来，我国货币供应量总体相对宽裕。9月末，广义货币（M2）同比增长14.2%，高出中国人民银行年度计划目标1.2个百分点；社会融资总量为13.96万亿元，比上年同期多2.24万亿元。虽然货币信用总量扩张速度很快，但是从实际效果看，资金未能有效流入实体经济，不少资金在楼市、地方政府债务以及银行理财产品等领域沉淀，实体经济面临的实际利率仍然较高。一方面，利率在不同部门间分化，房价大幅上涨导致房地产行业的实际利率为负，地方融资平台对利率不够敏感，两者的融资需求限制了市场利率下行。而工业生产者出厂价格指数（PPI）通缩则推高了实体企业的实际利率，这种融资结构性矛盾是以制造业为代表的实体经济疲弱的重要原因。另一方面，银行系统的资金使用效率低下，加上资金大量在金融体系内部自我循环而没有进入实体经济，使得实体经济明显感到"缺血"，进而对投资增长形成了重要约束。同时，人民币实际有效汇率快速提升，进一步放大了信用扩张和经济增长之间的脱节。

（四）房地产开发投资压力渐现

2013年以来，商品房销售面积和销售额增速均大幅度反弹，前三季度分别达到23.3%和33.9%，可以推算出商品房价格同比增长8.6%。受此带动，房地产开发投资增速也较上年同期较快提高，达到19.7%。目前，商品房交易价格已经长时期处于高位运行，居民收入难以有效支撑房产消费，市场开始呈现出"价稳量跌"和结构分化的微妙局面。2013年前三季度，一些先行指标如土地购置面积和待开发土地面积累计同比增速均处于历史较低水平，显示出房地产开发投资的增长空间有限。一方面，以北京、上海为代表的一线城市房地产市场泡沫风险继续累积，房地产价格持续上涨，不仅限制了刚性购房群体的其他消费能力，并且吸引着投机性资金大量进入房地产市场，对实体经济产生显著挤压。另一方面，我国部分三、四线城市由于土地供应规模不断扩大，产业升级步伐缓慢，难以创造大量就业岗位和人员集聚效应，这导致房地产需求明显不足，部分地区出现了严重的房地产过剩局面。

三 2014 年固定资产投资形势展望

从中长期看，合意的投资增速已经下降，当前我国固定资产投资的平稳放缓正是对全球经济再平衡以及潜在经济增长率下降的适应性调整。根据宏观投资效率判断准则（AMSZ 准则；Abel，1989），我国的固定资产投资效率总体上仍然呈现出"动态有效"的特征，但是投资效率自 2005 年以来处于比较明显的下降通道。这意味着我国的投资空间依然存在，只是受制于投资领域存在的矛盾而效率有所下降。

（一）投资稳定增长的有利因素

1. 改革红利将持续释放，有助于激发投资活力和动力

2013 年以来，投资领域的主要改革措施包括：取消和下放行政审批事项 221 项、扩大营改增试点范围、暂免征收部分小微企业增值税和营业税、中国（上海）自由贸易试验区挂牌成立等。特别是十八届三中全会就未来我国全面深化改革做出顶层设计，行政审批、财税、金融、价格、城镇化等诸多领域改革步伐将明显加快。这一系列的改革红利，将有利于优化投资环境、激发全社会投资活力。

2. 基础设施建设的投资需求较大，可以有效拉动投资增长

我国的城镇化进程正处于快速发展阶段，城镇化率每年提高 1 个百分点左右。目前，城镇化建设已经催生出巨大的基础设施投资需求。高速铁路、电网建设、城市基础设施、信息基础设施、节能减排、棚户区改造以及保障房建设都是投资的重要领域。基础设施属于"社会先行资本"，可以提高物流、能量流、信息流的运转效率，进而带动更多的投资和社会生产。随着基础设施建设领域投资准入的放开，民间资本将更多地进入该领域，有助于解除城镇化建设带来的资金约束、有效拉动投资增长。

3. 服务业投资空间较大，有望实现较快增长

我国产能过剩问题主要集中在制造业，而服务业则存在供给不足问题。我国服务业占 GDP 比重跟同等发展中国家水平相差 10 个百分点以上，有着较大的发展空间，其中，养老、医疗、金融、教育等服务业的投资空间更为充足。国家正在努力将服务业打造成经济社会可持续发展的新引擎，并开始着力引导服务业的快速发展。一方面，陆续出台政策鼓励民间资本进入服务业，如鼓励民间资本进入养老服务业、鼓励发起设立自担风险的民营银行等；另一方面，正在积极推动服务业对外开放，吸引外资加大对服务业的投资。

（二）投资形势面临的不利因素

1. 市场力量难以支持短期内投资快速增长

市场和周期因素是决定投资波动的基础性力量。2014 年仍处于两轮朱格拉周期之间的盘整阶段，投资将平稳中速运行。作为市场行为的企业投资，其决策以利润率为基本依据。未来一段时期，总需求疲弱、消化已有过剩产能等因素叠加将对企业赢利造成较大压力。在外需低迷、国内企业总体创新能力较弱的条件下，缺乏新的投资热点。因此，市场力量难以支持短期内投资的快速增长。

2. 政策增量空间缩小决定短期内投资难以大幅扩张

从财政政策的增量空间看，地方政府性债务管控加码、财政收入增速放缓，加上财政支出的刚性需求，导致了财政收支压力逐步加大，财政政策的扩张力度将比较有限。从货币政策的增量空间看，货币供应量和社会融资总量均保持在较高水平，中国人民银行近期的调控操作也明显传达出"要坚持住、发挥好稳健的货币政策"的意图，不会在流动性上继续粗放地"铺摊子"。2014 年货币政策将维持稳健、中性的基本取向，政策增量空间较小。因此，投资在短期内难以大幅扩张。

3. 产能过剩、地方债务风险、房地产等三大难题将继续困扰投资前景

产能过剩、地方政府债务、房地产等问题，并不是一朝一夕形成的，而是不完善的市场经济体制在长期运行中逐渐累积起来的。政府行政干预过多、政府间财政关系没有理顺、垄断行业改革滞后、国有企业退出机制不够完善、官

员政绩考核制度单一、收入分配制度改革推进缓慢，这些体制性矛盾长期扭曲着政府、企业和居民的行为，难以在短期内得到有效解决。因此，2014 年投资形势仍然将受到产能过剩、地方政府债务风险、房地产等三大问题的困扰。

综合判断，2014 年固定资产投资仍将保持平稳态势，但增速略有下降，有望保持在 19% 左右。从主要投资领域看，制造业投资难以大幅回升，基础设施建设投资高位回落，房地产投资有所减速。

四　政策建议

2014 年，应以优化投资结构和提高投资效益为出发点，加大投融资体制改革步伐，促进投资持续健康增长。

（一）大力推动投融资体制改革

切实推进投资体制改革，进一步减少和下放投资审批事项。按照"谁投资、谁决策、谁收益、谁承担风险"的原则，最大限度地缩小审批、核准、备案范围，切实保障企业和个人的投资自主权。推动融资渠道市场化，为企业投资提供有效率的资金支持。通过发展非银行金融和非贷款融资来实现金融机构和金融产品的市场化，提高全社会的融资效率，切实有效地支持企业投资。

（二）加大对重点领域和薄弱环节投资的支持力度

在保持适度投资规模与增速的基础上，调整优化投资结构，更多地投资在事关我国经济转型与升级大局的重点领域。加大对服务业、信息化产业、与新型城镇化相关的基础设施、"三农"、节能环保产业、制造业技术改造与创新投资等领域的投资支持，培育新的投资增长点。同时，进一步优化投资的区域结构，继续加大对基础设施相对薄弱的中西部地区和发展相对滞后的贫困地区的投资支持力度。

（三）用好政府投资的引导和带动作用

重视优化政府投资效率，提高政府投资对社会资本的带动作用。积极发挥

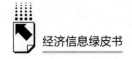

政府投资对技术进步、社会发展的重要作用，加强对高新技术产业、科技研究、教育等方面的投资，促进技术创新和人力资本积累。增加对欠发达地区、农村地区的公共投资支出，主要用于基础设施建设、农业现代化、环境治理等。增加有利于创造更多就业机会的投资支出，促进社会稳定发展。

（四）鼓励和促进民间投资健康发展

抓紧贯彻落实"新非公 36 条"，促进民间投资持续健康发展，增强投资稳定增长的内生动力。进一步放开民间投资的领域和范围，支持民间资本做大做强。营造有利于民间投资健康发展的政策环境和舆论氛围。通过加大信贷支持力度、直接融资、完善信用担保体系等方式，拓宽民间投资主体的融资渠道。

2013 年中国消费形势分析
与 2014 年展望

闫　敏*

摘　要：

2013 年以来，我国社会消费品零售总额增长基本稳定，由于价格回落，消费名义增速减慢，实际增速与上年基本持平。消费领域热点显现，汽车消费再度升温，信息消费加速增长，养老健康消费方兴未艾。展望 2014 年，宏观经济平稳运行、消费环境日趋完善、消费政策大力支持将有利于消费潜力进一步释放，但城乡居民收入增速下滑将对消费增长形成制约。建议下一步加快收入分配体制改革，增强消费新引擎建设，促进消费新业态发展。

关键词：

消费　新兴业态　收入分配　改革

一　2013 年我国消费形势基本特征

（一）消费实际增长基本稳定

2013 年我国消费增长保持了稳定运行态势。1~9 月，社会消费品零售总额名义增长 12.9%，增幅同比放缓 1.2 个百分点，剔除价格因素后实际增长

---

* 闫敏，经济学博士后，国家信息中心经济预测部宏观经济研究室副主任，副研究员，主要研究宏观经济、对外贸易、环境经济等问题。

11.3%，同比放缓0.3个百分点（见图1）。居民收入减速以及零售物价涨幅回落使得消费增速放缓。最终消费支出对GDP增长的贡献率为45.9%，较上年同期减少9.1个百分点，拉动GDP增长3.5个百分点。第四季度消费增长在价格涨幅温和上升、政策有力支持等因素作用下有所加快，预计全年消费品零售总额增速在13%左右。

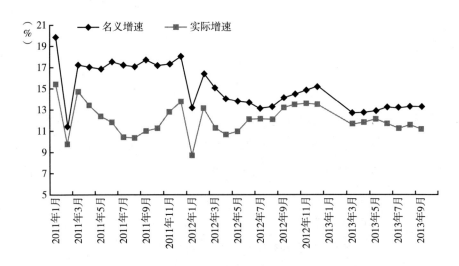

图1　社会消费品零售总额名义增速与实际增速情况

（二）新兴消费模式不断发展

中国经济发展正值调整结构、转型升级阶段，消费增长相应呈现出新的发展特征，新兴消费形式不断兴起。

一是信息消费快速发展。随着信息技术对经济各领域、各方面的渗透融合，信息消费逐步显示出强大的生命力。信息消费既包括居民对信息产品和信息服务的购买消费，如购买智能手机、智能电视、平板电脑等，又包括居民的数据接入、内容服务、购买软件、手机游戏和网络游戏等，还包括企业通过信息平台的交易和服务，如电子商务等。信息消费不仅有利于提升我国消费水平，改善消费结构，而且对产业转型和民生改善具有重要意义。2013年以来，信息消费快速增长，截至2013年9月底，全国移动电话用户达12.07亿户，其中3G用户3.68亿户。互联网宽带接入用户新增1595万户；农村地区发展较快，宽带接入用户大增，城市和乡村宽带用户比例由上年同期的 3.31∶1 缩小到 3.0∶1；通信业完成业务收入同比增长 8.6%；电子商务市场交易规模增长 35%；软件业完成业务收入增长 23.7%。

二是环保消费逐步受到消费者认可。一方面，在当下资源环境压力日益增强、雾霾天气危害健康、生活用水遭受污染的环境下，消费者在选择商品的过程中，具有净化空气、过滤 PM2.5、清洁水质、节约能耗等功能的产品逐渐被认可并受追捧，消费占比提高。另一方面，由于人们的环境意识逐步增强，在消费过程中开始自觉实施绿色消费、绿色出行等对环境负面影响较小的消费行为。

三是养老健康消费愈发受到重视。中国逐步进入老龄化社会，几亿人养老的问题提上日程。以养生、康复、理疗、家政为主要内容的“银发消费”在社区以及老年人口聚集区正在逐渐扩大，养老消费市场需求日益壮大。另外，伴随现代人紧张的生活节奏，部分疾病发病年轻化，人们对身体健康的重视程度提高，保健、运动、医疗消费在居民消费支出中所占比例提高。

（三）网购、团购等新兴业态涌现

由于网络购物具有不受时间地点限制、商品选择范围大、送货上门、价格优惠等优势，越来越受到消费者认可。根据商务部数据，2013 年 1~9 月，监测的 3000 家重点零售企业中，网络购物同比增长 34.7%。团购是众多消费者通过自行组团、专业团购网站、商家组织团购等形式，提高议价能力，博得最优价格的新型购物方式。当前团购消费无处不在，从购买鞋帽、家具、化妆品等实物消费到餐饮、观影、理发、旅游等服务型消费，都可以通过团购实现。新兴消费业态的兴起与发展对传统消费业态构成一定冲击和挑战，2013 年 1~9 月，我国百货店、超市和专业店销售分别增长 11.1%、8.4% 和 6.9%，与往年相比增速有所回落。

（四）消费龙头市场增长强劲

2013 年以来，作为消费主导市场的房地产市场销售呈现火爆局面。2013 年 1~9 月，我国商品房销售面积同比增长 23.3%，增幅同比提高 27.3 个百分点；商品房销售额增长 33.9%，增幅同比提高 31.2 个百分点（见图 2）。销售的火爆进一步推高房地产价格，9 月，70 个大中城市中有 69 个房价上涨，其中最高涨幅为 20.6%。房地产市场热销带动了建筑装潢、家具零售快速增长，1~9 月，家具、建筑及装潢材料销售额分别增长 20.6% 和 20.7%。但是，考察地域结构，一方面，以限购限贷为核心的房地产调控并没有抑制住房价上涨，以北京、上海为代表的一线城市房屋销售旺盛，房价不断飙升，远远超出居民承受能力；另一方面，我国部分三、四线城市由于土地供应规模不断扩大，近年房地产开发投资增长较快，但产业升级步伐缓慢，难以创造大量就业岗位，房地产需求不足，有的城市出现过剩局面，房屋销售受到抑制（见图 3）。

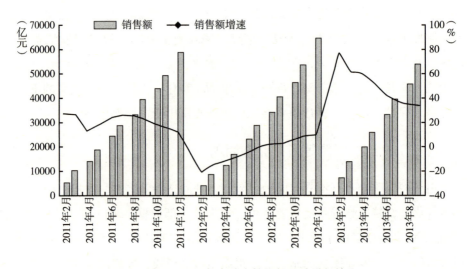

图 2　2011~2013 年房地产销售额累计增长情况

二是汽车市场呈现出产销两旺的局面。2013 年以来，汽车消费一改前几年的颓势，产量与销售量双双走高。2013 年 1~9 月，汽车产销分别增长 12.8% 和 12.7%。8 月、9 月进口汽车销售增长加速，其中 9 月日系汽车销售增长 70% 以上，德系、美系车销售增长均保持在 20% 以上。进口汽车销售的加速增长挤占了国产品牌汽车市场占有份额，1~9 月，国产品牌市场占有量下降 0.7 个百分点。此外，分车型看，MPV 与 SUV 车型增长迅速，其中，SUV 产销增速超过 60%。出现这一局面主要由于一、二线城市汽车换代，从小排量向高性能升级，以及部分城市限购提上日程，导致汽车消费提前释放。

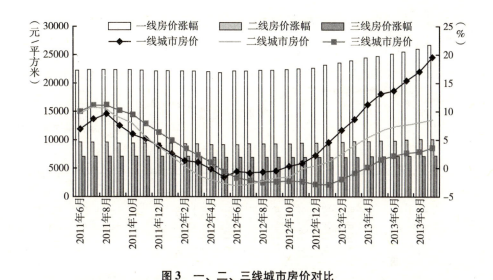

图 3　一、二、三线城市房价对比

（五）主要下拉消费增长的行业情况有望好转

一是"八项规定"对餐饮消费影响减弱。2013 年以来，中央提倡勤俭节约、严格公务消费有效抑制了公款吃喝，2013 年 1～9 月，餐饮收入增长 8.9%，增幅同比放缓 4.3 个百分点，下拉社会消费品零售总额增速 0.5 个百分点。特别是限额以上企业餐饮收入下降 1.8%，降幅较大（见图 4）。目前，中央出台的"八项规定"与"六项禁令"历经一年左右时间，政策公布之初的强力影响目前逐步在消化，部分餐饮企业从效益出发相应转变经营模式、餐品结构，提高了自身创新与服务水平，第四季度餐饮业以及限额以上企业餐饮收入有望逐步回暖。然而部分高端消费品、高档菜肴、酒店高档礼盒和各种消费代金卡等销售目前仍未见显著好转，娱乐业消费受到显著冲击。

二是经济企稳促进石油及其制品行业消费止跌回升。石油及其制品类消费偏弱也成为下拉 2013 年消费增长的重要因素。由于美国页岩气革命导致世界能源格局发生变化，对煤炭需求减少，2012 年下半年以来煤炭价格下降，我国沿海地区通过进口煤炭进行能源供给，导致交通运输中运煤需求锐减，2013 年 1～9 月，全国铁路煤炭发送量仅增长 1.4%。铁路货运量接近零增长使 1～9 月石油制品消费增长率仅为 9.1%，增幅比 2012 年同期下降 7.1 个百分点，

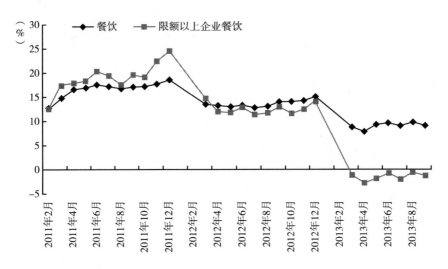

图4　2011～2013年我国餐饮及限额以上企业餐饮收入当月增长情况

拖累消费整体增速。第三季度以来，经济企稳回升，发电量增速上行，煤炭需求与运输恢复，其中，9月当月全国铁路煤炭发送量增长10%，相应石油及其制品类消费回温，7月、8月和9月分别增长9.9%、12.7%和9.6%，对消费下拉程度减弱。

三是部分即发性因素影响消费市场短期运行。国际金价暴跌推高中国金银珠宝类商品消费，单月一度出现70%以上的销售涨幅。食品安全事件频出，白酒塑化剂、假鱼翅、毒校服、含毒超标中药等，以及部分地区出现禽流感，导致部分行业与消费品短期内消费下降。

二　2014年我国消费发展趋势展望

我国居民实际可支配收入增长有所放缓，将直接影响到居民的实际消费能力。但是，我国就业形势稳定，收入分配制度改革全面推进，财政支出不断向社保、公共卫生、教育、低保等民生领域倾斜，有助于推动消费稳定增长。信息消费、健康消费等新型消费模式进一步显示出较大潜力。严格公务消费对抑制餐饮等消费的滞后影响基本消失。初步预计，2014年社会消费品零售总额将增长13%，与上年基本持平。

（一）宏观经济持续健康发展，有利于消费稳定增长

我国在宏观调控上创新思路，提出了"底线思维"理念，确定了按"上下限"调控的区间管理政策框架，特别是在调控方向、力度和时机的把握上，在调控手段和工具的使用上，都增加了更多的鲜活经验。目前，采购经理指数、用电量、货运量等经济先行指标趋好，国家信息中心开发的经济景气指数系统显示，至 2013 年 8 月，我国先行指数已连续 20 个月稳中回升。先行指数持续平稳上升表明，我国经济 2014 年有望保持平稳增长态势。预计 2014 年我国 GDP 将增长 7.5% 左右，居民消费价格指数温和增长，略高于 2013 年水平；宏观环境基本稳定，有利于带动消费市场增长。

（二）扩大消费政策持续发力，推动消费新增长点形成

2013 年以来，我国扩大消费政策总基调不变，但扶持领域与支持方向上略有调整，更加注重短期刺激消费与长期培育新增长点相结合。2013 年 8 月，国务院出台了《关于促进信息消费扩大内需的若干意见》，从加快信息基础设施演进升级、增强信息产品供给能力等五个方面提出了促进信息消费的主要任务。国务院印发的《关于加快发展节能环保产业的意见》，意欲将环保产业打造成国民经济新的支柱产业和拉动消费与投资的新引擎。与此同时，国务院研究制定促进健康服务业发展的重要举措，满足广大人民群众对健康服务需求的持续增长。2013 年 9 月，国务院出台了《关于加快发展养老服务业的若干意见》，通过扩大、提升养老服务业发展拉动消费、扩大就业，保障和改善民生。以上政策措施主要从全局发展与长远利益出发，在消费结构升级与消费新增长点培育方面挖掘潜力，其政策效果主要体现在：第一，信息消费将成为继房地产、汽车后又一消费领域新增长点。根据有关目标，"十二五"后三年，我国信息消费将年均增长 20% 以上。信息消费涵盖范围广阔，其发展壮大将有力推进信息产业快速发展，吸引社会投资向高层次产业转移，从而形成新的经济增长点。第二，国家着力促进环保消费，除力推高效照明、电机及新能源汽车等节能产品外，还首次提出推广油烟净化器、汽车尾气净化器、室内空气净化器、家庭厨余垃圾处理器等民用环保产品，从不同层次、不同领域满足当

前居民环保产品需求，推动环保消费增长。第三，随着中国人口结构改变，医疗、健康、养老需求逐步扩大，健康与养老消费将获得长足发展。信息、环保和健康、养老消费不仅可以提高人们的生活品质和提高生产效率，而且具有绿色低碳特点，将成为我国扩大消费需求与经济结构转型的重要推动力量。此外，有关部门整顿市场秩序、优化消费环境、降低消费成本、为部分产品提供消费补贴等措施，对刺激消费需求也将起到积极作用。

（三）完善收入与社会保障体系，增强居民消费能力

近年来，我国高度重视社会保障和改善民生，城镇低收入群体和农民收入增速有明显提高，覆盖城乡的社会保障体系基本建立，为扩大国内消费需求奠定了基础。我国不断突破户籍、土地、教育等制约城镇化发展的障碍，加快推进城镇化进程，为内需增长注入新动力。在就业方面，经济增长对就业的吸纳能力增强，特别是就业容量较大的服务业发展加快，可以创造更多的就业岗位。前三季度，城镇新增就业 1066 万人，同比多增 42 万人，农村外出务工劳动力同比增加 525 万人，增长 3.1%。在社会保障方面，社会保险扩面征缴提前完成预期目标；积极推进城乡居民大病保险试点，已有 23 个省份出台实施方案；制定相关条例保证农民工权益。在改善民生方面，国家加强棚户区改造，增加保障房供给，提高最低工资标准，2013 年以来，24 个省份提高了最低工资标准，平均提高幅度为 18%。就业增长、社保水平提高、民生改善为居民消费增长打下了坚实基础，提供了有力保障。

（四）人口结构与消费观念转变影响消费结构

当前，我国人口结构正在发生变化，2012 年劳动年龄人口首次减少，意味着人口红利下滑。人口结构与消费具有密切关系。从年龄结构看，我国老龄人口增加，人口老龄化将导致储蓄率下降、消费率增加，长期看我国正进入消费率逐步上升阶段。从城乡人口结构看，随着城镇化的发展，大部分劳动年龄人口脱离土地，进城务工，真正意义上的农民数量逐步减少，随着部分中小城市已经放开户籍管理，农村流动人口向城市转移将加快，农民工及其家属的市民化将推进消费增长提速与结构改善。从消费人群结构看，随着 80 后、90 后

新一代消费群体的成长，网络消费、时尚消费、信用消费等模式不断发展，享受型消费、娱乐休闲消费、文化服务消费将有所提高，而且其消费模式逐步由"量入为出"转变为"超前消费"，信用消费比重越来越大。

（五）城镇居民收入增长放缓抑制居民消费提升

2013 年以来，受经济增速放缓影响，企业效益不佳，尤其是中小企业经营困难，资本市场低迷，农产品价格低速增长，居民工资性收入、经营性收入以及财产性收入增长均受到影响。尽管城乡居民收入依然保持较快增长，但相比于 2012 年同期回落明显，城镇居民收入实际增速再度低于 GDP 实际增速。其中，城镇居民人均可支配收入实际增长 6.8%，回落 3 个百分点；农村居民人均现金收入实际增长 9.6%，回落 2.7 个百分点（见图 5）。居民收入是决定消费增长的重要因素，收入增速下滑将在一定程度上抑制 2014 年的消费增长。

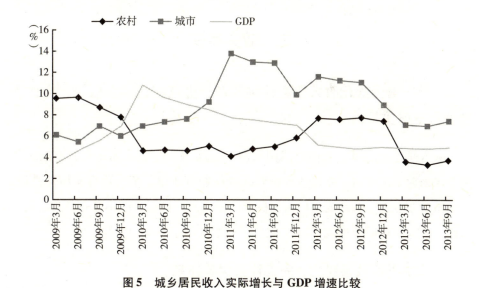

图 5　城乡居民收入实际增长与 GDP 增速比较

（六）"八项规定"对餐饮、娱乐等消费边际影响逐步减弱

中央下达"八项规定"与"六条禁令"，倡导厉行节约，严格管理"三公"经费等政策效果在 2013 年集中释放，政策的强力影响将逐步有所缓解，

而且部分餐饮、娱乐企业正在转型求变、创新经营模式，加上2013年低基数的影响，预计2014年餐饮、娱乐、烟酒、化妆品等行业消费将进入正常增长，对消费的下拉作用减弱。另外，社会部分消费能力转向其他领域，政府消费与居民消费结构呈现微调，其对居民消费整体增速的影响不明显。

总体而言，我国宏观经济平稳运行有利于消费增长保持稳定，但由于城乡居民收入增长缓慢，消费增长难以快速上升，2014年名义增速与2013年基本持平，保持在13%左右；餐饮、娱乐等2013年显著下拉消费增长的行业，2014年销售情况有望好转；信息消费得到国家大力推动与居民普遍追捧，2014年将取得长足发展，消费增速保持在20%以上，并带动相关产业投资增长；黄金等贵金属消费伴随国际大宗商品价格回落将趋于平稳；因多数城市将出台限购政策，汽车消费增长将会有所放缓；健康、养老消费属于长期性消费，其消费增长具有循序渐进特点，在服务体系逐步完善的情况下，增速将稳步上升。

三　政策建议

（一）努力深化收入分配体制改革，提高居民实际收入，为扩大消费打下坚实基础

收入是消费之基。当前，我国消费增长缓慢，与收入体制现状有较大关系。未来应下决心进一步深入推进收入分配制度改革，努力取得实质性进展，尽量减少企业部门和政府部门对居民部门的挤压，同时，缩小社会各阶层收入差距，扩大中产阶层的规模。

（二）不断改善民生，完善社会保障体系

扩大社会保障覆盖面，重点关注农民工、小型经济组织成员和社会低收入群体的社会保障情况；重视结构性失业问题，鼓励技术教育培训，同时拓宽高校毕业生就业渠道；整合城乡居民基本养老保险制度，改革和完善城镇职工养老保险体制；对将国有企业上缴红利投入社保基金、养老基金等领域进行可行性研究，实现国有资本收益全民共享。

（三）积极培育扶持养老、保健等消费业态

针对中国人口红利下降和老龄人口比重升高的国情，积极培育扶植养老、保健等消费业态。在已公布的《关于加快发展养老服务业的若干意见》《关于促进健康服务业发展的若干意见》的基础上，力争尽快促使财政、税收、金融等配套措施积极跟进，结合当前宏观体制改革重点，积极引入民间资本和境外资本，打造多元化投资体系，建设多层次养老、健康消费市场。

（四）促进信息消费发展，打造消费增长新引擎

全面落实国务院《关于促进信息消费扩大内需的若干意见》，加快实施"宽带中国"战略、"信息惠民"工程等；结合各地区、各行业的实际情况与特点，逐步推进信息产业与交通、旅游、就业、医疗等消费领域的融合互通；鼓励智能手机、智能电脑、智能家居等新型信息产品的生产销售，不断开发便利居民生活的高智能消费产品和服务。

（五）努力扩大信用消费规模，刺激消费增长

信用消费有利于提前实现居民消费愿望，是刺激短期消费的有力手段，建议下一步推动全国有条件的省份在商业密集区域实施"无障碍刷卡"，加快POS 机和 ATM 机的布放和银行卡受理商户的拓展，降低刷卡消费的费率，对部分商品提供信贷消费优惠、折扣与贴息补助，扩大分期付款产品范围。

G.4

2013 年中国对外贸易形势分析与 2014 年展望

闫　敏*

摘　要:

2013 年以来，国际经济环境有所改善但基础仍不稳固，国内经济平稳增长但仍处于下行区间，我国对外贸易呈现稳中趋升态势，预计全年外贸进出口增长接近预期调控目标。展望 2014 年，世界经济总体稳定，美、日、欧等发达国家经济有望进一步好转，但部分新兴经济体经济下行压力较大，人民币升值滞后影响显现，我国经济稳中缓降，国内需求短期内难以大幅提高，对外贸易面临的内外部环境不会发生根本变化，进出口贸易增速与上年基本持平，预计国际收支保持小幅顺差。建议下一步继续加强贸易便利化的扶持政策，更加注重外贸领域改革创新。

关键词:

贸易增速　顺差　改革创新

一　2013 年我国对外贸易进出口形势分析

（一）进出口总体增长基本稳定

2013 年，我国进出口增长基本保持稳定，1~9 月，进出口同比增长 7.7%，

---

* 闫敏，经济学博士后，国家信息中心经济预测部宏观经济研究室副主任，副研究员，主要研究宏观经济、对外贸易、环境经济等问题。

但季度数据波动较大。第一季度进出口同比增长 13.5%，显著高于上年同期水平；第二季度增速下滑至 4.3%，出现快速回落；第三季度增速回升至 6%，总体呈现低位企稳的态势。在出口方面，1～9 月同比增长 8%，增幅同比提高 0.6个百分点。然而由于 2013 年初部分国际短期资本为博取利差，通过香港转口入境，抬高了出口数据，如不计算对港贸易，1～9 月我国出口仅增长 4.6% 左右。在进口方面，由于我国经济逐步企稳回升以及大宗初级产品价格明显上行，第三季度我国进口增速回升至 8.5%，较第二季度提高了 3.5 个百分点（见图 1）。第四季度由于国际市场需求平稳，政策措施逐步显效等因素影响，进出口仍将延续稳定增长态势，预计全年外贸出口增长 8% 左右，基本接近预期调控目标，进口将增长 7.5% 左右，外贸顺差 2585 亿美元，增长 11.9% 左右。

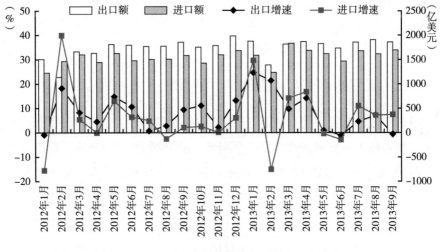

图 1　2012～2013 年我国进出口情况（当月）

（二）主要出口市场情况普遍好转

美、日、欧是金融危机之前我国的主要传统进出口市场，危机后由于世界主要经济体经济增长呈现分化，我国对美、日、欧等传统市场进出口比重下滑，对新兴经济体贸易增长较快。2013 年初以来，世界经济格局发生新变化，美国经济增长出现起色，欧洲主权债务有所缓解，日本在安倍经济学的刺激下摆脱低迷局面，部分新兴经济体仍然保持相对较高增速。在我国主要进出口市

场中，对美国、东盟贸易持续增长，前三季度中美双边贸易增长 6.7%，与东盟双边贸易增长 11.6%，我国内地与香港地区双边贸易增长 25.6%。对欧盟、日本贸易出现好转迹象，前三季度中欧双边贸易下降 0.8%，其中，第三季度同比增长 3.5%；中日双边贸易下降 7.9%，其中，第三季度同比下降 5.3%，较上半年明显收窄。对印度、巴西、南非等国出口增速较上年提高，增速分别为 3.3%、6.2%、18%，其中，印度由负转正，巴西、南非分别较上年同期提高 3 个和 7.2 个百分点。从主要进出口市场情况看，一大突出特点是我国对有自贸协定的国家和地区的进出口增长明显。如对东盟、智利、巴基斯坦等 9 个与我国签订自贸协定的国家和地区合计进出口增长 17%，高出同期我国外贸进出口增速 9.3 个百分点，占进出口总值的 13.9%，比重提升 1.1 个百分点。由于当前发达国家经济增长显露好转迹象但基础并不稳固，部分新兴经济体结构性矛盾突出，经济下行压力较大，预计 2013 年第四季度我国对发达经济体出口将继续稳定，对部分发展中国家出口将略有下滑。

（三）加工贸易转型取得进展

2013 年前三季度，我国贸易方式结构继续改善，一般贸易进出口增长 7.8%，增速较上年同期加快 1.9 个百分点，占比提高至 52.8%；加工贸易进出口仅增长 0.7%，占比 32.3%，比重回落 2.2 个百分点。考察加工贸易内部结构，2013 年前三季度，我国进料加工进出口值占加工贸易进出口总值的 86.4%，比上年提升了 0.1 个百分点。这表明随着加工贸易转型升级和梯度转移的逐步推进，我国加工贸易在全球价值链配置中正在由以前期加工装备为主的低附加值环节向研发设计、创立品牌等产业链的高端环节延伸，逐步实现从以委托来料加工为主向以自营进料加工为主的运作方式转变。一般贸易比重提升和加工贸易转型加快表明，我国近年来在金融危机冲击、国际环境倒逼、国内主动转型、企业注重创新等因素的共同作用下，贸易结构呈现显著优化，这有利于我国缓解成本上升带来的出口压力。

（四）机电产品出口比重平稳

2013 年以来，我国劳动密集型产品出口有所回升，2013 年前三季度七大类劳动密集型产品出口增长 10.4%，高出同期我国出口总体增速 2.4 个百分点。从整体发展趋势看，我国出口产品结构继续优化，2013 年前三季度机电产品出口增长 8%，占同期我国出口总值的 57.2%，连续 19 年保持第一大类出口商品地位（见图 2）。而且随着技术升级与创新能力增强，我国以机电产品为代表的资本密集型产品进口替代能力增强，部分产品出口附加值有所提升，高新技术机电产品出口比重进一步提高。此外，初级产品出口比重继续下降，2013 年前三季度增长 6.4%，比同期我国出口总体增速低 1.6 个百分点，占我国出口总值比重的 4.8%，同比下滑 0.1 个百分点。

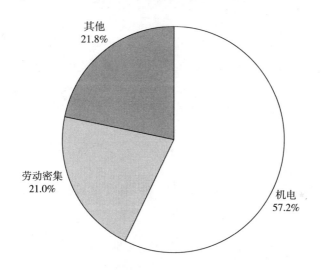

图 2　我国主要出口产品占比情况

（五）贸易发展的质量与效益得以提升

2013 年以来，在国家进出口政策调结构、促改革与加快外贸转型升级的推进下，我国不仅在对外贸易增长方面呈现出低位企稳态势，而且在贸易发展质量与效益方面取得了较为突出的成效。一是民营企业贸易日趋活跃。2013 年以来，我国逐步转变了外资企业在对外贸易中占据绝对主导地位的局面，市场主体表现日趋活跃。2013 年前三季度，我国民营企业进出口增幅同比提高 15.6 个百分点，占进出口总值的 33.3%，同比提升 4.2 个百分点，对进出口总值增长的贡献率达到 87.9%（见图 3）。二是贸易条件改善。2013 年前三个季度，我国出口价格总体下跌 0.6%，进口价格下跌 1.8%，价格条件指数为 1.01，即同等数量的出口商品能换回更多的进口商品。三是区域结构更趋平衡。东部地区进出口平稳增长，中西部地区出口活跃。2013 年前三季度，东部地区 10 省份进出口总值增长 7.1%，接近进出口总体增速，由于其比重超过 80%，东部地区外贸企稳有利于全国进出口增长保持稳定；中西部地区进出口增速高出同期进出口总体增速 5.2 个百分点，占进出口总值的 11.3%，比重提升 0.5 个百分点，东中西部贸易结构不断优化。

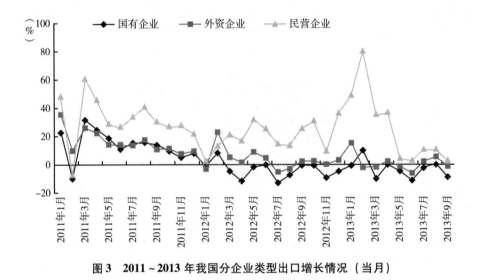

图 3　2011～2013 年我国分企业类型出口增长情况 （当月）

尽管 2013 年以来我国对外贸易在稳定增长、提高质量、优化结构等方面取得一定成绩，但外资外贸领域也出现了虚假贸易、短期资本流入过快、对美欧等主要市场份额下滑等问题。如何针对当前外贸领域出现的新情况和新问题，采取有效措施继续保持外贸稳定增长，并促进结构调整，成为下一步工作的重点。

二　2014 年我国外贸发展趋势展望

展望 2014 年，发达国家经济增长势头有望得以保持，但新兴经济体面临增速减缓和全球金融条件收紧的双重挑战，经济增长受到制约，世界经济保持温和回升态势。国内宏观调控政策会继续发挥积极作用，经济体制改革步伐将进一步加快，我国宏观经济将保持平稳较快增长态势。国内外环境总体有利于我国对外贸易继续稳定增长。

（一）世界经济环境复杂多变

1. 发达经济体经济好转迹象增强

美、日、欧等国家金融危机爆发后，普遍加强金融监管，为银行提供流动性支持，改善金融系统资产状况，使系统性金融风险降低。美国私人消费企稳，企业经济活动信心增强，房地产市场复苏，就业状况进一步好转，然而工业复苏情况不尽如人意，净出口对经济增长贡献不强，最重要的是美联储退出量化宽松政策（QE）和财政僵局可能给美国未来经济增长带来的负面影响难以预计。国际货币基金组织（IMF）预计美国 2014 年经济增长 2.6%，较 2013 年提高 1 个百分点。欧洲核心经济体呈现若干复苏迹象，前期主权债务危机国家情况好转，部分国家针对经济领域问题推出治理、刺激政策，消费者与企业信心增强，但国内需求依然疲弱，边缘经济体情况仍不甚乐观，银行资产负债状况不确定给经济增长带来困扰。IMF 预计 2014 年欧盟经济将摆脱衰退，实现 1% 的正增长。日本经济在"安倍新政"的刺激下实现复苏，货币大幅贬值推动出口增长，同时企业赢利状况改善，私人消费热情提高，但要实现持久复苏，仍面临财政治理与结构调整两大困境，IMF 预计 2014 年日本经济增长 1.2%，较上年有所放缓。在"去杠杆化"与"再工业化"战略的推进下，在短期刺激措施与长期结构调整政策的推动下，发达经济体 2014 年整体经济增长有望向好，IMF 预计发达经济体 2014 年经济增长 2%，比 2013 年高0.8 个百分点。

2. 部分新兴经济体经济下行压力较大

新兴经济体或将成为 2014 年世界经济中的重要不稳定因素。新兴经济体经济结构存在突出矛盾，国内需求不足，经济增长动力趋弱。同时，为争夺国际市场，大部分新兴经济体采取货币贬值策略，本币兑美元与一揽子货币汇率明显低估，国内物价上涨，资本市场动荡，金融体系脆弱，滞胀风险上升。尤其是美国宣布退出量化宽松政策使全球资本市场资金流向呈现新变化，国际短

期资本回流发达经济体，新兴经济体货币将进一步承受较大贬值压力，面临汇率和金融市场超调的问题。在增长放缓、资本外流和本币贬值三者叠加下，部分国家金融乃至实体经济可能出现危机，并将影响所在区域的经济稳定。IMF最新展望将2013年与2014年新兴市场和发展中经济体GDP预测分别下调了0.5个和0.4个百分点，分别为4.5%和5.1%。

3. 退出量化宽松与财政困境等问题增加全球经济不确定性

一是美国退出量化宽松政策（QE）对世界经济尤其新兴经济体经济增长将造成显著影响。2013年5月，美联储提出年内将逐步退出QE，导致美国与部分发达经济体长期国债收益率意外大幅攀升。尽管9月议息会议上美联储仍未宣布缩减QE，但退出预期已然形成，长期国债收益率继续攀升。金融危机爆发以来，美联储向市场注入接近3万亿美元流动性。在全球金融市场一体化与以美元为主要国际货币的情况下，美元流动性不断外溢，在全球范围内形成大规模利差交易，推高国际资本市场尤其是新兴经济体市场资产价格。一旦美联储退出QE，大部分新兴经济体将出现资本外流、资产价格暴跌、本币迅速贬值、实体经济受损等一系列反应与危害。二是美国财政僵局危及世界经济增长。美国债务问题在9月几近演变成政治危机，参众两院大肆博弈，美国政府一度被迫关门。据估计，美国政府关门至少造成超过240亿美元经济损失，并导致第四季度GDP增速滑落到2%以下。美国两党将在2014年及未来一段时间不断就债务上限问题展开争论，高度依赖借新还旧维持其偿债能力的模式将不断增加联邦政府债务偿还能力的脆弱性，导致主权债务时刻处于危机边缘，冲击国际金融市场和全球经济信心。三是欧元区国家深层次矛盾难以根除。IMF报告表示，欧元区的风险主要来自金融系统与经济结构性改革，包括重塑银行业稳健和信贷传导机制，以及治理企业债务高企等方面。部分国家由于实行严苛的减支计划，失业率居高不下，国内出现政治动荡，影响欧洲进一步落实财政整顿与金融改革措施，导致欧洲主权债务危机难以尽快根除。

4. 国际大宗商品价格小幅波动运行

展望2014年，一是全球经济增长仍呈现缓慢复苏态势，需求不足、产能过剩困扰各国经济回升程度，经济运行基本面不支持大宗商品价格大幅上涨。二是美国若下决心退出QE，全球流动性将趋于收紧，美元升值，国际大宗商品不具备加速上涨的货币环境。三是新兴经济体由于产能过剩、外需放缓、金融风险等问题导致经济下行压力较大，对全球能源、原材料新增需求不旺。四是地缘政治将干扰国际大宗商品短期走势。叙利亚"化武"问题、伊朗核问题以及中东错综复杂的利益格局和各方博弈将使中东地区充满动荡，影响国际能源价格稳定。

5. 新形式贸易保护主义抑制国际贸易增长

当前国际市场争夺更加激烈，贸易保护主义不断升级，形式更趋复杂，难以辨别防控。包括我国在内的新兴经济体面临的国际贸易保护主义已经从关税、出口补贴等初级、明显的形式逐步演变为贸易监管和管制等隐蔽形式，部分国家以气候变化、绿色发展、反倾销、知识产权等为借口，设置市场准入壁垒与产品贸易门槛。基于此，世界贸易组织最新报告把 2013 年贸易增长预期从之前的 3.3% 降低到 2.5%，2014 年预期值从 5% 降低到 4.5%。同时，欧美等发达国家主导推动新一轮贸易谈判，以服务贸易与国际投资为主的跨区域贸易合作标准与规则明显高于 WTO 协议框架，我国在新一轮区域自由贸易谈判中处于较为被动的地位。

（二）国内宏观经济环境平稳

1. 宏观经济将保持中高速平稳增长态势

预计 2014 年，经济运行中存在的新矛盾和新问题会加大经济下行压力，而改革红利释放、基础设施投资和库存回补因素将推动我国经济稳定增长。国家信息中心开发的经济景气指数系统显示，载至 2013 年 8 月，我国先行指数已连续 20 个月稳中回升，表明我国经济 2014 年有望保持平稳增长态势。预计我国 2014 年 GDP 将增长 7.5% 左右，工业增加值增长 9.3%，同比放缓 0.3 个百分点。

2. 对外贸易领域改革与支持政策不断落实深化

一是 2013 年 7 月以来，国务院出台了一系列稳定外贸增长的政策措施，如便利通关、整顿进出口环节经营性收费、发展短期出口信用保险业务、支持外贸综合服务企业、为中小民营企业出口提供融资等，未来政策效果将不断显现。二是在现有政策基础上，新一批"有关促进跨境电子商务发展"，"有关

外贸企业的综合服务和支持政策"等举措即将出台，将进一步提高贸易便利化水平，缓解外贸综合成本上升压力。三是外贸领域改革力度加大，上海自贸区成立将会促进该地区对外贸易发展，同时强劲拉动周边地区进出口增长。

3. 人民币大幅升值的滞后影响日渐突出

2013 年以来，人民币汇率不断攀升，屡创历史新高。根据国际清算银行数据，2013 年 9 月人民币实际有效汇率指数为 117.4，较年初上升 6.6%。反观周边国家和地区，日本在"安倍新政"指导下，采取日元大幅贬值策略；印度、俄罗斯等大部分新兴市场国家为推动出口增长，也选择货币贬值手段，以抵制出口商品价格竞争力下降的不利影响。尤其是美国退出 QE 具体时间推迟，在美、中两国经济增速差距拉大的背景下，未来一段时间人民币仍存在升值压力。前期货币升值的滞后影响将在 2014 年凸显，削弱我国出口产品竞争力。

4. 成本上升影响企业进出口能力

2013 年以来，我国企业成本上升趋势更加明显。在人力成本方面，截至 2013 年 9 月，共有 24 个地区调整了最低工资标准，平均调增幅度为 18%；农民工工资不断上涨，近三年年均涨幅在 17% 以上；与此同时，企业"三险一金"以及职工福利费用不断提高。在资金成本方面，由于我国工业品出厂价格连续负增长，出口产品生产企业实际负担利率等于银行贷款利率加工业生产者出厂价格指数（PPI）降幅，融资成本显著提高。而且新增资金主要流向大型企业、房地产和融资平台，我国外贸企业以中小型企业为主，融资困难状况难以解决。在环境土地成本方面，在污染严重、节能减排、地价攀高、水价上调等因素的影响下，企业环保、土地支出不断提高。企业困难影响未来进出口信心，据商务部调查，全国 1900 多家重点外贸企业出口订单在短暂回暖以后，近期再度出现反复。

（三）2014 年中国对外贸易增长预测

展望 2014 年，我国外贸面临的外部环境依然错综复杂，受世界经济低速复苏及低端制造业向外转移影响，发达国家需求回升对我国出口拉动有限，而新兴经济体增速放缓对我国出口也将带来不利影响。同时，受美联储货币政策调整影响，2014 年我国吸引外资难度加大，外资流入将进一步放缓。但也要看到，世界经济低速复苏特别是新兴经济体减速，将推动国际市场大宗初级产品价格稳中趋降，有助于降低我国进口成本，同时国内经济继续保持较快增长，对进口需求稳步增长可期。在全球经济复苏格局酝酿重大结构性变化的背景下，只要我国把握住调整的主动性，积极构筑对外投资合作的新平台，不仅有助于实现国内经济的平稳运行，而且有助于提升我国在国际贸易和全球产业分工格局中的位势，提高长期经济增长潜力。

初步预计，我国 2014 年出口将增长 9% 左右，进口将增长 7.5% 左右，进出口贸易增速与上年基本持平，全年外贸顺差 3100 亿美元左右，国际收支保持小幅顺差。在结构方面，机电产品出口 2014 年仍将成为中国第一位的出口商品，但由于新兴经济体增速放缓，资本品与投资品需求相应减少，机电产品出口增长将有所放缓，劳动密集型产品在外贸结构调整、人力成本上升、低端制造业转移的影响下，长期增长速度将呈下行趋势。

三 政策建议

（一）进一步加大对外开放的水平

全面推进上海自贸区建设，不断探索和总结实践过程中的问题和经验。在此基础上，适当增加天津、深圳等地不同规模自贸区试点，不断探索改革新路径，形成可复制、可推广的经验，服务于全国发展。同时，在操作过程中，注重对违规行为的监管和处理，并在充分贯彻、实施上海自贸区总体方案和实施细则的基础上，考虑未来进一步放宽对外资管理和限制条件，缩减负面清单。

（二）密切关注国际贸易发展动态

密切跟踪国际服务贸易协定及重大区域自贸区谈判进程，尤其重点关注跨太平洋伙伴关系协议（TPP）与跨大西洋贸易与投资伙伴协议（TTIP）谈判进程与达成的阶段性协议，逐步完善我国金融、证券、保险、物流等服务业的制度建设，主动适应国际贸易发展的新趋势，积极参与制定新标准和新规则。

（三）加快推进国际大通道建设步伐

加大对国际大通道内外互联互通建设的协调力度，积极推进陆路"丝绸之路经济带"和"海上丝绸之路"战略，加快落实泛亚铁路大通道建设进程，努力开拓国际经贸合作新领域。同时，有选择地加强与欧洲、亚洲、非洲以及拉丁美洲等地区部分国家的经贸往来，建立双边或多边贸易联盟，加强国际方面区域自由贸易区建设。

（四）大力扶持跨境电子商务出口业务运营

随着信息技术向世界经济各领域的渗透，电子商务成为新时期贸易的重要平台与手段。大力发展跨境电子商务，对扩大海外营销渠道、提升我国品牌竞争力、实现我国外贸转型升级具有重要意义。下一步建议尽快颁布促进跨境电子商务相关条例与政策，选择具有实力与资质的电商企业，引入竞争机制，强强联手，建设跨境电子商务运营网络体系，建设跨境电子商务交易平台，加大与国际第三方支付机构合作力度。

（五）加大"走出去"步伐，带动出口稳定增长

充分发挥"走出去"对出口的带动作用，拓展企业出口途径，绕开各种贸易保护障碍，降低企业负担。鼓励企业以参股、控股、并购等形式参与境外投资，结合能源开发、资源整合、战略投资等重大项目，以出口信贷、对外援助等手段，带动中国机械设备、机电产品以及消费品出口。

（六）把握有利时机扩大战略性资源产品进口

抓住国际大宗商品价格下滑的时机，扩大战略性资源进口。提高原油、贵金属等初级产品进口，健全能源、资源储备体系；增加农产品尤其是粮食等商品进口，开展大宗商品直接贸易，提高相关产品国际定价能力。

2013 年中国物价形势分析与 2014 年展望

张前荣*

摘 要:

2013 年以来,居民消费价格指数(CPI)平稳上涨,工业生产者出厂价格指数(PPI)降幅稳步收窄。2013 年 1~9 月,CPI 同比上涨 2.5%,PPI 同比下降 2.1%。初步判断第四季度 CPI 涨幅将有所扩大,PPI 降幅将继续收窄,预计全年 CPI 上涨 2.7%,PPI 下降 2.0%。展望 2014 年,国内经济增速稳中略降、产能过剩、输入性通胀压力较轻和粮食丰收等将抑制物价涨幅,但通胀预期增强、蔬菜和猪肉价格回升、劳动力成本上升、货币环境稳中偏松和翘尾因素增加将支撑价格上涨。综合考虑各种因素的影响,初步预计 2014 年 CPI 上涨 3.2%,PPI 下降 0.5%。2014 年物价调控工作的重点应着重管理通胀预期,稳定农产品供给,推进资源价格改革,执行中性略紧的货币政策。

关键词:

物价运行 走势预测 调控建议

一 2013 年物价运行形势和特征分析

(一)居民消费价格涨幅逐季扩大,物价总水平温和可控

2013 年 1~9 月,我国居民消费价格指数(CPI)同比上涨 2.5%,涨

---

* 张前荣,经济学博士,国家信息中心经济预测部副研究员,主要研究领域为价格监测分析与宏观经济模型。

幅同比回落 0.3 个百分点，比 3.5% 的调控目标低 1.0 个百分点，因此，我国当前通胀压力较轻。其中，城市 CPI 同比上涨 2.5%，农村上涨 2.7%；食品价格上涨 4.4%，非食品价格上涨 1.6%；消费品价格上涨 2.4%，服务价格上涨 2.8%。分季度看，2013 年前三季度，CPI 分别上涨 2.4%、2.4% 和 2.8%，涨幅呈扩大态势。1~9 月，扣除食品和能源价格后的核心 CPI 同比上涨 1.7%，涨幅较低。1~9 月，翘尾因素拉动 CPI 上涨 1.2 个百分点，新涨价因素拉动 CPI 上涨 1.3 个百分点，贡献率分别为 48% 和 52%，翘尾因素比上年同期低 0.3 个百分点，新涨价因素与上年同期持平。

从 CPI 月度涨幅来看，2013 年 1~9 月，CPI 当月同比分别上涨 2.0%、3.2%、2.1%、2.4%、2.1%、2.7%、2.7%、2.6% 和 3.1%，涨幅基本呈平稳的小幅回升态势。除 2013 年 2 月和 9 月 CPI 当月涨幅超过 3% 外，其余各月基本维持在 2.5% 左右（见表 1）。2 月物价涨幅超过 3% 是因为春节因素，9 月物价涨幅达 3.1% 是因为中秋节因素，加上 9 月有台风等灾害的影响，导致物价涨幅相对较高。结合当前及后期的物价运行形势，初步预计 2013 年 CPI 上涨 2.7%。

表 1　2013 年 1~9 月 CPI 涨幅

单位：%

月份	1 月	2 月	3 月	4 月	5 月	6 月	7 月	8 月	9 月
CPI 累计同比	2.0	2.6	2.4	2.4	2.4	2.4	2.4	2.5	2.5
CPI 当月同比	2.0	3.2	2.1	2.4	2.1	2.7	2.7	2.6	3.1
CPI 当月环比	1.0	1.1	-0.9	0.2	-0.6	0.0	0.1	0.5	0.8

（二）八大类商品价格七涨一降，结构性上涨特征明显

2013 年 1~9 月，在构成居民消费价格的八大类商品中，除交通和通信价格下降 0.4% 以外，其余七类商品均呈上涨态势。1~9 月，食品价格上涨 4.4%，涨幅比上年同期低 1.1 个百分点，约拉动 CPI 上涨 1.43 个百分点，对 CPI 上涨的贡献率为 57.1%；居住价格上涨 2.8%，涨幅比上年同期高 0.8 个

百分点，约拉动 CPI 上涨 0.46 个百分点，贡献率为 18.5%。食品和居住价格对 CPI 的贡献率之和为 75.6%，表明物价涨幅主要由食品和居住价格拉动，物价上涨的结构性特征明显。

（三）鲜菜价格涨幅较低使物价总水平保持温和上涨

鲜菜价格涨幅较低是当前物价涨幅回落的重要结构性因素。2013 年 1～9 月，食品价格对 CPI 的拉动比上年同期低 0.27 个百分点，主要原因是鲜菜价格涨幅回落较多，鲜菜价格同比上涨 5.2%，涨幅比上年同期回落 12.8 个百分点，仅拉动 CPI 上涨 0.15 个百分点，对 CPI 的拉动比上年同期低 0.37 个百分点。扣除鲜菜和鲜果后的 CPI 同比仅上涨 2.4%，与上年同期物价涨幅基本持平。

（四）工业生产者出厂价格指数持续下降，生产领域通缩特征明显

截至 2013 年 9 月，工业生产者出厂价格指数（PPI）连续 19 个月下降，生产领域呈明显的通缩迹象。1～9 月，PPI 同比下降 2.1%，下降幅度比上年同期扩大 0.6 个百分点。分季度看，第一季度 PPI 同比下降 1.7%，第二季度下降 2.7%，第三季度下降 2.2%。分类别看，生产资料价格明显下降，生活资料价格小幅上涨。1～9 月，生产资料价格同比下降 2.8%，约拉动 PPI 同比下降 2.15 个百分点，生活资料价格同比上涨 0.2%，约拉动 PPI 上涨 0.05 个百分点。在 1～9 月 PPI 2.1% 的降幅中，负翘尾因素为 -1.4 个百分点，新降价因素为 -0.7 个百分点。从月度走势看，由于近期国内需求有所回暖，PPI 环比连续两个月为正，同比降幅明显收窄。结合当前及 2013 年后期的物价运行形势，初步预计 2013 年 PPI 同比下降 2.0%。

截至 2013 年 9 月，工业生产者购进价格指数（PPIRM）同比连续 18 个月呈下降态势。1～9 月，PPIRM 同比下降 2.2%，下降幅度比上年同期扩大 0.7 个百分点。其中，第一季度 PPIRM 同比下降 1.9%，第二季度下降 2.8%，第三季度下降 1.8%。从月度走势看，PPIRM 同比下降幅度逐步收窄，8 月、9 月两个月环比维持上涨态势（见表 2）。

表2　2013年1～9月PPI、PPIRM涨幅

单位：%

月份	1月	2月	3月	4月	5月	6月	7月	8月	9月
PPI 累计同比	-1.6	-1.6	-1.7	-2.0	-2.1	-2.2	-2.2	-2.2	-2.1
PPI 当月同比	-1.6	-1.6	-1.9	-2.6	-2.9	-2.7	-2.3	-1.6	-1.3
PPI 当月环比	0.2	0.2	0.0	-0.6	-0.6	-0.6	-0.3	0.1	0.2
PPIRM 累计同比	-1.9	-1.9	-2.0	-2.1	-2.3	-2.4	-2.3	-2.3	-2.2
PPIRM 当月同比	-1.9	-1.9	-2.0	-2.7	-3.0	-2.7	-2.2	-1.6	-1.6
PPIRM 当月环比	0.3	0.2	-0.1	-0.6	-0.6	-0.5	-0.4	0.1	0.2

（五）房地产价格高位运行，涨幅延续扩大走势

截至2013年9月，全国70个大中城市新建住宅和二手住宅价格同比连续9个月上涨，且涨幅呈逐月扩大态势，环比连续16个月上涨，且2013年以来环比涨幅相对较高。2013年9月，全国70个大中城市新建住宅价格同比上涨7.5%，环比上涨0.7%；价格同比上涨的城市有69个，环比上涨的城市有65个。70个大中城市二手住宅价格同比平均上涨4.2%，环比平均上涨0.4%；价格同比上涨的城市有68个，环比上涨的城市有63个。根据国家统计局数据测算，2013年1～9月全国商品房销售价格同比上涨8.6%，涨幅比上年同期扩大1.7个百分点。北京、上海、广州等一线城市房价上涨过快，增加了人们对房价继续上涨的预期。

（六）国际大宗商品价格稳中有降

2013年以来，大宗商品价格呈先降后升再降的走势，总体上维持稳中有降的态势。1～9月，RJ/CRB期货价格指数为290.1，同比下降4.0%（见图1）。分商品类别看，1～9月WTI原油期货均价为96.2美元/桶，同比下降2.1%，我国进口原油均价为775.4美元/吨，同比下降5.2%，进口成品油均价为795.3美元/吨，同比下降4.5%。1～9月LME铜和铝期货均价分别为7412.6美元/吨和1913美元/吨，同比分别下降7.0%和7.3%，我国进口铜材均价为9969.7美元/吨，同比下跌1.0%，进口铝材均价为6335.5美元/吨，同比下降 0.8%，进口铁矿石均价为 129.1 美元/吨，同比下降 4.4%。1～9月，CBOT 小麦、玉米和大豆期货均价分别为 254.9 美元/吨、247.8 美元/吨和 529.8 美元/吨，同比分别下降 3.5%、7.5% 和 1.1%；进口玉米均价为295.8 美元/吨，同比下降 10.8%。

图 1　RJ/CRB 大宗商品价格指数走势

二　影响物价运行的因素分析及 2014 年走势预测

（一）抑制物价过快上涨的因素分析

1. 经济增速稳中略降减轻了物价上涨的需求压力

2013 年前三季度，我国 GDP 同比增长 7.7%，初步预计全年 GDP 增长7.6%。2014 年我国仍将面临低速复苏的国际经济环境，国际货币基金组织（IMF）2013 年 10 月发布的《世界经济展望报告》预计，2014 年全球经济增长 3.6%，比 2013 年 7 月预测值下调 0.2 个百分点。美国缩减购债规模的预期将影响我国吸引外资和资本流动情况，加之国内面临产能过剩、地方政府债务

增长过快和房地产泡沫的风险，初步预计 2014 年我国 GDP 增长 7.5%，维持稳中略降的运行态势，物价上涨的需求压力不大。

2. 产能过剩导致供需矛盾突出

在经济结构转型和市场需求放缓的背景下，我国工业行业供需矛盾突出，产能过剩问题成为经济发展和结构转型的重要风险。我国不但钢铁、水泥等传统行业存在产能过剩，光伏等战略性新兴产业也存在产能过剩。统计数据显示，2013 年第一季度我国工业企业产能利用率为 78.2%，比 2012 年第四季度低 1.9 个百分点，创 2009 年以来最低。部分主要行业产能利用率已降至 75%以下，钢铁、水泥、电解铝、平板玻璃、船舶制造产能利用率分别仅为 72%、73.7%、71.9%、73.1% 和 75%，低于国际平均水平。产能过剩引致的商品供过于求的局面对通货膨胀有较强的抑制作用。

3. 输入性通胀压力较小

近来美国经济稳步向好，失业率稳步下降，房屋销量和价格明显回升。2013 年 9 月，美国失业率为 7.2%，创 2009 年以来最低水平，新建住宅价格同比上涨 4.4%，制造业的采购经理人指数（PMI）达到 56.2%。IMF 预计 2014 年美国经济增长 2.6%，比 2013 年高 1.0 个百分点。由于美国经济稳步复苏和美联储退出量化宽松政策的预期增强，预计美元指数将趋势性走强。作为大宗商品的主要需求方，新兴经济体将面临增长减缓和全球金融条件收紧的双重挑战，对大宗商品的需求增速将有所回落。近期叙利亚危机明显缓和，地缘政治对大宗商品价格的冲击将减弱。综合以上因素，预计 2014 年大宗商品价格将呈稳中有降的态势，国内的输入性通胀压力不大。

4. 粮食丰收为物价稳定运行提供了物质基础

由于夏粮播种面积增加和单产提高，2013 年全国夏粮和早稻总产量分别达到 1.32 亿吨和 3407.3 万吨，分别增产 1.5% 和 2.4%。据农业部农情调度消息，2013 年秋粮整体长势良好，尤其是东北、西北和华北主产区的旱地作物，由于雨水丰沛，长势明显好于常年，秋粮有望再获丰收。加上已经连续增产的夏粮和早稻，全年粮食有望实现"十连丰"。粮食的丰收是未来物价稳定的有利基础。

（二）支撑物价上涨的因素分析

1. 通胀预期对物价的影响逐步增强

模型测算显示，2003 年以来通胀预期对 CPI 的贡献率仅次于劳动力成本，高达 26.7%，尤其是在物价上涨较快的 2007～2008 年，通胀预期对 CPI 的贡献率高达 45.5%。预计 2013 年第四季度 CPI 同比上涨 3.2%，涨幅将高于第三季度。对比 CPI 涨幅与中国人民银行的调查数据，可以发现物价上涨时期居民的通胀预期也明显增强。最近的中国人民银行调查数据也印证了居民的通胀预期在增强。调查数据显示，2013 年第三季度居民物价满意指数为 21.4%，比上季度回落 0.4 个百分点，未来物价预期指数为 70.5%，比上季度提高 3.7 个百分点。

2. 鲜菜和猪肉价格存在上涨动力

2013 年以来，我国鲜菜价格涨幅较低，1～9 月鲜菜价格同比上涨 5.2%。根据历年鲜菜价格的波动规律，鲜菜价格一般存在"小年"和"大年"交替出现的特征，2013 年鲜菜存在明显的"小年"特征，预计 2014 年鲜菜价格将进入"大年"，涨幅将比 2013 年有明显提高。2013 年 9 月，生猪存栏约 4.65 亿头，同比下降 1.6%。其中，能繁育的母猪数量为 5008 万头，同比下降 1.1%。因此，生猪存栏的下降和 2013 年较低的价格基数将在一定程度上推升 2014 年猪肉价格涨幅。鲜菜价格在 CPI 中的权重约为 2.8%，猪肉价格在 CPI 中的权重约为 3.0%，鲜菜和猪肉价格涨幅的提高对 CPI 的影响不容忽视。

3. 劳动力成本稳步上升

近年来，用工荒已逐渐成为常态现象，制造业领域劳动力成本上涨明显。2012 年，我国劳动年龄人口的比重为 74.1%，比 2011 年低 0.3 个百分点，人口结构变化带来低端劳动者工资上涨。第三季度末，我国农村外出务工劳动力月均收入 2542 元，同比增长 13.0%，比城镇居民人均可支配收入增速高 3.5 个百分点。截至 2013 年 9 月底，全国共有 24 个省份调整了最低工资标准，平均调增幅度为 18%。劳动力成本的上升推动服务业价格上涨，2013 年 1～9 月，我国服务价格同比上涨 2.8%，比 2012 年高 0.8 个百分点。劳动力成本的上升将成为推动我国物价上涨的长期压力。

4. 物价上涨的货币环境稳中偏松

2013 年 9 月底，广义货币（M2）余额为 107.74 万亿元，同比增长 14.2%，比第二季度末高 0.2 个百分点，明显高于 2013 年初 13% 的预期目标，也高于 GDP 名义增速。预计 2013 年全年 M2 总量将超过 110 万亿元，与 GDP 的比值将达到 2∶1 左右。前三季度社会融资总量达到 13.96 万亿元，比上年同期多 2.24 万亿元。其中，新增人民币贷款 7.28 万亿元，人民币贷款增速达到 14.3%，比第二季度末高 0.1 个百分点。随着我国经济企稳向好，加之贸易顺差有所增加，2013 年 8 月以来我国外汇占款明显增加，8 月增加 273.2 亿元，9 月增加 1263.6 亿元。外汇流入的增加导致中国人民银行购汇压力加大，8 月、9 月两月中国人民银行购汇高达 675 亿美元，外汇市场供大于求的缺口明显扩大，导致基础货币投放过多，埋下通胀和资产泡沫的隐患。

5. 翘尾因素有所提高

2012 年，CPI 环比下降的月份有 5 个，最近 5 年 CPI 环比下降的平均月数为 4 个，而截至 2013 年 9 月，CPI 环比下降的月数仅有 2 个，且都在上半年，预计 2013 年物价环比下降的月数不超过 3 个。2013 年 CPI 环比下降的月数较少，加之 CPI 环比涨幅比 2012 年有所扩大，导致 2014 年的 CPI 翘尾因素比 2013 年更高。经测算，2014 年 CPI 翘尾因素为 1.5%，比 2013 年高 0.5 个百分点。翘尾因素的升高将推升 2014 年物价涨幅。

6. 物价先行合成指数显示 2014 年物价涨幅将继续走高

利用物价景气指标组，通过合成指数方法计算物价的一致和先行合成指数，如图 2 所示。

物价先行合成指数的谷底出现在 2012 年 6 月，其后步入上升周期，除了在 2013 年 2 月出现了小幅回调外，至今已连续 14 个月上升。物价一致合成指数的谷底出现在 2012 年 8 月，其后缓慢震荡回升，在 2013 年 2 ~ 4 月出现了 3 个月的回调，从 2013 年 5 月开始，物价一致合成指数重拾回升态势，至今已连续回升 4 个月。物价先行合成指数相对于物价一致合成指数的平均先行期为 8 个月。物价先行合成指数在 2012 年 6 月达到谷底，其后一直上扬，至今未出现峰值，预示未来一段时期，我国物价水平仍将处于上升期。

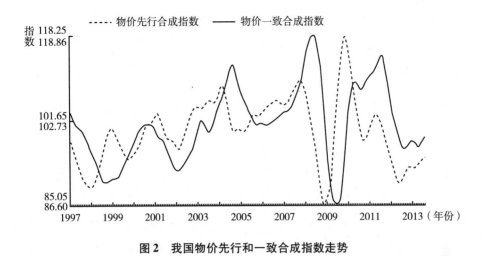

图2　我国物价先行和一致合成指数走势

（三）对 2014 年物价走势的预测

2014 年，防止通货膨胀依然是宏观调控的重要任务，国内经济稳中略降、产能过剩、输入性通胀压力较轻和粮食丰收等将抑制物价涨幅，但通胀预期增强、蔬菜和猪肉价格回升、劳动力成本上升、货币环境稳中偏松和翘尾因素增加将推高物价涨幅。综合考虑各种因素的影响，预计 2014 年物价涨幅比 2013 年有所扩大，对鲜菜、猪肉等农产品价格快速上涨和劳动力成本快速上升的风险应予以重点关注，预计 2014 年 CPI 上涨 3.2% 左右，PPI 下降 0.5% 左右。

三　做好 2014 年物价调控工作的政策建议

（一）加强通胀预期管理，稳定公众心理预期

第一，建议将 2014 年 CPI 调控目标定在 3.5%，与 2013 年持平，这样既有利于稳定公众通胀预期，又为价格改革预留了一定空间。第二，保持宏观经济政策的连续性和稳定性，力争货币供应增速与预期目标一致，提高货币政策在公众心目中的可信度，建立有效的信息沟通渠道，及时传递政策信号，增强

公众对政府稳定物价的信心。第三，房地产调控应着重增加供给，逐步取代抑制需求的调控政策，切实将各地的房价调控目标落到实处，努力控制房价过快上涨，稳定公众预期。

（二）做好农产品生产和流通工作，保持主要农产品价格平稳

财政支出进一步向"三农"倾斜，加大农村水利基础设施建设，切实解决水利设施"最后一公里"较差的问题，以增强农产品生产应对干旱和洪涝灾害的能力。加大对主要蔬菜品种种植和生猪养殖的补贴力度，建立相应的保险机制，保障农户利益，提高其扩大生产的积极性，保障供给稳定，避免价格过快上涨。继续稳步推进农产品现代流通综合试点，给予农产品批发、零售市场和农产品流通企业税费等优惠政策，继续支持发展"农超对接"，降低农产品流通成本。

（三）稳步推进资源价格改革，释放隐性通胀压力

为了发挥价格的杠杆作用、进一步释放改革红利，资源价格改革步伐要加快。一是将广东、广西试点的天然气"市场回值法"定价机制向天然气使用较多的省份或全国推广，在全国范围内推行阶梯气价，理顺天然气及其可替代能源的比价关系。二是将从价计征的资源税从新疆向其他省份逐步推广，增加资源大省的财政收入，增强其应对环境污染的能力。三是继续推进成品油价格改革，将现行的 10 个工作日调整周期缩短为 5 个工作日，探索建立中国的原油期货市场。

（四）采取措施提高生产率，应对劳动力成本过快上涨

为应对劳动力成本上升对物价上涨的长期压力，需要不断提高劳动生产率。继续加大财政对教育的投资力度，尽快实现教育投资占 GDP 比重 4% 的目标。鼓励企业加大研发资金的投入，对符合经济结构调整方向、建立研发中心的企业给予政策优惠。调整当前高等教育发展过快、中等教育发展偏慢的现状，适当压缩高等教育规模，加大中等教育投入，更多地培育符合我国国情的高级技工，满足企业对高级技工快速增长的需求。

（五）创造稳定的货币金融环境，执行中性略紧的货币政策

货币政策总体上应坚持"总量稳定，结构优化"的取向，在政策操作上应把握中性略紧的基调，形成合理和稳定的市场预期，优化金融资源配置，用好增量，盘活存量。建议 2014 年货币供应量增速控制在 13% 左右，强化全社会融资总量在宏观调控中的作用，将社会融资总量作为货币政策的一个重要参考指标，其增长率与名义 GDP 增速相当，以防止全社会债务杠杆过快上升。加快汇率形成机制改革，增加人民币市场的汇率弹性，减少因对冲外汇流入而产生的基础货币投放。

G.6

2013 年中国就业形势分析与 2014 年展望

耿德伟 *

摘　要：

2013 年前三季度，我国经济增速呈前降后升态势。受经济走势变化影响，上半年我国劳动力市场供不应求局面有所缓解，求人倍率出现一定程度下滑；进入下半年，随着经济形势企稳回升，就业形势出现较大程度好转。总体而言，除个别细分市场外，2013 年我国劳动力市场保持了稳定向好的态势。展望 2014年，受劳动年龄人口和劳动参与率下降、产业结构转型升级等因素影响，劳动力市场正在迎来供需关系的转折点，供给方将越来越多地成为劳动力市场的主导力量，这种转变将对整体经济带来深远影响。

关键词：

就业　劳动力需求　劳动力供给

一　2013 年就业形势基本特征分析

2013 年上半年，受出口下滑、固定资产投资放缓以及工业产出增长乏力等因素影响，我国经济增速从第一季度的 7.7% 下滑至第二季度的 7.5%；进入下半年，为防止经济失速进一步加剧，政府"稳增长、保底线"力度逐步加大，各项改革政策对经济的促进作用也开始逐步释放，经

---

* 耿德伟，经济学博士，国家信息中心经济预测部助理研究员，主要研究领域为产业经济学、收入分配、劳动经济学。

济开始出现明显企稳迹象，固定资产投资、工业增加值都呈逐步加速势头，2013 年第三季度 GDP 同比增长 7.7%。受此推动，2013 年上半年有所加大的就业压力在进入第三季度后逐步好转。总体来看，2013 年就业形势好于 2012 年。

（一）城镇就业形势总体呈平稳向好态势

根据人力资源和社会保障部发布的数据，2013 年 1~9 月，我国城镇新增就业 1066 万人，同比增加 42 万人，已经完成全年新增就业 900 万人目标的 118.4%；城镇登记失业率 4.04%，略低于上年同期水平，较 4.6% 的控制目标低 0.56 个百分点。第三季度末农村外出务工劳动力较上年同期增加 525 万人，增长 3.1%，增速较上年同期略有提高。

从劳动力供需情况看，2013 年我国劳动力供需状况总体平衡。中国人力资源市场信息监测中心对全国 100 个城市的公共就业服务机构市场供求信息的监测数据显示，2013 年上半年受经济增速放缓影响，我国劳动力市场供不应求的局面有所缓解，衡量劳动力供求关系的指标——求人倍率从第一季度的 1.10 下滑至第二季度的 1.07；进入第三季度，随着“稳增长、保底线”力度的加大，经济出现明显回暖迹象，在此带动下劳动力市场也趋于紧张，第三季度求人倍率较第二季度上升至 1.08，较上年同期提高 0.03。求人倍率高于 1.0，意味着市场对劳动力需求人数多于求职人数，2013 年我国劳动力供需状况基本平衡，供应总量略显不足。在这种形势下，城镇单位就业人员工资继续保持较快上涨势头，1~9 月平均工资较上年同期上涨 10.8%，剔除通货膨胀因素后与 GDP 增速一致。

（二）中西部地区劳动力需求旺盛

受国家逐步加大西部大开发力度以及东部省份制造业不断向中西部省份转移等因素推动，2013 年中西部省份经济发展速度继续快于东部省份，从而提高了中西部省份对劳动力的总体需求水平。中国人力资源市场信息监测中心监测数据显示，2013 年第三季度我国东部地区城市市场用人需求和求职人数分别较上年同期下降 2.7% 和 8.8%，求人倍率为 1.06；中部地区城市市场用人

需求和求职人数较上年同期均下降 0.3%，求人倍率为 1.08；西部地区城市市场用人需求和求职人数较上年同期分别下降 5.6% 和 13.2%，求人倍率为 1.13。中部和西部地区的求人倍率分别比东部地区高 0.02 个和 0.07 个百分点，东部地区就业压力明显高于中西部地区。

（三）主要行业就业人数增幅放缓

2013 年，除少数行业外，我国城镇主要行业就业人数保持增长态势，就业结构没有太大变化。不过，受经济增速下滑以及劳动力年龄人口逐步趋于下降等因素影响，主要行业就业人数增幅放缓。

从具体行业看，建筑业、批发和零售业、房地产业三个行业的就业人数增速均超过 10%，增长较快。交通运输、仓储和邮政业，科学研究、技术服务和地质勘查业，水利、环境和公共设施管理业，以及卫生、社会保障和社会福利业等服务业部门就业人数增长也较快，增速在 7% ~ 8%。中央"厉行勤俭节约，反对铺张浪费"八项规定对住宿餐饮业形成较强负面冲击，2013 年以来住宿餐饮业就业人数出现较大幅度下滑，截至 2013 年 6 月，就业人数较上年同期减少 23.2 万人，下降幅度为 8.1%。

（四）大学生就业压力依然较大

近年来，我国高校毕业生人数呈快速增长态势，2013 年达到 699 万人，较上年增加 19 万人。高校毕业生规模快速扩张引发了大学生就业难的问题。2013 年，大学生就业形势仍不乐观，总体就业压力依然较大。与之相比，教育程度较低的劳动力就业需求形势相对较好。

截至 2013 年 9 月，初中及以下文化程度求人倍率为 1.00，同比下降0.08；高中为 1.27，同比提高 0.12；职高、技校和中专为 1.42，同比提高0.08。与之相比，受教育程度较高的大专、大学和硕士及以上教育程度人员的求人倍率则分别为 1.00、0.95 和 1.32，其中，大学教育程度劳动力的求人倍率较上年同期下滑 0.09，而大专和硕士及以上劳动力的求人倍率则分别提高0.04 和 0.17。从图 1 可以看出，我国不同教育程度劳动力需求和供给比例呈明显的"N"型变化，其中职高、技校以及中专教育程度人员最供不应求，硕士及以上教育程度人员也供不应求，而大专、大学教育程度人员则明显供大于求，大学毕业生情况最差。

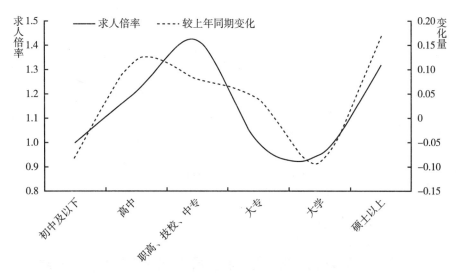

图 1　2013 年第三季度不同教育程度劳动力求人倍率

资料来源：Wind 资讯。

（五）中青年劳动力就业形势较好

不同年龄劳动力的就业需求总体呈倒"U"型变化。其中，25～44 岁的中青年劳动力由于身体和接受能力都处于巅峰状态，同时也拥有较丰富的工作经验，就业形势最好。与之相比，16～24 岁的青年劳动力以及 45 岁以上的中老年劳动力或由于工作经验不足，或由于身体机能正逐步下滑，市场需求相对较低，就业压力最大。

截至 2013 年 9 月，25～34 岁以及 35～44 岁劳动力的求人倍率分别为 1.27 和 1.06，25～34 岁劳动力求人倍率较上年同期提高 0.10，属于供不应求的群体，而且缺口在扩大；而 35～44 岁劳动力求人倍率较上年同期下降 0.02，虽然供应缺口缩小，但仍处于供不应求状态；16～24 岁的青年劳动力求人倍率为 0.97，较上年同期下降 0.03，继续供过于求，且形势恶化；45 岁以上中老年劳动力求人倍率为 0.78，较上年同期提高 0.04，虽然就业形势好转，但仍是就业最困难的群体（见图 2）。

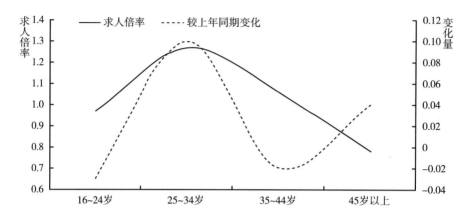

图2　2013年第三季度不同年龄劳动力求人倍率

资料来源：Wind资讯。

二　2014年劳动力市场供求状况分析及就业形势展望

2014年，我国经济发展面临的国际、国内环境仍然非常复杂，但在"稳增长、调结构、促改革"等政策推动下，我国经济有望实现7.5%左右的增速，在此背景下，我国劳动力市场需求将总体保持稳定。在劳动力供给方面，2012年以来我国劳动年龄人口总量就逐步趋于下降，同时就业参与率也在逐年下滑，农村剩余劳动力日趋枯竭，在这些因素作用下我国的人口红利期将逐步结束，除个别细分市场外，劳动力供给紧缺局面将逐步显现，从而推动劳动力成本进一步上升。

（一）劳动力需求

1. 国际经济形势仍较复杂

目前，世界经济处于危机后的转型期，有利和不利因素交织。首先，随着消费者信心稳步提高和美国经济发展的动力进一步增强，IMF预计2014年美国经济有望增长2.6%。其次，在核心国家经济好转的带动下，欧洲整体正在走出债务危机的阴影，并有望在2014年脱离衰退泥潭实现正增长。最后，日本在安倍经济学带动下实现较快复苏，经济发展动力有所增强。当然，2014

年世界经济也将面临来自不同方面的挑战：一是美联储退出量化宽松政策的可能性日益加大，将给国际金融体系带来巨大冲击，并可能引发新兴经济体资金的大规模外逃；二是美国将在 2014 年迎来中期选举年，民主、共和两党的政治恶斗将给宏观经济决策带来更多不确定性；三是欧洲、日本仍然面临如何解决不断攀升的政府债务问题；四是印度、巴西、俄罗斯、印度尼西亚等新兴经济体发展势头不断趋缓，并引发地区经济动荡。

2. 国内经济总体保持平稳增长态势

2014 年，我国经济有望继续保持平稳增长态势，就业需求继续扩大。一是发达国家经济形势在 2014 年将总体实现好转，从而给我国出口部门创造良好的外需环境；二是国内"稳增长、调结构、促改革"继续释放经济发展潜力，经济发展质量将稳步提高；三是我国将继续执行积极的财政政策和稳健的货币政策，为经济发展创造稳定的宏观政策环境。2014 年，我国经济发展的主要挑战在于如何逐步化解地方政府债务、房地产泡沫以及工业部门产能过剩等问题。

除了整体经济保持平稳增长外，我国产业结构加快调整也有助于提高对劳动力的需求。2013 年 1~3 季度，我国第三产业增速达 8.4%，占 GDP 的比重达 45.5%，并有望在 2013 年底正式取代第二产业成为国民经济第一大产业。与第二产业不同，第三产业发展对劳动力的依赖程度更大。2014 年，我国服务业仍处于快速发展的重要机遇期，"营改增"、服务业综合改革试点、上海自贸区建设，以及稳增长、调结构等各项利好政策将推动服务业保持稳步较快发展势头。服务业加快发展将进一步巩固经济对劳动力的需求水平。

（二）劳动力供给

1. 劳动年龄人口日趋减少，不同劳动年龄人口供给分化趋势加剧

受生育率持续下降等因素影响，2012 年，我国 15~59 岁的劳动年龄人口占总人口的比重首次出现下降，绝对量也较上年减少了 345 万人。本报告认为，我国的劳动力规模正处于拐点，未来将保持稳步下滑的态势。展望 2014 年，在长期人口变化趋势的带动下，我国劳动年龄人口总量将进一步减少，总体劳动力供给不足局面将逐步显现，并推动劳动力成本继续加快上升，我国的"人口红利期"正逐步步入尾声。

　　在劳动年龄人口总量下降的同时，不同年龄劳动力供给出现明显分化趋势。其中，15～34岁的年轻劳动力是我国劳动年龄人口总量下降的主导力量，其规模将在未来的10多年时间内从目前的4.2亿人下降至2026年的3.2亿人左右；与之相反，受人口老龄化不断加剧推动，35～59岁的中老年劳动年龄人口则将从目前的5.2亿人进一步增加至5.7亿人左右（见图3）。不同年龄劳动力供给分化势头加剧将在劳动力市场引发更多的结构性矛盾。

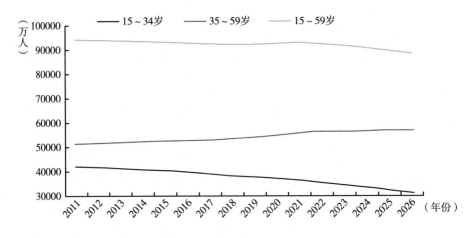

图3　2011～2026年我国劳动年龄人口变化趋势

资料来源：《中国人口和就业统计年鉴（2012）》。

2. 就业参与率仍处较高水平，但总体趋于下降

　　除了劳动年龄人口总量，影响劳动力供给的因素还包括劳动参与率。长期以来，我国属于全球劳动参与率水平较高的国家。不过随着收入水平的提高、社会保障网络日益完备以及人口老龄化程度不断加深，我国劳动年龄人口的劳动参与率正处于逐年下滑的状态。

　　世界银行统计数据显示，2011年，我国15～64岁劳动年龄人口的劳动参与率为80.4%，在有统计数据的183个国家或地区中处第23位。不过，数据也显示，自1992年至今，我国劳动参与率已经下降了4.2个百分点，平均每年下降0.22个百分点。目前，我国15～64岁劳动年龄人口总量大约为10亿人，劳动参与率下降意味着平均每年有200万左右的劳动力退出劳动力市场。在劳动年龄人口不断减少的大背景下，如果未来劳动参与率继续维持下降势

头，我国的劳动力供给紧张局面必将进一步加剧。

3. 农村剩余劳动力转移继续增长，但潜力日趋枯竭

改革开放以来，我国农村地区一直发挥着劳动力蓄水池的作用，为城镇第二、第三产业发展提供源源不断的劳动力。《中国流动人口发展报告（2013）》数据显示，2012 年我国流动人口规模达 2.36 亿人，其中 86.1% 为农村户籍流动人口。国家统计局数据显示，第三季度末我国农村外出务工劳动力人数较上年同期增长 525 万人，增长 3.1%。在劳动人口数量持续减少的背景下，农村剩余劳动力转移保持增长势头为劳动力市场供需平衡做出重要贡献。

不过，我国农村剩余劳动力转移也面临着潜力日趋枯竭的问题。以最受劳动力市场欢迎的青年劳动力为例，《中国流动人口发展报告（2013）》表明，流动劳动年龄人口中 80 后所占的比重为 48.3%，这意味着目前 15～31 岁的流动新生代农民工约有 9814 万人左右。2011 年，我国农村人口有 65656 万人，其中 15～31 岁人口占 27.15%，大约为 17825.6 万人。也就是说，80 后流动新生代农民工占该年龄段农村人口的比重已经达到 55% 左右，如果剔除仍接受教育、残疾等无法工作的人口，80 后流动新生代农民工占该年龄段农村人口的比重将进一步提高到 65% 左右，未来进一步转移的空间已经不大。

三　政策建议

（一）继续实施积极的就业政策，稳定就业形势

就业事关国家发展和人民福祉，2014 年要继续把实现充分就业放在国民经济和社会发展的重要位置，实施积极的就业政策。一是要加大就业保障资金投入力度，加强就业专项资金的使用管理，全面提高资金使用效率；二是要努力拓宽就业领域，大力发展创造就业机会能力强的第三产业，促进中小微企业发展，全面提高经济发展的就业吸纳能力，推动劳动者实现多渠道就业；三是要进一步完善就业服务体系建设，加强就业市场监管，完善信息发布，充分发挥市场在人力资源配置过程中的基础性作用；四是要加强对各地就业工作的指导、交流和考核力度，确保全面完成各项就业目标。

（二）深入挖掘人口潜力，确保劳动力供给总体稳定

在劳动力总量持续下降的背景下，为了确保劳动力供给总体稳定，我国需要加大改革力度，充分挖掘现有人口潜力。一是要积极推进户籍制度改革，大力改善农民工在城市就业、住房、医疗、子女入学等方面的待遇，推动农民工市民化；二是要加快推进农业生产现代化，提高农业生产效率，进一步释放农村劳动力转移潜力，加快农业人口向非农产业转移；三是要加快推动劳动力市场制度和社会保障制度改革，推行鼓励就业政策，遏制就业参与率下滑趋势，提高劳动者就业积极性；四是要推动退休制度改革，逐步延长法定退休年龄，并根据行业特殊性对部分行业实行男女同龄退休，扩大劳动力供给规模。

（三）加强人力资本投资，全面提升劳动者素质

一是要继续加大教育支出力度，努力改善各级学校特别是农村贫困地区、落后地区学校的教学条件，加快学校课程和专业设置改革步伐，全面加强市场紧缺的技能型教育，积极推行素质教育，全面提升教育质量水平；二是要进一步完善相关法律法规，鼓励企业积极开展职工在职培训，将企业用于职工培训的相关费用列入成本；三是要加快推动学习型社会建设步伐，通过加大宣传力度，在全社会形成全民学习和终身学习的良好风气，提升整个社会的竞争力。

（四）加大工作力度，努力做好高校毕业生就业工作

大学生就业难是我国劳动力市场面临的重要结构性挑战，由于招生规模大，预计2014年毕业生数量仍将维持在较高水平，大学生就业压力总体仍然较大。为此，一是要进一步拓宽大学生就业渠道，继续鼓励高校毕业生到城乡基层、中小企业和非公有制企业等单位就业，提高对大学生自主创业的支持和辅导力度，全面做好大学毕业生灵活就业的各项服务工作；二是要加强高校学生的就业技能培训工作，支持大学生在校期间积极参与各类社会实践活动，鼓励各级企事业单位给在校大学生创造更多的工作、实习机会，全面提升高校毕业生的就业能力；三是要进一步做好高校毕业生就业心理辅导工作，积极引导大学生树立正确的就业观，帮助大学生形成理性的就业期望。

G.7
2013 年中国财政收支分析
与 2014 年展望

王远鸿 *

摘　要：

　　2013 年，受国内经济环境复杂多变的影响，财政收支压力明显加大，中央坚持稳中求进的工作总基调，稳定宏观经济政策取向，创新宏观调控方式，实现了经济的平稳增长，财政收支可以完成年度预算。2014 年要继续以提高经济增长质量和效益为中心，继续实行积极财政政策，适当扩大财政赤字和国债规模，继续完善结构性减税政策，继续调整和优化财政支出结构，努力保障和改善民生；同时，进一步深化财税改革，促进经济转型升级，增强经济内生增长动力。

关键词：

　　财政政策　财政收支　税收

一　2013 年财政收支形势分析及全年预测

（一）2013 年 1～9 月财政收入同比增速小幅回落

　　2013 年 1～9 月，全国实现财政收入 98389 亿元，完成预算的 77.7%，同比增长 8.6%（见图 1），比上年同期回落 2.3 个百分点。其中，中央财政收入

---

* 王远鸿，经济学博士，国家信息中心经济预测部首席经济师兼财金研究室主任，研究员，主要研究领域是宏观经济、财政金融运行和政策分析、经济监测预警等。

46813 亿元，完成预算的 77.9%，同比增长 4.5%，比上年同期回落 2.3 个百分点；地方本级财政收入 51576 亿元，完成预算的 77.5%，同比增长 12.7%，比上年同期回落 2.5 个百分点。财政收入中的税收收入 84412 亿元，完成预算的 77.3%，同比增长 9%，比上年同期提高 0.4 个百分点。2013 年 1~9 月，我国财政收入形势有以下特点。

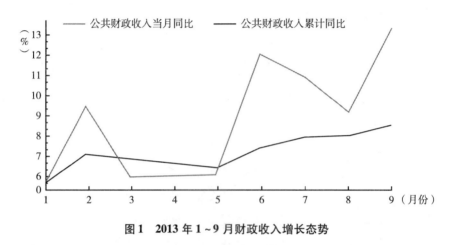

图 1　2013 年 1~9 月财政收入增长态势

1. 全国财政收入、中央财政收入增速逐季回升，地方财政收入逐季回落

2013 年 1~9 月，全国财政收入呈个位数增长，中央财政收入增速更低，但增幅逐季回升。全国财政收入前三个季度分别增长 6.9%、8.1% 和 11.2%。其中，受经济逐步回暖、贸易形势好转以及一些一次性收入缴库、退库不可比等特殊因素影响，中央财政收入增速在第三季度明显回升，从第一季度下降 0.2%，第二季度增长 3.1%，大幅上升至第三季度增长 11.6%。如扣除上述特殊因素，第三季度实际增长 6% 左右；受上半年房地产市场成交额大幅增加带动相关地方税收增加影响，地方收入增长逐季小幅回落，前三个季度分别增长 13.7%、13.5% 和 10.8%，累计增长 12.7%。如扣除房地产营业税、房地产企业所得税、契税、土地增值税四项与房地产交易直接相关的增收因素后，1~9 月地方本级财政收入增长 7% 左右。

2. 税收收入增速略高于上年同期，非税收收入增速大幅回落

2013 年 1~9 月，实现税收收入 84412 亿元，完成预算的 77.3%，同比增长 9%，比上年同期提高 0.4 个百分点。其中，受交通运输业和部分现代服务业实施营改增改革，2012 年同期增值税增速较低，及电信设备、电力、汽车行业增值税收入增长较快的影响，国内增值税实现收入 20836.36 亿元，同比增长 8.2%，比上年同期加快 2.4 个百分点；受工资薪金所得税、劳务报酬所得税、财产转让所得税较快增长及上年同期个人所得税负增长的影响，国内个人所得税实现收入 5067.47 元，同比增长 10.8%，比上年同期加快 19.2 个百分点；受股票市场交易活跃、汽车销量增长较快、商品房成交放量的影响，证券交易印花税、车辆购置税和契税同比分别增长 40.2%、13.8% 和 36.8%，分别比上年同期加快 72.5 个、3.4 个和 40.4 个百分点。

2013 年 1~9 月，受 2013 年取消和免征一批行政事业性收费、清缴石油特别收益金减少及 2012 年同期基数较高的影响，实现非税收入 13976.92 亿元，同比增长 6.1%，比上年同期回落 21 个百分点。

3. 国内消费税、房地产保有环节税收和进口环节税收增幅回落较大

受中央控制"三公"消费影响，国内高档烟酒消费明显萎缩，使得相关消费税收入增速放缓。受经济增速放缓影响，商用车增速明显放缓，柴油使用量增速放缓，使得成品油消费税增速大幅回落。2013 年 1~9 月，国内消费税实现收入 6353.98 亿元，同比增长 3.8%，比上年同期回落 7.0 个百分点。

受房产税有关优惠政策及土地购置面积负增长影响，房地产保有环节税收收入增幅有较大回落。2013 年 1~9 月，房地产税、城镇土地使用税同比分别增长 13.6% 和 11.1%，分别比上年同期回落 13.3 个和 17.0 个百分点。

2013 年 1~9 月，一般贸易进口额和上年同期相比增长 6.8%，同比加快 3.2 个百分点。但由于进口商品结构发生明显变化，大排量汽车等高税率产品相对减少。黄金等法定免税商品不缴纳进口货物增值税、消费税。人民币汇率持续上升，造成进口税收税基缩小、收入减少。关税同比下降，使得进口增值税、消费税税基缩小。1~9 月，进口货物增值税、消费税实现收入 9981.12 亿元，同比下降 10.4%，比 2012 年同期增速回落 14.1 个百分点；关税实现收入 1892.2 亿元，同比下降 10.8%，比上年回落 16.0 个百分点。

受营改增改革影响，交通运输业和部分现代服务业营业税收入大幅下降，1~9 月，营业税实现收入 12887.91 亿元，同比增长 10.9%，比上年同期增速回落 1.2 个百分点。

尽管受经济增速回落、价格低迷和结构调整影响，钢坯钢材、煤炭、有色金属等行业企业所得税同比下降幅度较大，但工业企业利润增速比上年同期明显恢复，房地产和建筑业企业、电力企业所得税实现较快增长，1~9月，企业所得税实现收入19434.14亿元，同比增长14.3%，比上年同期增速仅回落0.4个百分点。

4. 地区间财政收入增幅差异较大，大多数省份收入增幅有所下降

2013年1~9月，在31个省份中，收入增幅在10%以下的有上海、辽宁、河北等6个省份，10%~20%的有广东、江苏、北京等23个省份，20%以上的有西藏、福建两个省份。与上年同期相比，收入增幅下降的有贵州、江西、新疆等21个省份。

（二）财政支出增速大幅回落

2013年1~9月，全国公共财政支出累计91532.33亿元，完成预算的66.2%，同比增长8.8%（见图2），比上年同期回落12.3个百分点。其中，中央财政支出14279.4亿元，完成预算的70.7%，同比增长2.8%，比上年同期回落11.6个百分点；地方本级财政支出累计77252.93亿元，完成预算的65.7%，同比增长10.0%，比上年同期回落12.4个百分点。2013年1~9月，主要财政支出项目增长情况如下。

一是教育支出13422.25亿元，同比增长6.6%，完成预算的58.3%。重

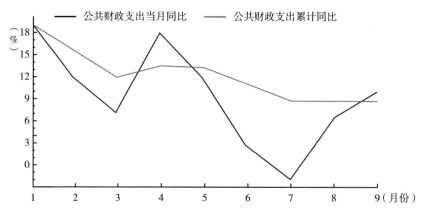

图2 2013年1~9月财政支出增长态势

点用于支持发展学前教育、农村义务教育经费保障、改善普通高中办学条件、加强职业教育基础能力、实施"985 工程"和"2011 计划"。

二是科学技术支出 2909.96 亿元，增长 3.1%，完成预算的 59.3%。通过"863 计划"等重大国家科技计划，支持前沿技术研究、社会公益研究和重大共性关键技术研究，推进区域科技创新公共服务能力建设，促进创新驱动发展。

三是文化体育与传媒支出 1404.28 亿元，增长 9.0%，完成预算的 56.1%。支持免费博物馆等公益性项目、基层公共文化服务项目、重点媒体国际传播项目，支持文化产业和全民健身设施建设。

四是医疗卫生支出 5657.01 亿元，增长 14.6%，完成预算的 69.4%。重点提高新型农村合作医疗和城镇居民基本医保的财政补助标准，继续扩大城乡居民大病保险试点，进一步提高城乡居民基本公共卫生服务经费标准，继续扩大城乡医疗救助范围。

五是社会保障和就业支出 10574.45 亿元，增长 12.1%，完成预算的 74%。重点进一步提高企业退休人员基本养老金水平，继续适当提高城乡居民最低生活保障水平，进一步提高优抚对象等抚恤和生活补助标准，继续加大就业政策扶持力度。

六是住房保障支出 2859.32 亿元，同比下降 2.9%，完成预算的 61.0%。重点用于公共租赁住房、棚户区改造。由于 2012 年对城镇保障性安居工程和配套基础设施建设以及农村危房改造的投入较大，2013 年建设任务量减少，住房保障支出增速出现下降。

七是农林水事务支出 8052.58 亿元，同比增长 9.9%，完成预算的 60.6%。重点继续加强中小河流治理、小型病险水库除险加固和山洪灾害防治。扩大农业保险补贴覆盖范围，提高部分险种补贴比例。支持种业等重大农业科技工程，推广防灾减灾稳产增产关键技术。支持改造中低产田、建设高标准农田、中型灌区节水配套改造。支持贫困地区培育特色优势产业。

八是节能环保支出 1737.6 亿元，比上年同期增长 8.7%，完成预算的 52.9%。重点加大对大气污染治理的财政投入，继续推进重点节能工程建设，推广先进环保产品，推动重点流域水污染防治、污水管网建设及设施运行，开展重金属污染综合防治示范，启动新一轮农村环境集中连片整治。

（三）2013 年第四季度及全年财政收支预测

1. 第四季度财政收入增速将与 1～9 月基本持平

2013 年第四季度，随着第二季度末以来出台的各项稳增长政策措施的落实到位并持续发挥作用，美日欧等发达经济体经济延续第三季度的回升势头，国内外经济环境趋于改善，考虑到 2012 年第四季度基数较高的因素，国内经济增速将比第三季度略有回落，同时，工业生产者出厂价格指数（PPI）降幅进一步收窄。初步预测，全年 GDP 增长 7.6% 左右，PPI 下降 2% 左右。在经济保持总体平稳发展态势的基础上，加上基数因素对中央财政收入增长起正向拉动作用，第四季度中央财政收入累计增幅有望逐步提高，完成年度 7% 的预算目标。初步预测，第四季度财政收入增速略低于 2013 年 1～9 月的水平，2013 年财政收入将在 127220 亿元左右，比上年同期增长 8.5% 左右。

2. 第四季度财政支出增长速度将明显高于 1～9 月

分季度看，财政支出增速逐季回落，2013 年第一季度增长 12.1%，第二季度增长 9.7%，第三季度增长 5.3%。第四季度，为了巩固经济企稳回升势头，宏观经济政策将保持连续性、稳定性，进一步提高针对性和协调性，切实落实好中央各项政策部署，确保全年经济社会发展主要目标完成。前三季度，全国财政支出只完成预算的 66.2%，低于 2012 年同期 67.7% 的水平。特别是教育、科学技术、文化体育与传媒、节能环保、农林水事务和住房保障等方面的支出进度还低于平均水平，在第四季度要加大这些方面的支持力度。初步预测，第四季度财政支出同比增幅将高于 1～9 月的水平，全年财政支出在 139220 亿元左右，同比增长 10.5% 左右。

二　2014 年财政收支走势初步判断

（一）2014 年国内外经济环境分析

1. 国际经济环境总体趋于改善

2014 年，世界经济将逐步走出国际金融危机阴影，但仍处于政策刺激下的脆弱复苏阶段。发达国家率先启动新一轮经济结构调整的效果将进一步显现，美日欧等发达经济体经济形势将进一步好转，美国经济复苏势头较为稳固，家庭部门去杠杆化基本完成，出现了新制造业、新能源、新一代信息和网络技术、生物医药等新增长点，房地产和就业市场持续向好，但美国政府债务上限问题、美联储退出量化宽松政策（QE）的走向是影响全球经济走势最大的不确定因素；欧元区挣出了债务危机的衰退泥潭，经济趋于好转，但增长依然缓慢，尤其是金融部门去杠杆化和劳动力市场调整还在进行中，重债国还存在诸多风险隐患；日本经济因政策刺激出现反弹，可持续性有待观察，提高消费税的影响也需关注。与此同时，新兴经济体内部增长动能疲弱、结构性矛盾突出的问题继续存在，部分新兴经济体经济下行压力依然较大，尤其是美联储逐步退出 QE 将使一些基本面较为脆弱、风险积累较多的国家面临资本流出加速、金融市场波动加大的风险。根据 IMF 在 2013 年 10 月的预测，2014 年全球经济增速为 3.6%，比 2013 年提高 0.7 个百分点。其中，发达经济体增速为 2.0%，比 2013 年回升 0.8 个百分点；新兴经济体增速为 5.1%，比 2013 年回升 0.6 个百分点。

2014 年，受世界经济低速复苏及低端制造业向外转移影响，发达国家需求回升对我国出口拉动有限，而新兴经济体增速下滑对我国出口将带来不利影响。同时，受美联储逐步退出 QE 的影响，我国吸引外资难度加大，外资流入将进一步放缓。但也要看到，世界经济低速复苏特别是新兴经济体减速，将推动国际市场大宗初级产品价格稳中趋降，有助于降低我国进口成本，并减轻输入性通胀压力。

2. 稳增长的基础条件依然具备

经过多年快速发展，我国经济增长由高速转为中高速，处于增长速度换挡期、结构调整阵痛期和前期刺激政策消化期的叠加阶段，出现了劳动力成本上升、传统产业产能严重过剩、资源环境约束加剧、财政金融风险积聚、房地产市场分化、企业生产经营困难、财政收入减缓等诸多矛盾和问题。这些突出矛盾和风险是自主创新不足、体制机制改革滞后的结果，是新经济增长动力不足的表现。这些问题如果处理不好，不仅会影响短期经济增长，而且会降低潜在经济增长水平，影响中长期经济发展。

与此同时，我国经济发展仍然处于重要战略机遇期，十八届三中全会将对我国未来改革路线图、时间表做出全面部署，在财政、金融、行政、价格、城镇化等领域加快改革步伐，这将极大激发经济社会发展的动力和活力，有利于充分发挥市场经济作用，调动企业尤其是民营经济的积极性，释放制度改革红利。在创新驱动发展战略的指导下，在经济结构转型升级倒逼下，部分企业积极进行技术升级，加大研发投入，科技创新能力将逐步提高。国内需求扩大和供给改善潜力巨大，工业化、信息化、城镇化和农业现代化稳步推进，产业升级和区域间转移、居民消费结构升级和服务业持续发展将为我国经济增长提供不竭动力。

综合考虑国内外需求状况，本报告认为，2014 年我国经济仍面临内生增长动力不足、企业生产经营和转型升级困难较大、结构调整任务步履维艰等诸多挑战，但也有保持相对较快增长的潜力和空间。要坚持以提高经济发展的质量和效益为中心，着力深化改革开放，发挥市场对资源的基础配置作用，增强经济发展的动力，同时保持宏观调控政策的基本稳定，我国经济仍将保持 7.5% 左右的增长，CPI 上涨 3.2% 左右。

（二）2014 年财政收入增速将与 2013 年基本持平

2014 年，经济增速略有回落，价格指数小幅回升，企业提高经济效益难度较大，结构性减税力度有所加大，财政收入增速将略低于 2013 年。

1. 国内增值税增速将有所回升

国内增值税的税基相当于工业增加值和商业增加值。初步预测，2014 年工业增加值较 2013 年增长 9.3% 左右，比 2013 年增速回落 0.3 个百分点。PPI 从 2013 年下降 2.0% 左右收窄到 2014 年下降 0.5% 左右，工业增加值名义增速比 2013 年提高 1.2 个百分点左右，社会消费品零售总额增长速度与 2013 年持平，同时，营业税改增值税的试点行业将进一步扩大，从而扩大增值税的税基，因此，增值税增幅有望出现小幅回升。

2. 国内消费税增长速度不会明显回升

消费税的税基包括烟、酒、汽车、成品油等 14 类特定商品的销售额或销售量。2014 年，汽车、成品油销量不会出现大幅增长，相关税收同比增速基本稳定；由于经济增速和物价水平变化不大，高档烟酒及贵重首饰的消费税也将基本稳定；国家将对部分严重污染环境、过度消耗资源的产品及部分高档消费品征收消费税，并调整消费税征收环节和税率，这一政策调整对消费税有拉动作用。

3. 营业税收入增长将出现回落

营业税的税基是交通运输、建筑、金融保险、邮电通信、文化体育、娱乐、服务、无形资产转让和不动产销售等 9 个领域取得的营业收入。2014 年，营改增试点将扩大到铁路运输和邮电通信业，营业税将明显减少。国家将完善房地产调控政策，预计商品房销售面积和销售额将不会出现超预期增长，房地产营业税也将不会出现超预期的增长。根据本报告预测，2014 年房地产投资增速在 15% 左右，比 2013 年回落 3.5 个百分点，建筑业营业税增长速度也将有所回落。由于继续实行稳健的货币政策，银行信贷增长速度将不会高于 2013 年水平，金融保险业营业税增长速度比较平稳。

4. 所得税增速将保持基本平稳

企业所得税的税基是企业利润总额，个人所得税的税基是个人收入。2014 年，工业增长速度将略有回落，但企业成本仍将居高不下，工业企业利润增速可能下滑，工业企业所得税增速将低位运行；房地产市场活跃度将有所下降，房地产企业所得税增速可能出现回落；城乡居民收入难以出现大幅增长，个人所得税增速将保持平稳。

5. 进口税收增长相对稳定

进口货物增值税、消费税和关税的税基是一般贸易进口额。2014 年，一般贸易进口额增速基本稳定，进口税收增幅也将保持稳定。

综合以上因素，并考虑到 2014 年政府将进一步推进资源税改革和加强对税收优惠政策特别是区域税收优惠政策的规范管理，初步预测，2014 年全国财政收入将增长 8.5% 左右，在 138034 亿元左右。

（三）2014 年财政支出增幅将低于 2013 年

2014 年，为了保持经济在合理区间运行，着力推进经济转型升级，切实保障和改善民生，加快构建有利于稳增长、调结构、惠民生的长效机制，增强经济发展的内生动力和后劲，仍需要保持相应的财政支出增速。

第一，继续实施积极的财政政策，维持合理的政府投资规模。2014年，国家将继续实施积极的财政政策，进一步发挥政府投资的引导作用，优先完成在建基础设施项目，加大对紧迫、短缺行业和领域的投资支持。

第二，加大农业投入，强化农业基础地位。2014年，国家将启动新一轮退耕还林工作，继续加强农田水利建设，支持生态友好型农业发展。支持重金属污染耕地修复和地下水超采漏斗区耕地治理。发挥财政促进金融支农的积极作用。

第三，继续增加投入，努力保障和改善民生。2014年，国家将进一步支持发展农村学前教育，加强贫困、边远、民族地区农村义务教育；扩大城乡居民大病保险试点，推进医保支付方式改革，推动建立疾病应急救助制度；完善以低保制度为核心的社会救助体系，适时提高优抚人员补助标准；继续推进保障性安居工程建设，进一步完善扩大就业的财税政策。

第四，推进经济转型升级，促进经济发展方式转变。2014年，国家将继续落实和完善财税扶持政策，支持实施"宽带中国"战略，落实完善支持养老服务业、健康服务业发展，推动环保产业发展；落实和完善财税优惠政策，促进中小企业发展和民间投资，鼓励技术创新；引导和支持企业技术改造和兼并重组，加快淘汰落后产能。

综合考虑以上因素，初步预测，2014年财政支出在152034亿元左右，增长9.2%左右。

三　2014年财政政策取向分析

2014年要继续以提高经济增长质量和效益为中心，继续实行积极的财政政策，适当扩大财政赤字和国债规模，继续完善结构性减税政策，进一步调整和优化财政支出结构，努力保障和改善民生，同时，进一步深化财税改革，促进经济转型升级，增强经济内生增长动力。

（一）适当扩大财政赤字和国债规模，保持必要的调控力度

2014年，为了稳增长、调结构、促改革和惠民生，国家将继续加大对基

础设施建设、"三农"、教育、科技、医疗卫生、社会保障和就业、环境保护和节能环保等经济社会发展薄弱环节的投入，进一步加大对少数民族地区、边疆地区的支持。建议中央财政安排赤字规模 9000 亿元，比 2013 年增加 1000 亿元；中央代地方发行 5000 亿元地方债，比 2013 年增加 1000 亿元；全国财政赤字规模为 14000 亿元。

（二）进一步调整财政支出结构，着力保障和改善民生

一是保持政府投资规模的合理增长。加大对棚户区改造、中西部地区铁路、城市管网改造等在建项目的资金支持力度；积极推进一批既利当前、又利长远的带动性强的"十二五"重大项目开工建设，加大国家预算内资金的支持力度。二是严格控制对高污染、高耗能、高排放行业以及产能过剩行业的投资支持，严格控制地方政府投资经营性项目，切实防范地方政府债务风险累积。三是进一步落实鼓励民间投资的财税、金融政策措施，全面开放民间资本投资领域，进一步提高民间资本在投资中的比重。四是积极培育新的消费热点，支持实施"宽带中国"战略，推动信息惠民工程建设，积极培育扶植信息、养老、健康等新型消费业态。五是继续加大对保障性住房、教育、医疗卫生、社会保障、就业等方面的支持力度，加快构筑社会保障网。六是运用税收和信贷优惠政策，实施战略性新兴产业重大工程，支持产业创新和创新成果产业化。

（三）进一步深化财税改革，促进经济转型升级

2014 年是新一轮财税改革的元年，要大力深化和推进财税改革，为经济转型升级提供新动力。一是在进一步理顺中央和地方事权关系的基础上，出台并实施财政转移支付的意见，加强中央和地方政府转移支付的清理和整合。二是进一步完善和推进营改增试点改革，完善消费税制度，切实推进房产税改革，加快资源税从价计征改革，推进城市维护建设税改革。三是稳步推进收入分配制度改革，提高中低收入者收入。四是逐步建立规范的地方政府债务融资机制。规范地方政府举债权限，对地方政府性债务实行限额管理，逐步将地方政府债务性收支分类纳入预算管理。在此基础上，建立一个以市政债券市场为

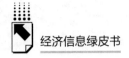

基础的、由中央确定总规模的市场调控性地方债制度，正式启动省级和县级政府在公开市场捆绑发放地方债，市级政府独立发行市政债。继续发展政策性金融，以便为基础设施建设筹资。五是逐步完善全口径预算制度，将政府性基金预算、公共预算、国有资本经营预算、社会保障预算和债务预算等政府全部收入统一纳入预算管理，让政府收支能够充分接受人大和公众的监督审查，从而提高预算质量。

G.8

2013 年中国金融运行分析与 2014 年展望

李若愚 *

摘　要：

2013 年，稳健的货币政策坚持中性取向，以公开市场操作为主要政策工具，6 月的"钱荒"成为全年金融运行的分水岭。2014 年，金融运行与金融调控面临保持宏观经济运行在合理区间、房价高企和区域分化、美联储退出量化宽松政策冲击跨境资金流动、社会资金成本上升、人民币汇率超调等问题。金融调控应坚持上下限区间管理的思路，把握好稳增长、调结构、促改革、防风险的平衡点，继续实行稳健的货币政策，坚持中性操作，主要依靠数量型工具，积极引导商业银行降低信贷资金成本。

关键词：

货币政策　货币　信贷　利率　汇率

2013 年以来，稳健的货币政策坚持中性取向，以公开市场操作为主要政策工具。除常规操作外，监管层还进一步规范银行理财，稽查银行间债市，加强外汇资金流入管理，全面放开金融机构贷款利率管制。2013 年 7 月 1 日，国务院办公厅发布《关于金融支持经济结构调整和转型升级的指导意见》，对金融政策支持"调结构"进行了全方位的部署。总体来看，金融调控主要围绕防风险、调结构、促改革发力。

---

* 李若愚，金融学硕士，国家信息中心经济预测部副研究员，主要研究货币政策、金融运行与金融市场等问题。

一 6月的"钱荒"成为2013年金融运行的分水岭

2013年6月底，受多重因素影响，银行间市场遽然紧张，货币市场利率飙升。面对银行间短期资金面紧张，中国人民银行采取"拒绝放水"的强硬态度，借以给商业银行警示与教训，迫使其强化流动性管理，倒逼银行控制资产规模过快扩张。以6月"钱荒"为界，后期金融运行情况较前5个月有较大差异。

（一）社会流动性供应先松后紧

2013年1~5月，广义货币（M2）余额增速一直维持在15%~16%的高水平，狭义货币（M1）余额增速保持10%以上的快速增长；各月社会融资规模持续高于上年同期，前5个月累计9.12万亿元，比上年同期多3.12万亿元。6月底，银行"钱荒"爆发后，货币供应量与社会融资规模增势放缓。M2余额增速跌破15%，M1余额增速则跌至10%以下。9月底，M2余额同比增长14.2%，比5月底低1.6个百分点，比上年同期低0.6个百分点；M1余额同比增长8.9%，比5月底低2.4个百分点，但比上年同期高1.6个百分点。社会融资规模月度值低于上年同期，6~9月累计达4.84万亿元，同比减少8816亿元。预计2013年末M2增长13.5%，高出年初预定增长目标0.5个百分点，全年社会融资规模约18万亿元（见图1）。

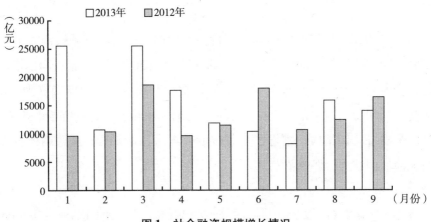

图1 社会融资规模增长情况

（二）社会融资由表外融资和债券融资转向表内信贷

2013 年前 5 个月，在社会融资中，表外融资（信托贷款、委托贷款及未贴现的银行承兑汇票三项合计）和企业债券净融资增长显著，表外融资累计 2.8 万亿元，同比增加 1.87 万亿元；企业债券融资累计 1.18 万亿元，同比增加 5550 亿元。两者合计占社会融资规模 43.8%，比上年同期高 17.6 个百分点。而同期人民币贷款累计新增 4.22 万亿元，同比仅多增 2811 亿元。

2013 年 6 月以来，银行体系流动性趋紧，金融市场利率走高，导致企业发债与票据贴现困难，加之监管层频频公开警示商业银行同业业务风险，影子银行及银行同业业务活动受到抑制，表外融资增势明显趋降。2013 年 6 ~ 9 月，表外融资累计仅 1.23 万亿元，同比减少 1492 亿元，企业债券融资仅 3442 亿元，同比减少 5883 亿元，两者合计占社会融资规模的 32.5%，比上年同期低 7.9 个百分点。人民币贷款发力，2013 年 7 月以来各月持续同比多增，社会融资出现回归表内信贷的倾向。第三季度人民币贷款累计增加 2.2 万亿元，同比多增 3316 亿元，占社会融资规模的比重上升到 63.2%，比上年同期和上半年分别提高 14.5 个和 13.2 个百分点。预计全年人民币贷款增长约 9 万亿元。

（三）金融市场利率水平有所抬升

2013 年前 5 个月货币市场利率总体平稳，6 月银行"钱荒"期间出现飙升，6 月 20 日上海银行间隔夜拆放利率（SHIBOR）达到史无前例的 13.44%。中国人民银行在强调坚持"稳健"政策取向，拒绝放水的同时，也及时发布声明，适时调整公开市场操作，向一些符合宏观审慎要求的金融机构提供流动性支持。6 月最后一周至 7 月，公开市场操作一度暂停。受此影响，货币市场利率迅速回落，但 2013 年下半年货币市场资金面仍较为紧张，市场利率水平有所抬升，利率运行区间要高于上半年。9 月，银行间市场同业拆借和质押式债券回购月加权平均利率分别比 5 月高 0.55 个和 0.48 个百分点，分别比上年同期提高 0.54 个和 0.48 个百分点。货币市场利率上升也传导至票据市场和债券市场。9 月底，长三角票据贴现价格指数较 5 月底上升 50%。国债、政策性

金融债、企业债等债券收益率水平上行。9 月底，3 个月期银行间固定利率国债和企业债到期收益率分别比 5 月底提高 0.76 个和 1.04 个百分点。

（四）外汇资金流入步伐放缓

由于预期美联储年内退出量化宽松政策（QE），第二、第三季度国际短期资本加速从新兴经济体撤出。美国新兴市场基金投资研究公司（EPFR）数据显示，全球新兴市场股票基金第二、第三季度出现连续两个季度的资金净流出，为 2011 年下半年以来首次。资本外流导致印度、巴西、南非、印度尼西亚等新兴经济体股市大幅下挫、本币大幅贬值。直到 9 月美联储意外宣布维持 QE 政策不变后，新兴经济体"失血"状况才有所改善。

受国际短期资本撤出新兴经济体与 5 月国家外汇管理局发布 20 号文抑制境内企业通过虚假贸易方式进行外汇套利等内外因素影响，第二季度以来，外汇资金流入压力减轻。银行结售汇顺差规模持续缩小，第一、第二、第三季度分别为 1791 亿美元、596 亿美元和 437 亿美元。与此相应，5 月以来，外汇占款投放规模显著萎缩（见图 2），第一、第二、第三季度新增外汇占款规模分别为 12154 亿元、3200 亿元和 1292 亿元。外汇占款是银行间市场资金投放的重要渠道，外汇占款投放缩减是造成 6 月银行"钱荒"和之后银行资金面持续紧张的重要原因。

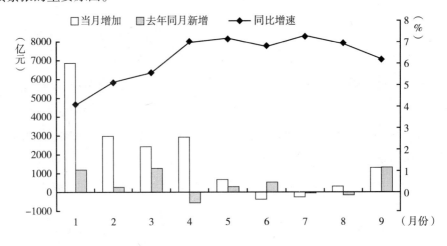

图 2　2013 年外汇占款增长情况

二 2014 年金融运行与调控面临的主要问题

（一）宏观经济运行保持在合理区间仍存在一定难度

2013 年上半年，我国经济增速连续两个季度放缓。面对经济下行压力，政府提出"上下限"区间管理的宏观调控思路。基于这一思路，7 月下旬以来，政府推出一系列"微刺激"政策以"稳增长"。受此影响，第三季度国内需求有所复苏，带动经济增长小幅反弹。从第三季度经济运行的特点看，经济回升势头仍不容乐观。一是民间投资与居民消费增长稳中趋缓，经济内生动力仍不足。二是政府基建投资受到的资金约束增强。在各级政府财政收支矛盾加大，地方政府债务管理和风险控制日趋规范、严格的背景下，作为"稳增长"主要力量的政府基建项目资金来源趋紧。三是产能过剩抑制制造业复苏。目前，国内产能过剩仍很严重，绝大多数的工业品供过于求。第三季度工业企业出现阶段性"补库存"，但集中于上游领域，主要体现为原材料库存增加，说明企业"补库存"力度较弱，持续性不足。总体来看，经济增长短期回升势头难以持续，未来 GDP 增速仍可能小幅回落。

2013 年 CPI 同比涨幅温和，但环比涨幅高于历史平均水平，新涨价因素上升较快，预计 2014 年 CPI 同比涨幅中会有 1.5% 左右的翘尾因素。国内总需求与总供给关系保持稳定。世界经济复苏势头缓慢，美联储退出 QE 将推动美元走强，弱需求与强美元将压制国际大宗商品价格上涨，加之人民币持续升值，输入性涨价压力较弱。但劳动力成本上升及资源性产品价格改革带来的成本推动性涨价压力将继续逐步释放。"猪周期"已启动，但生猪整体供应量较大，猪肉价格涨幅将较为温和。在保护价政策托底下，粮价将继续温和上涨。鲜菜、鲜果价格季节性强、波动幅度大、种植与运输成本上升、政府调控手段有限，价格可能出现较大幅度上涨。综合来看，2014 年仍将面临通胀压力，但总体较为温和。

（二）信贷资金推动房地产泡沫进一步膨胀

2013 年，银行信贷资金大量流入房地产领域。前三季度人民币房地产贷

款增加 1.9 万亿元，同比多增 9176 亿元，其中，个人购房贷款增加 1.37 万亿元，同比多增 6931 亿元，增加部分与同比多增部分分别占全部房地产贷款的 72.1% 和 75.5%。9 月底，人民币房地产贷款占全部贷款比重已攀升至 20.2%，比上年同期提高 1.2 个百分点。

2012 年下半年以来，我国房价出现新一轮快速上涨。2013 年房价上涨势头进一步抬升，百城住宅价格指数连创历史新高，各月环比涨幅在 0.8% ~ 1%，9 月同比涨幅达 9.48%。房价上涨呈现区域分化：在百城住宅价格指数中，一线城市价格上涨迅猛，各月环比涨幅在 1.4% ~2.5%，9 月同比涨幅高达 19.56%，房价水平已明显超过居民承受能力；二、三线城市价格涨幅温和，9 月同比涨幅分别为 8.45% 和 3.63%，部分二、三线城市还出现入住率极低的"鬼城"现象。温州、鄂尔多斯等民间借贷盛行的地区，正面临过度投机"后遗症"，由于民间资金链断裂、炒作资金撤离，房价大幅下滑。

房地产泡沫进一步膨胀不仅加剧经济"硬着陆"风险，而且使相关银行贷款风险上升。二、三线城市房价"滞涨"及"鬼城"现象的增多预示着房地产市场可能步入调整。房地产上下游链条很长，而且具有很强的财富效应，与宏观经济具有高度的相关性。一旦房地产市场出现调整，波及、传导效应会使相关行业的经营风险上升并形成共振反应，带来的负财富效应会冲击企业与居民的资产负债表，带来经济"硬着陆"风险，银行信贷质量问题也将全面暴露。

（三）美联储退出 QE 将冲击跨境资金流动

市场对美联储退出 QE 的预期变化是左右 2013 年国际金融市场与国际短期资本流动的关键因素。美国就业数据表现、联邦公开市场委员会政策声明和会议记录的披露以及美联储主席伯南克的讲话等，暗示美国货币政策方向的信号都会引起市场震动。2013 年 6 月 19 日，伯南克明确表示，如果经济复苏态势能够达到预期水平，有可能在 2013 年晚些时候削减月度购债规模，并于 2014 年年中结束购债。

美联储 QE 政策的退出时点与方式等细节因素目前还不明确。2013 年 10 月，美国两党债务上限谈判一度陷入僵局，致使联邦政府出现长达 16 天的

"关门"，可能影响 GDP 增长率 0.5 个百分点。未来美国财政问题仍存变数，可能使美联储推迟退出 QE 的时间。但美国货币政策向正常化回归是必然趋势，2014 年退出 QE 的概率仍很大。预计美国退出 QE 的实质性举措及市场提前做出的预期和反应会使 2014 年国际短期资本再次从新兴经济体向发达国家回流。我国也将面临"热钱"撤出的风险，外汇资金流入将减少，甚至不排除阶段性流出的可能。

（四）社会资金成本面临上升压力

2014 年，社会资金成本将持续面临上升压力。理由有三方面：一是外汇资金流入减少甚至由流入变为流出将造成外汇占款低增长甚至负增长。外汇占款是银行间市场资金投放的主要渠道，外汇占款缩量必将影响到银行间资金供应，从而导致银行资金紧张。二是银行不良资产进入上升周期将影响其放贷行为。截至 2013 年第二季度末，商业银行不良资产余额已连续 7 个季度攀升。不良资产增加意味着银行贷款无法收回，银行的资金周转将受到影响，加剧银行资金面紧张。不良资产上升还会影响银行的风险偏好，使其在发放贷款和开展表外业务时更为谨慎。三是利率市场化改革将推高利率水平。2013 年利率市场化进程显著提速。2013 年 7 月 20 日，人民币贷款利率管制完全放开。2013 年 10 月 25 日，贷款基础利率集中报价和发布机制正式运行。同业存单发行与交易也在筹备中，近期即将推出。从国际经验看，管制利率大多低于市场均衡水平，一旦放开管制，利率有上升的内在需求。我国存贷款利率由于被管制而压低，与完全市场化的银行理财产品收益率及民间借贷利率相比，当前的存贷款利率要低 50% 以上。因此，存贷款利率市场化的推进将是提高利率的过程。

（五）人民币汇率存在超调风险

2013 年人民币持续快速升值，按照中间价计算，前三季度累计升值 2.24%，按照国际清算银行公布的数据计算，人民币名义有效汇率和实际有效汇率分别累计上升 6.3% 和 6.6%。但人民币的强势升值缺乏基本面支撑。一是人民币的快速升值并非建立在经济强劲增长基础上。2013 年第二季度经济

增长出现超预期下滑，第三季度虽企稳回升，但回升势头并不稳固，2013 年 9
月，工业、消费、投资等关键经济指标回落，对汇率有重大影响的出口出现同
比负增长。二是海外美元兑人民币无本金交割远期外汇交易（NDF）报价持
续高于同期国内美元兑人民币即期汇率（见图 3），说明海外市场一直存在人
民币贬值预期。三是跨境资金流入压力减缓。2013 年第一季度，资本和金融
项目顺差 901 亿美元，储备资产增加 1570 亿美元；第二季度资本和金融项目
顺差缩窄为 286 亿美元，储备资产增加 466 亿美元。

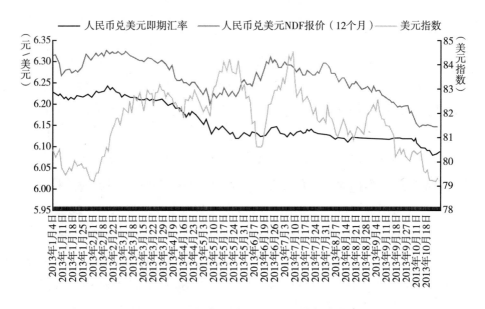

图 3　2013 年人民币汇率与美元指数走势

基本面变化很难对人民币快速升值给出合理解释。笔者认为，人民币兑美
元缺乏弹性的汇率安排以及市场心理因素是导致人民币出现加快升值的主要原
因。从年内走势看，人民币兑美元先后有两轮加速升值，一是 2013 年 4～5
月，汇率中间价升值幅度为 1.44%，二是 2013 年 9～10 月，10 月 24 日汇率
中间价较 8 月底上升 0.61%。这两轮人民币强势升值均有美元走低的背景。
2012 年底以来，国际市场非美元货币兑美元纷纷贬值，日元贬值幅度超过
20%，欧洲货币普遍贬值 3%～5%，商品货币则贬值 8%～10%。由于人民币
兑美元汇率先稳后升，导致人民币有效汇率出现大幅上升。9 月初，市场对美

联储 QE 退出预期逆转，美元指数大幅下挫，人民币兑美元汇率再次加快上升。另外，在两轮人民币快速升值中，市场心理因素都起到了关键作用。为市场所决定的人民币即期汇率在盘中都曾出现涨停现象。

从经验来看，由市场预期和投机炒作推动的汇率波动，如果缺乏基本面支撑，会出现超调现象。人民币汇率超调是指人民币汇率短期波动超过了长期稳定均衡值，并因而被一个相反的调节所跟随。如果人民币继续快速升值，就可能出现"超升"，未来可能出现急转直下的危险。而 2014 年美联储可能退出QE 政策将推动美元走强，加剧人民币贬值风险。

三 2014 年坚持稳健的货币政策中性操作

2014 年金融调控应坚持"上下限"区间管理的思路，确保主要经济指标处于年度预期目标的合理区间，把握好稳增长、调结构、促改革、防风险的平衡点，实现"稳中有进"，经济增长与物价水平求"稳"，经济结构调整与改革红利释放求"进"。目前来看，2014 年 GDP 增速与 CPI 涨幅可能出现"7.5% +3.5%"的组合，为此，要继续实行稳健的货币政策，坚持中性操作，为经济结构调整和改革顺利实施创造稳定的金融环境和资金条件。在保持政策延续性的同时，保持一定的灵活性，适时适度进行预调微调。

（一）金融调控主要依靠数量型工具

就价格型工具看，贷款利率管制的完全放开使利率调控被迫由直接调控转向间接调控。但市场化的间接调控机制目前尚未建立，调控手段的"青黄不接"将使贷款利率调控面临"抓手"缺失、效果受损的困难。人民币汇率存在超调风险，在一定程度上已丧失工具意义。就数量型工具看，法定存款准备金率处于历史高位，具有一定的下调空间，公开市场操作是短期"微调"的主要手段，对熨平货币市场过度波动、保持银行体系流动性稳定和银行间市场利率水平平稳有较强的政策效果。因此，未来金融调控仍应以数量型调控为主，同时，应逐步完善利率间接调控的基本框架和基础条件，适时推进人民币汇率形成机制改革，以增强价格型工具的有效性。

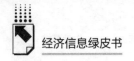

（二）稳健的货币政策坚持中性取向

继续实行稳健的货币政策，保持中性取向。要避免银根宽松，否则在资金易得、资金成本极低的情况下，需要限制和淘汰的需求、行业和企业将继续存活和发展。同时也要看到，"调结构"不是一朝一夕的事情，增长动力转换、产能过剩化解等结构性问题的解决需要较长的时间，要避免银根收紧致使结构性矛盾激化、增长动力转换出现"空档"、经济"去产能"与"去泡沫"过于剧烈，从而影响经济稳定、冲击金融安全。为保持中性取向，存款基准利率和法定存款准备金率的调整要非常慎重，货币政策继续倚重于公开市场操作与窗口指导，引导货币信贷资金及社会融资规模合理增长。建议 2014 年继续坚持 13% 的 M2 增长目标，社会融资总量与人民币贷款增加规模与上年基本持平，加强短期流动性调控，稳定市场预期，保证货币市场利率平稳运行，隔夜拆借利率稳定在 2% ~ 3% 的合理区间。

（三）推动信贷资金"用好增量""盘活存量"

通过信贷政策引导商业银行调整信贷资金结构，"用好增量"，实现有扶有控和有保有压，"扶"与"保"的是消费需求、民间投资、与民生有关的保障性安居和基础设施建设投资、"三农"领域、先进制造业、战略性新兴产业、服务业、节能环保、小微企业、自主创新等领域；"控"与"压"的是"两高一剩"（高耗能、高污染、产能过剩）行业、房地产行业以及其他加大经济运行风险与金融风险的领域。还要推动"盘活存量"，提高信贷资金周转速度和资金使用效率。执行中信贷资产需要区别对待：对于正常信贷资产，要保证贷款到期及时收回，防止信贷资金被无效占用，也要通过信贷资产证券化手段来实现资金激活；对于不良信贷资产，应及时进行债务重组和确认损失和坏账。

（四）积极引导商业银行降低信贷资金成本

在降低信贷资金成本方面有三项选择：一是考虑到贷款利率管制完全放开时间尚短，原有的贷款基准利率对商业银行仍具有一定指导意义，仍可通过调降贷款基准利率的方式来引导商业银行降低贷款利率。二是通过引导贷款基础利率以及对商业银行进行道义劝告和考核激励，来推动其合理确定资金价格，适度降低信贷资金成本。三是充分发挥货币市场利率的传导作用。要密切监测跨境资金流动，把握外汇占款增长情况，根据银行体系短期流动性供求形势，灵活搭配公开市场操作、再贷款、再贴现及短期流动性调节工具、常备借贷便利工具等组合，加强与市场和公众沟通，稳定预期，必要时可适度下调存款准备金率，以确保银行体系流动性稳定、充裕，引导市场利率平稳运行。

（五）加强宏观审慎管理和金融风险监管

加强宏观审慎管理，引导金融机构稳健经营，督促金融机构加强流动性、内控和风险管理。在支持金融创新的同时，加强对影子银行和金融市场潜在风险的监测与防范，加强监管部门之间的沟通、协调与合作，避免产生监管盲区，强化跨行业、跨市场、跨境金融风险的监测评估与风险预警，建立针对突发事件的应急预案与机制，守住不发生系统性、区域性金融风险的底线。

G.9

2013 年中国国际收支形势分析
与 2014 年展望

陈长缨*

摘　要：

2013 年，我国涉外经济活动和国际收支总规模增长放缓，国际
收支波动加剧，总体上呈现经常项目、资本和金融项目"双顺
差"结构，内外部经济失衡现象重新浮现，外汇储备大幅增长，
人民币汇率水平稳中有升。预计 2014 年，我国国际收支仍会维
持"双顺差"格局，其中经常项目顺差与 2013 年相比变化不
大，但资本和金融项目顺差会出现较大下降，内外部经济失衡
情况仍比较严重，外汇储备增长有所放缓，人民币兑主要国家
货币汇率继续稳中有升。

关键词：

国际收支　外汇储备　经常项目　资本和金融项目

一　2013 年国际收支的基本形势

2013 年，全球经济复苏缓慢，不但发达经济体增长乏力、欧元区经济尚
未走出衰退，而且新兴经济体增长也普遍放缓；国际金融市场动荡加剧，国际
资本流动加快，尤其是美国提早退出量化宽松政策的市场预期引发了新兴市场
资本大规模外流。我国国内经济稳增长、调结构、促改革、防风险工作取得进

---

* 陈长缨，国家发展和改革委员会对外经济研究所副研究员，主要研究方向为国际贸易、国际
金融。

展，虽然经济增速缓慢下行，但宏观经济整体运行稳中求进，物价和就业比较稳定。受内外部经济环境影响，2013 年我国涉外经济活动和国际收支总规模增长放缓，国际收支波动加剧，总体上呈现经常项目、资本和金融项目"双顺差"结构，这也意味着我国在 2012 年国际收支多年来首次出现经常项目顺差、资本和金融项目逆差的"一顺差、一逆差"结构后，又重新回到"双顺差"结构，内外部经济失衡现象重新浮现。受此影响，我国外汇储备大幅增长，人民币汇率水平稳中有升。

2013 年上半年，我国国际收支交易总规模为 3.72 万亿美元，同比增长 5%，明显低于同期国内经济活动增长规模，国际收支交易总规模与同期 GDP 之比为 93%，比 2012 年下降 5 个百分点。上半年，我国国际收支总顺差（即经常项目、资本和金融项目之和）为 2171 亿美元，大大高于上年同期的 921 亿美元。其中，经常项目顺差 984 亿美元，同比增加 27%；资本和金融项目顺差为 1187 亿美元，是上年同期顺差的近 8 倍（见表 1）。

表 1   2013 年上半年中国国际收支平衡状况

单位：亿美元

项目	差额	贷方	借方
（一）经常项目	984	12788	11804
A. 货物和服务	1024	11544	10520
a. 货物	1576	10577	9001
b. 服务	−551	967	1519
1. 运输	−263	189	452
2. 旅游	−357	234	591
3. 通讯服务	1	8	7
4. 建筑服务	29	47	18
5. 保险服务	−88	17	105
6. 金融服务	−2	13	15
7. 计算机和信息服务	48	72	24
8. 专有权利使用费和特许费	−83	4	87
9. 咨询	84	183	99
10. 广告、宣传	10	23	14
11. 电影、音像	−2	1	2

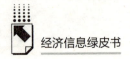

续表

项目	差额	贷方	借方
12. 其他商业服务	72	169	98
13. 别处未提及的政府服务	−1	6	7
B. 收益	−2	991	993
1. 职工报酬	78	86	8
2. 投资收益	−80	904	984
C. 经常转移	−38	254	292
1. 各级政府	−15	6	21
2. 其他部门	−23	248	271
(二)资本和金融项目	1187	6877	5690
A. 资本项目	24	27	3
B. 金融项目	1162	6850	5687
1. 直接投资	775	1475	699
1.1 我国在外直接投资	−370	147	517
1.2 外国在华直接投资	1145	1328	183
2. 证券投资	241	454	213
2.1 资产	−78	97	175
2.1.1 股本证券	−21	52	74
2.1.2 债务证券	−57	44	101
2.2 负债	319	357	39
2.2.1 股本证券	139	178	39
2.2.2 债务证券	179	179	0
3. 其他投资	146	4921	4774
3.1 资产	−539	1069	1608
3.1.1 贸易信贷	−88	65	153
3.1.2 贷款	−177	189	366
3.1.3 货币和存款	146	713	567
3.1.4 其他资产	−420	103	523
3.2 负债	686	3852	3166
3.2.1 贸易信贷	180	180	0
3.2.2 贷款	339	2987	2648
3.2.3 货币和存款	179	581	403
3.2.4 其他负债	−11	104	115
(三)储备资产	−2036	6	2041
(四)净误差与遗漏	−135	0	135

资料来源：国家外汇管理局，《2013 年上半年中国国际收支报告》。

（一）经常项目顺差扩大

2013 年，我国经常项目继续保持顺差，顺差规模较上年有较大增长。上半年，经常项目顺差占全部顺差的 45%，比上年同期增加 212 亿美元。在经常项目内部，货物和服务顺差 1024 亿美元，收益项收支大体持平，经常转移项下出现 38 亿美元的逆差，预计全年经常项目顺差规模还会进一步增大。

1. 货物出口增速快于进口，顺差扩大

2013 年，我国货物贸易增速与国内 GDP 增速大体相若，明显高于上年同期增速。2013 年前三季度，按海关统计口径，我国货物进出口总额为 30604 亿美元，同比增长 7.7%，其中出口 16149 亿美元，同比增长 8%，进口 14455 亿美元，同比增长 7.3%，实现货物贸易顺差 1694 亿美元，比上年前三季度增加 211 亿美元。

从影响出口的因素看，全球经济增速放缓且普遍低于市场预期，减少了对我国出口产品的需求。2013 年 10 月，国际货币基金组织（IMF）预测，2013 年全球经济增速为 2.9%，低于 2012 年 3.2% 的水平。其中，发达经济体增速为 1.2%，是 2010 年以来增速最低的一年。在主要发达经济体中，日本在扩张性的货币和财政政策刺激下，2013 年增速预计可达 2%，出现了多年来少有的较快增长，但受政治因素困扰，加之我国和日本产业互补关系减弱，我国对日本出口不升反降；美国经济复苏进程并不稳固，预计增长率为 1.6%，大大低于上年 2.8% 的增长率，我国对美国出口增速明显偏低；欧洲经济继续受欧债危机和内部结构调整缓慢拖累，虽形势有所转好，但仍未摆脱负增长，欧元区经济预计增速为 -0.4%，略高于 2012 年 -0.6% 的增长率，我国对欧盟出口继续下滑。金融危机后，发达经济体纷纷采取促进制造业回归、扩大出口、减少进口等政策，也增加了我国出口的障碍。近年来，发展中经济体和我国产业互补性增强，它们在我国出口中的比重不断提高，2013 年发展中经济体受外需不振、成本增加、大宗产品价格下降、国内局势不稳等多重因素影响，经济虽然保持较快增长，但增速也明显回落，预计新兴经济体经济增速为 4.5%，这也是 2010 年以来最低的增速，受此影响，我国对发展中经济体出口增速也有较大下降。但也要看到，金融危机后受市场倒逼影响，我国出口结构

升级加快，产品竞争力稳步提升，对劳动密集型产业出口依赖降低，因此在外需形势不好的情况下，我国出口增速较上年有所加快。

从影响进口因素看，2013年前三季度我国经济增长7.7%，与上年同期持平，但仍是21世纪以来增长最慢的年份之一，经济低位运行、企业预期谨慎等因素导致我国对进口需求不足。同时，近年来我国产业结构升级较快，一些设备、零部件开始替代进口，加之国际大宗商品价格保持在低位，降低了我国进口需求。

2013年第四季度，预计全球和我国经济都可能"触底回升"，我国进出口增速也将有所提高。预计2013年我国货物贸易增速将接近8%，对外贸易规模将在4.17亿美元左右，顺差规模在2500亿美元左右。

2. 服务贸易逆差继续扩大

我国服务贸易发展较快，但国际竞争力整体较低，近年来不但服务贸易呈逆差状态，而且逆差规模不断上升。据国家外汇管理局统计，2013年上半年，我国服务贸易收支总额为2486亿美元，同比增长12.6%，增速显著高于货物贸易和GDP增幅；其中服务贸易收入967亿美元，比上年增长7%，服务贸易支出1519亿美元，同比增长16.4%，明显高于服务贸易收入增速；逆差551亿美元，比上年同期增加149亿美元。

旅游和运输是构成我国服务贸易的主要项目。从旅游项看，受全球经济增速下滑影响，我国入境人数有所减少，2013年前三季度入境外国游客达1936万人次，同比下降5%；相比之下，在收入水平提高和人民币升值等因素作用下，国内出境人员继续快速增长，境外消费维持在较高水平，出国留学人数和境外教育培训费用也大幅增加，据中国旅游研究院预计，2013年前三季度我国出境旅游人数同比增长18%，境外消费同比增长23.1%。受此影响，旅游逆差继续扩大，仅上半年逆差就达358亿美元，比上年大幅增长64%。从运输项看，我国国际运输增速与货物贸易增速大体相当，逆差格局没有变化，上半年运输进口总额为452亿美元，同比增长9%，运输出口总额为189亿美元，增长3%，运输逆差为263亿美元，同比增加34亿美元。服务贸易的其他项同比变化不大，预计全年服务贸易逆差还会进一步扩大。

3. 收益和经常转移项目均为逆差

2013 年，收益和经常转移项目仍保持逆差。目前，我国利用外资和境外资产存量都已达到相当规模，但两者存在巨大的结构性差异，即我国对外投资多为收益和风险较低的债权投资，而国外对我国的投资多为收益和风险较高的股权投资。2013 年 6 月底，我国持有境外资产存量（含储备资产）高达 5.43 万亿美元，但其中对外直接投资存量只有 0.54 万亿美元，而境外持有我国资产 3.69 万亿美元，其中对我国的直接投资高达 2.26 万亿美元，这是导致我国投资收益项持续保持逆差的主要原因。2013 年上半年，我国投资收益收支规模达 1888 亿美元，同比增长 11%，逆差 80 亿美元，同比增加 23 亿美元，但由于职工报酬项出现 78 亿美元顺差，导致收益项基本持平。预计 2013 年下半年投资收益项逆差将继续增加，全年收益项仍将保持较大逆差。

经常转移项收支规模有限，2013 年上半年出现 38 亿美元逆差，与上年相比没有显著变化，预计全年该项可以实现基本平衡。

（二）资本和金融项目重回顺差

2013 年，受全球经济形势变化尤其是美国量化宽松政策调整影响，国际金融市场动荡加剧，第二季度以后，很多发展中国家资金回流发达国家，我国也受到一些影响。虽然我国直接投资变化稳定，但短期资本流动变化较大。总体来看，由于我国经济运行比较稳健，2013 年我国资本和金融项目出现顺差，改变了上年的逆差走势。

1. 直接投资顺差下降

2013 年，国际直接投资仍处于恢复期。我国经济增速虽然偏低，但基本已到周期谷底，随着国内改革加快和结构调整，未来增速大幅下行压力不大，同时经济风险也在可控范围内，因此，外商对我国长期的直接投资仍有信心，对我国投资保持稳步增长，服务业成为投资的新热点。2013 年前三季度，按商务部统计口径，我国非金融类实际使用外商直接投资 886 亿美元，同比增长 6.2%。与此同时，我国开始进入国际化经营阶段，对外投资呈现多元化，除能源资源类投资外，基于进入境外市场、降低成本、转移过剩产能等目的的制造业投资也越来越多，对外投资规模不断扩大，前 8 个月，我国非金融类对外

直接投资 616.4 亿美元，同比增长 17.4%。由于我国对外投资增速明显高于外商对我国投资，2013 年直接投资项顺差将较上年有所下降。

2. 证券投资顺差相对稳定，其他投资逆转出现大幅顺差

2013 年上半年，证券投资项下净流入 241 亿美元，同比增加 37 亿美元，其中，我国对外证券投资净流出 78 亿美元，上年同期为净流入 59 亿美元，境外对我国证券投资净流入 319 亿美元，同比增长 1.2 倍。其他投资项下净流入 146 亿美元，上年同期为净流出 979 亿美元，其中，其他投资项下对外资产净增加 539 亿美元，同比下降 67%；其他投资项下对外负债增加 686 亿美元，同比增加 7%。

证券投资项和其他投资项大多属于国际短期资本流动，对国内外市场尤其是金融市场变化比较敏感，经常出现大进大出的情况。近年来，这两项变化对我国际收支影响明显加大。2013 年，国内经济相对稳定，但国际金融市场变化剧烈，这成为影响证券投资项和其他投资项的主要因素，而其他投资项所受影响更大。第一季度，受上年底我国经济增速较高等乐观因素影响，国际短期资本延续了上年底态势，较多地流入我国。第二季度，在美国量化宽松调整预期影响下，国际短期资本大幅向美国等发达国家回流，从我国流出也不断增加。第三季度，随着国际经济复苏低于预期，我国对国际短期资本吸引力又开始增加。预计第四季度，在我国经济触底回升预期下，国际短期资本净流入仍会保持一定规模。综合来看，2013 年证券投资和其他投资项都会出现较大规模顺差。

（三）外汇储备增加，人民币稳步升值

2013 年 9 月底，我国外汇储备余额为 36627 亿美元，比 2012 年底增加了 3511 亿美元。从分季度情况看，2013 年前三个季度，外汇储备分别增长 1310 亿美元、541 亿美元、1660 亿美元，各季度之间出现相当大的波动，这与国际资本市场变化一致。预计 2013 年第四季度外汇储备仍将保持较快增长，2013 年全年外汇储备预计增加 4500 亿美元左右，年底外汇储备余额将达到 3.75 万亿美元，这将是继 2007 年、2010 年后，我国第三个外汇储备增长最快的年份。

在外汇储备快速增长的情况下，2013 年人民币兑国际主要货币汇率均出现了上升。9 月底，人民币兑美元汇率为 6.148 元/美元，比 2012 年底上升 2.2%；人民币兑欧元汇率为 8.2983 元/欧元，上升 0.2%；人民币兑日元汇率为 6.2793 元/100 日元，大幅上升 14%。

二 2014 年国际收支展望

2014 年，预计全球经济将摆脱连续两年的下滑局面，转为较快增长，国内经济增速也有望继续趋稳甚至开始回升，我国涉外经济活动面临的内外部环境都将转好，但全球经济回稳上升的基础并不牢固，我国经济也存在一些长期累积的风险。从国际收支角度预计，虽然贸易和直接投资等主要项目流入流出基本稳定，但国际短期资本大规模进出我国的可能性仍较大。总体来看，2014 年我国国际收支仍会维持"双顺差"格局，其中经常项目顺差与 2013 年相比变化不大，但资本和金融项目顺差会出现较大下降，内外部经济失衡情况仍比较严重，外汇储备增长有所放缓，人民币兑主要国家货币继续稳中有升。

（一）经常项目保持顺差

1. 货物贸易顺差扩大

从国际环境看，国际货币基金组织（IMF）预测 2014 年全球经济增速将达 3.6%，比 2013 年高 0.7 个百分点。发达经济体经济复苏加快，经济增速将由 2013 年的 1.2% 增加到 2%，其中美国经济复苏强劲，经济增速由 1.6% 增加到 2.6%；欧元区经济也有望摆脱危机出现 1% 的恢复性增长，这将是 2011 年后的首次正增长；而日本开征消费税将会抑制经济增长，经济增速将由 2% 回落到 1.2%。发展中经济体经济将提速，增速由 4.5% 上升到 5.1%。全球贸易也将发生积极变化，货物贸易增速将由 2.9% 大幅跃升到 4.9%，全球经济回暖和贸易增速加快将扩大对我国产品的出口需求。在近年来新能源、替代能源快速发展的背景下，国际大宗商品价格预计还将保持在低位，IMF 预测全球石油价格将继续出现小幅下降，这将降低我国大宗商

品的进口金额。

从国内环境看，宏观经济调控正在发生新变化，在采取偏紧的货币和财政政策的同时，我国正通过深化改革激发经济活力，逐步提高经济发展的质量，预计2014年我国经济增速不会发生大的波动，因此，对进口需求不会大幅增加。同时，我国出口产品结构升级加快，一方面将继续替代进口，尤其是发达国家进口，另一方面出口竞争力也将提高。

综合看来，在人民币不出现快速升值的情况下，预计2014年我国出口增速将继续高于进口增速，货物贸易顺差将继续扩大。

2. 服务贸易项逆差继续增加

我国多年来服务贸易项均为逆差，且逆差规模不断扩大，预计2014年将延续服务贸易逆差扩大的趋势。

从运输项看，运输收支规模与货物贸易有较强的相关性，但由于我国运输业国际竞争力较差，当贸易规模扩大时，我国运输项逆差也往往随之增大，2014年我国货物贸易增速加快后，相应的运输项逆差也将扩大。从旅游项看，在全球经济回暖后，国外来华旅游人数将会出现一定增长，并带动我国旅游收入增加，但我国出境旅游、留学人数将继续保持较高增速，且境外消费维持在较高水平，同时人民币升值也有利于出境游，不利于入境游，因此2014年旅游项逆差还将扩大。另外，随着国内技术水平不断提高，我国技术进口减少、出口增加，反映在国际收支上，就是专有权利使用费和特许费项下逆差减少、咨询费项下顺差增加。其他服务贸易活动收支规模不大且不易出现大的波动，对服务贸易项影响不大。

3. 收益和经常转移项对经常项目影响不大

收益和经常转移两个项目对国内外市场环境变化比较敏感，其波动性是经常项目下最大的，但这两个项目收支规模有限，只相当于货物贸易收支的一成略多，对经常项目影响有限。2014年，受我国利用外资和对外投资存量和结构影响，投资收益子项目逆差将继续扩大，而其他子项目变化存在较大的不确定性，大体看来，在国外经济普遍回暖情况下，持有人民币资产意愿下降，收益和经常转移项逆差扩大的可能性较大。

（二）资本和金融项目顺差减少

1. 直接投资顺差继续减少

从利用外商直接投资看，2014 年，国际直接投资规模将有恢复性增长，据联合国贸易和发展会议（UNCTAD）的年中预测，2014 年全球直接投资增速将达到 17%，显著高于 2013 年 3.7% 的增长率。发达国家经济转好，加之继续实施的促进制造业回流政策，将使发达国家重新成为国际直接投资的热点，相比之下，发展中国家面临经济下行压力，对国际资本的吸引力下降。在国内，一方面，我国潜在经济增长率下降、经济增速减缓都会降低国际长期资本对我国的投资意愿；另一方面，我国加快改革，如扩大服务业开放、与国际高标准投资规则接轨等，将成为吸引外资的新动力。综合分析，2014 年我国外商直接投资增速将略高于上年。

从对外直接投资看，我国已进入对外投资加速发展阶段。随着我国对外开放战略的重大调整，境外投资的目的和方式更加多元，对境外基础设施、经济合作园区等投资都将成为新的热点领域。2014 年，全球经济转暖将提高国外投资预期回报，加之人民币升值等因素，我国对外投资将维持较高增速，增速明显高于外商直接投资。受此影响，2014 年我国直接投资项目仍将保持较大顺差，但顺差规模将较上年有所缩小。

2. 证券投资和其他投资仍将出现较大波动

证券投资和其他投资项受国内外短期因素影响很大，经常出现大规模流入流出现象，不但是影响国际收支结构的重要因素，而且越来越容易引发国际收支风险。综合判断，2014 年在国内外经济环境存在较多不确定性的情况下，这两个项目仍可能出现大进大出、较大波动的现象，顺差规模将较 2013 年有较大幅度下降，甚至存在出现逆差的可能性。

2014 年，我国将进一步开放证券投资市场，这有助于国外投资者扩大对我国的证券投资，但在经济增速较低、股票市场和金融改革稳步推进的大背景下，我国股市难以出现大幅增长，对境外投资者吸引力有限。相比之下，国外股市尤其是发达经济体股市受经济增速加快预期影响，可能出现进一步上升。因此，全球股市对国际资本吸引力将强于我国，预计股本证券将出现流出增速

加快、流入增速放慢的趋势。在债券投资方面，如果美国退出量化宽松的货币政策，将提高美元利率，并有可能推动国际主要货币上调利率，而我国物价水平面临一定上涨压力，也有可能上调人民币利率，因此，人民币和主要国家货币名义利率水平都存在小幅上升的可能性，但其对债券项差额变化影响不大。

其他投资项是短期国际资本进出我国的重要渠道，其收支规模很大，接近于货物贸易收支的一半，影响该项的因素更为复杂。大体看来，2014 年在发达国家经济转好、金融市场吸引力增强的情况下，境内外企业、金融机构更倾向于持有较多的国外资产，从而引起其他投资项净外流规模增大。

（三）外汇储备增速减慢，人民币汇率基本稳定

2014 年在国际收支"双顺差"结构下，我国外汇储备将保持增长，但增幅较 2013 年放缓，月份之间增减波动仍会比较频繁。预计人民币与主要货币之间汇率波动幅度加大，人民币汇率在短期内有升有降，双向变化的次数将越来越多，但总体上人民币兑主要国家货币汇率将基本稳定或小幅上升。

三 政策建议

（一）根据我国经济发展战略取向确定国际收支的主要任务

2014 年，稳增长、调结构、促改革仍是我国宏观经济调控的主调，国际收支工作要发挥好对我国经济结构调整和转型升级的积极作用。在涉外经济领域，政策调整方向是加快转变对外经济发展方式、推动进出口平衡、推动利用外资和"走出去"平衡发展等，这就要求转变国际收支管理理念和方式，将促进内外部经济均衡、改善国际收支结构、减少顺差、防范风险等作为国际收支的主要任务。

（二）积极防范国际短期资本流动风险

2013 年，印度、巴西、印度尼西亚等新兴市场国家先后遭受资本外流冲击，导致货币显著贬值、资产价格大幅下跌，近年来经济快速增长势头受到遏

制。这些国家的资本外流，内部原因主要是经济增速放缓、出口下降，外部原因主要是美国退出量化宽松政策的可能性导致预期美元利率上调。我国虽然外汇储备规模雄厚，资本外流不会造成与上述新兴市场国家类似的严重冲击，但在我国经济增速放缓、出口增速下降、货物贸易和直接投资两个基本账户顺差减少的背景下，短期资本跨境流动风险也不容忽视。2014 年，发达经济体预期经济增速加快，利率上调可能性较大，短期资本流出的风险会更高，处理不好会影响宏观经济稳定。为此，应坚守不发生区域性、系统性金融风险的底线，密切关注国内外宏观形势发展，完善跨境资金流动监管体系，双向监测我国跨境资金流动尤其是资本流出，进一步充实相关政策预案。

（三）继续加大人民币汇率弹性

从长期看，增加人民币汇率弹性符合汇率市场化改革方向。2014 年，加大人民币汇率弹性对实现宏观经济稳定更有重要意义，例如，增加汇率弹性有助于减少贸易顺差，防止内外经济失衡扩大，有助于减少通过外汇占款渠道投放的基础货币，舒缓国内通货膨胀压力，还有助于消除人民币升值预期，减少套汇、套利跨境资本流动。

（四）调整优化外汇储备结构

美国国债是我国外汇储备的主要投资对象，近年来美国债务规模不断扩大，债务上限危机屡次发生，美国国债偿付风险加大，对我国外汇储备安全产生影响。2014 年，我国外汇储备规模还将扩大，我国应及时调整优化外汇储备结构，管好、用好外汇储备，维护国家外汇资产安全，并促进外汇资产的保值增值。

（五）推动贸易投资外汇管理便利化

外汇管理改革是我国下一阶段体制改革的重要组成部分，2014 年应积极推动外汇管理的便利化改革，巩固货物贸易外汇管理制度改革成果，扎实推进服务贸易外汇管理改革，稳步推进资本项目可兑换，促进国内外汇市场健康发展。

G.10
2013 年中国经济景气分析与
2014 年展望

刘玉红 *

摘 要：

2013 年 9 月，我国宏观经济一致合成指数连续 5 个月企稳回升，综合警情指数企稳；固定资产投资景气指数虽然出现了下滑的趋势，但是结合扩散指数看，国家固定资产投资一致合成指数仍处于 1997 年以来的第五次上升周期中；物价一致和先行合成指数双双上扬，我国物价景气指数正处于上升周期。结合宏观经济、投资和物价的景气指数判断，我国宏观经济和固定资产投资景气指数的谷底均出现在 2012 年 6 月，2013 年宏观经济和固定资产投资出现的回调是上行周期中的小幅震荡，2014 年，我国宏观经济应继续呈缓慢回升的走势，固定资产投资会继续震荡上行，此次经济复苏的过程很有可能是一个速度较为缓慢的长复苏周期；物价景气指数在 2014 年将继续保持上升趋势，但受到外需不振以及国内经济复苏缓慢等影响，我国物价回升速度较为温和。

关键词：

景气指数　预警系统

利用经济景气指数方法分析经济周期波动走势和预测经济周期转折点是目前国际普遍采用的方法，本文通过这种分析方法，构建了我国宏观经济、固定

---

* 刘玉红，经济学博士，国家信息中心预测部，主要研究领域为宏观经济预测、计量经济模型开发及应用、经济景气监测预警。

资产投资和物价三个主要领域的景气指数和预警系统，通过对这些领域景气指数动向的分析，力图全方位把握我国经济当前运行态势，对未来走势做出准确判断，为宏观决策提供服务。

一 当前宏观经济景气运行状况分析

本文以工业增加值增速为基准指标，筛选出了我国宏观经济的先行和一致合成指标，指标组见表 1（各指标均为同比增长率，经季节调整并剔除不规则因素），先行和一致合成指数均以 2000 年平均值为 100，数据区间为 1997 年 1 月至 2013 年 9 月。

表 1　中国宏观经济景气指标组

先行指标	一致指标
1. 粗钢产量	1. 工业增加值增速
2. 汽车产量	2. 发电量
3. 金融机构人民币各项贷款	3. 城镇固定资产投资
4. 产成品库存*	4. 狭义货币供应量（M1）
5. 固定资产投资施工项目计划总投资	5. 财政收入
6. Conference board 美国经济先行指数	6. 出口总额

注：①有＊的指标是逆转指标。②工业增加值增速为当月规模以上工业增加值不变价同比增速，产成品库存、固定资产投资施工项目计划总投资、M1 和金融机构人民币各项贷款为期末值同比增速，城镇固定资产投资为累计增速，其他指标为当月增速。

1. 先行合成指数继续上扬，一致合成指数震荡上行

2012 年 1 月，先行合成指数达到了国际金融危机后的第二个谷底，步入上行通道，至 2013 年 9 月，已经连续回升 20 个月，从上升趋势看，2013 年第二季度以来，先行合成指数的上涨速度有所放缓，但总体上升趋势未改。一致合成指数的谷底出现在 2012 年 6 月，延迟先行合成指数 6 个月，但一致合成指数的上升趋势呈现震荡上升的特点，在 2013 年 1～4 月，一致合成指数出现了持续 4 个月的小幅回调，从 2013 年 5 月开始再次攀升，至 9 月已连续上升 5 个月（见图 1）。

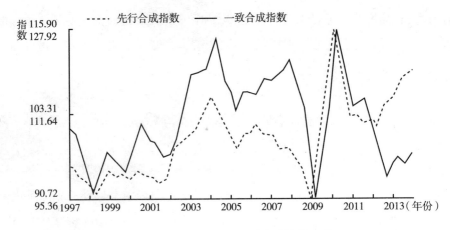

图1　宏观经济先行和一致合成指数走势

结合景气指数的历史经验看，受到国际金融危机冲击时，政府密集出台刺激性调控政策，导致经济指数包含的政策性因素变强，先行合成指数的先行期都会有所缩短，在2008年国际金融危机爆发时，我国先行合成指数的先行期就缩短至3个月，随着调控政策趋稳，先行合成指数的先行期会逐渐回归正常。

历史数据显示，我国先行合成指数的平均先行期在3个季度左右，结合先行合成指数和一致合成指数的走势判断，至2014年第二季度，我国宏观经济仍将保持缓慢回升的态势。

2. 综合警情指数企稳，出现再次下滑的概率较小

综合警情指数是能够反映我国宏观经济各领域综合走势的指标，它能从总体上判断我国经济运行处于何种状态。图2是由10个预警指标构成的宏观经济综合警情指数，[①] 该指数在2011年初快速下降，2012年1月进入"趋冷区"，并于2013年6月达到了近期的最低点，其后开始震荡上行，基本在"趋冷区"上沿运行。宏观经济预警信号系统包含了物价、投资、消费、进出口、企业效益和金融类等各项指标。从覆盖角度上讲，它涵盖了经济各主要领域；从先行滞后关系上讲，它包含了经济中的先行、一致和

---

① 构成指标为工业增加值增速、工业企业产品销售收入增速、发电量增速、固定资产投资增速、进出口商品总值增速、财政收入增速、全国居民消费价格指数增速、狭义货币供应量（M1）增速、金融机构人民币贷款总额增速。

滞后三类指标。因此，这一系统是从整个经济系统角度来分析当前经济走势的。从近期综合警情指数走势，结合我国经济运行已经出现谷底的现状看，预计我国宏观经济总体运行近期出现再次下滑的概率不大，随着各项预警指标的回升，综合警情指数在未来会逐渐回升。在宏观经济预警信号系统中，"趋冷区"意味着当前经济运行处于趋冷的状态，但是预警系统是一个时间序列的延续性指标，确定指标的预警界限值需要考虑到各指标的历史数据。在经历了长达 10 多年的两位数增长后，中国潜在增长率的下降已经是不争的事实，在这个背景下，原有预警区间都应相应下移，中国经济在"正常区"下沿和"趋冷区"上沿的震荡运行应该是更为健康合理的（见图 2）。

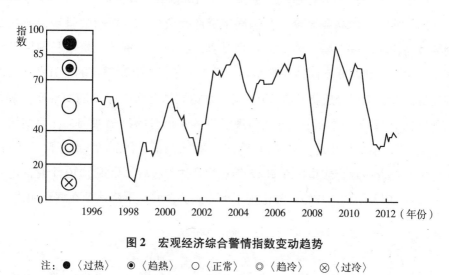

图 2 宏观经济综合警情指数变动趋势

注：● 〈过热〉　　◉ 〈趋热〉　　○ 〈正常〉　　◎ 〈趋冷〉　　⊗ 〈过冷〉

二 当前固定资产投资景气运行状况分析

本文以固定资产投资完成额增速为基准指标，筛选了我国固定资产投资先行、一致和滞后合成指标，指标组见表 2（各指标均为同比增长率，经季节调整并剔除不规则因素），先行、一致和滞后合成指数均以 2000 年平均值为100，数据区间为 1997 年 1 月至 2013 年 9 月。

表2　中国固定资产投资景气指标组

先行指标	一致指标	滞后指标
1. 固定资产投资新开工项目计划总投资	1. 固定资产投资完成额	1. 铁路货运量
2. 固定资产投资资金来源中自筹资金	2. 金融机构各项存款余额	2. 社会消费品零售总额
3. 工业品出厂价格指数*	3. 水泥产量	3. 产成品库存
4. 产成品库存*	4. 工业企业增加值	4. 工业品出厂价格指数
5. 固定资产投资资金来源中外商直接投资	5. 房地产开发投资	

注：①有 * 的指标是逆转指标。②工业增加值增速为规模以上工业增加值不变价同比增速，产成品库存、固定资产投资施工项目计划总投资、城镇固定资产投资、铁路货运量为累计增速，金融机构各项存款余额为期末值增速，其他指标为当月增速。

1. 固定资产投资先行合成指数和一致合成指数小幅回调

图3显示，1997年至今，我国固定资产投资一致合成指数呈现出明显的周期波动特征，按"峰—峰"的周期计算，我国固定资产投资增长周期已经历了四次长度和幅度不同的完整循环，目前正处于第五次循环的上升期。我国固定资产投资先行合成指数在2011年3月达到了此次下降周期的谷底，触底反弹，在2012年4~7月，曾经出现了持续4个月的小幅回调，此后继续回升，从2013年6月开始，上涨趋势结束，掉头向下，目前已连续下降两个月。固定资产投资一致合成指数在2012年6月到达谷底后，出现了10个月的连续回升，从2013年5月开始，又出现了下降趋势，并且下降速度在逐渐加快。

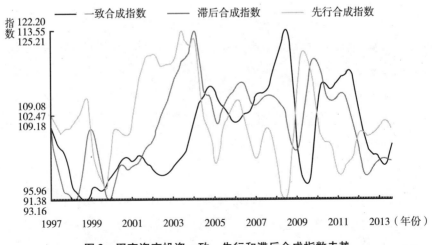

图3　固定资产投资一致、先行和滞后合成指数走势

2. 滞后合成指数谷底出现，我国固定资产投资处于第 5 轮上升期

滞后合成指数的作用是确认一致合成指数的拐点。一般来讲，滞后合成指数的拐点应该出现在先行合成指数的拐点之后。本文构建的固定资产投资滞后合成指数滞后于一致合成指数 8 个月，从图 3 看，我国固定资产投资的滞后合成指数在 2013 年 5 月达到了谷底，目前已反弹 5 个月，因此初步判断，我国固定资产投资一致合成指数在 2012 年 6 月达到的谷底，应该是第五轮经济周期的谷底，目前我国固定资产投资正处于第五轮经济周期的上升期。

尽管当前我国固定资产投资的一致合成指数出现了下降走势，但是本文认为，我国固定资产投资实际上还处于周期循环中的上升期。本文构建的先行合成指数领先于一致合成指数 7 个月，但是先行合成指数的谷底出现在 2011 年 3 月，而一致合成指数的谷底则出现在 2012 年 6 月，滞后了 13 个月，远超于平均的 7 个月的滞后期。但是观察 1997 年以来的四轮周期循环看，1998 年亚洲金融危机以来，固定资产投资一直是拉动我国经济增长的主动力，而政府的政策性调整往往是带动经济周期波动的主要根源，政策性调整周期的主要特征就是指标中包含的政策性因素增强，导致指标之间的先行期变短，进而缩短了整体指标间的先行滞后关系。

结合固定资产投资先行、一致和滞后合成指数看，滞后合成指数谷底的出现，表明 2012 年 6 月为本轮固定资产投资的谷底，目前我国固定资产投资正处于新一轮经济周期的上升期；结合先行合成指数看，当前固定资产投资的回落很可能是上升期中的一个短期震荡，此次回调已接近尾声，预计 2013 年下半年将处于温和上升阶段，由于先行合成指数在上升过程中频繁出现回调，因此固定资产投资的此轮上升动力不强，将处于一个缓慢上升周期循环。根据固定资产投资预警监测系统的监测，我国固定资产投资增速近一年基本在"趋冷区"上沿和"正常区"下沿徘徊，2013 年下半年，固定资产投资预警综合指数波动幅度不大，有望在"正常区"下沿持续运行。

三　物价景气运行状况分析

本文构建的物价景气合成指数将消费者价格指数（CPI）作为基准指标，

研究物价总体的运行规律和景气动向。国民经济各行业和各宏观经济部门的活动都与物价关系紧密，因此这些领域的指标变化会在一定程度上反映物价当前和未来的景气状况。本文收集了与物价相关的宏观经济月度指标，利用时差相关系数、K－L信息量等计量方法筛选出影响物价波动的先行、一致景气指标组，物价景气指标组如表3所示（数据区间为1997年1月至2013年9月）。

表3　物价景气指标组

先行指标	一致指标
1. 狭义货币供应量(M1) *	1. 消费者价格指数
2. 固定资产投资完成额 *	2. 商品零售价格指数
3. 工业企业增加值 *	3. 工业生产者出厂价格指数
4. 国家财政收入 *	4. 原材料、燃料、动力购进价格指数
5. 发电量增速	5. 进口商品价格总指数
6. 房地产开发综合景气指数	

注：①标有 * 的指标表示经过价格平减的实际值指标。②工业增加值增速为规模以上工业增加值不变价同比增速，固定资产投资完成额为累计增速，M1为期末值增速，其他指标为当月增速。

1. 先行合成指数和一致合成指数双双上扬

图4显示，物价一致合成指数的谷底在2012年8月已经显现，其后震荡回升，但回升过程较为缓慢，在2013年2~4月还出现了三个月的回调过程，从5月开始，物价一致合成指数重拾回升态势，至今已连续回升5个月。物价先行合成指数的谷底出现在2012年6月，其后步入上升周期，除了在2013年2月出现了小幅回调外，至今已连续上升15个月。

可以利用由金融和投资指标构成的物价先行合成指数来预测物价未来的走势。计算结果显示，物价先行合成指数相对于物价一致合成指数平均先行期为8个月。物价先行合成指数在2012年6月出现了谷底，其后一直上扬，至今未出现峰值，这说明在未来一段时期，我国物价水平仍将位于上涨区间。

2. 物价先行和一致扩散指数均已越过谷底

利用表3中的各指标组构建物价一致扩散指数和先行扩散指数，如图5所示。物价一致扩散指数在2012年11月由下向上穿过50%线，和物价一致合

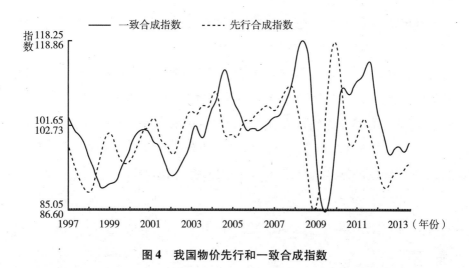

图 4　我国物价先行和一致合成指数

成指数的结论大体一致，即物价一致扩散指数于 2012 年 10 月到达谷底，已处于上升阶段。

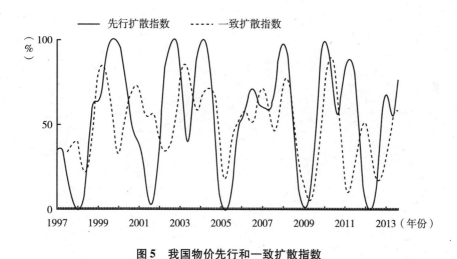

图 5　我国物价先行和一致扩散指数

图 5 显示，物价的先行扩散指数具有较好的超前期，先行扩散指数的谷底出现在 2012 年 6 月，从下而上穿过 50% 线，表明物价在 2012 年 6 月达到谷底；此后，先行扩散指数的数值出现了震荡，并在 2012 年 10 月以后有所下降，表明此次先行扩散指数的回升调整较多，目前峰值出现的时间尚未确定。综合以上合成指数和扩散指数的预测，2013 年第四季度至 2014 年上半年我国

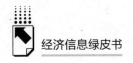
物价波动仍将处于上升期，但涨幅不会过大。

2012 年底以来，我国经济回升迹象明显，虽然美国量化宽松政策推高了国际大宗商品价格，但由于国内需求仍然不振，国际大宗商品价格上升对国内物价的传导作用并不明显。考虑到世界经济复苏缓慢，我国经济景气刚刚回到"正常"区间，结合前述物价先行合成指数和扩散指数的分析，考虑物价的周期波动规律，2013 年第四季度至 2014 年上半年，物价水平将继续在上行周期运行，但上涨速度和幅度较为温和，不会出现大幅反弹。

G.11
2013 年中国股票市场运行分析与2014 年展望

徐平生*

摘 要:

2013 年，我国 A 股市场尽管新股首发暂停，但再融资规模大幅提高，股权融资总规模将超过上年；上市公司业绩有所增长，但市场行情发展出现极大分化，业绩增长较快的主板公司股价小幅下跌，业绩微增的创业板公司股价涨幅极大；资金离场压力较大，股票基金遭遇较大规模净赎回；转融通规模飞速提高，融资融券规模持续扩大。2014 年，A 股市场面临的宏观环境将较为平稳，上市公司整体业绩增速将有所提高，较低的市场估值水平和较高的股息率水平将使市场更具吸引力，A 股市场价格重心很可能有所上移，并可能进入新一轮牛市进程。

关键词:

融资 市盈率 股息率 资金

一 2013 年 A 股市场运行回顾与分析

（一）A 股市场新股首发暂停，增发等再融资规模大幅提高

新股首发暂停，新股首发排队企业维持较大规模。2012 年 11 月，浙江世

---

* 徐平生，经济学硕士，国家信息中心经济预测部经济师，研究方向为资本市场、宏观经济和经济景气监测与预警。

宝登陆深交所中小板后，A 股市场新股首发持续处于停滞状态。2013 年以来，沪深两市 A 股市场没有一家公司进行新股首次发行，沪深两市 A 股市场新股首发融资规模为零。中国证监会于 2012 年底启动首发公司财务会计信息专项检查工作，历经发行人及中介机构自查、发行审核部门对自查报告审阅、中国证监会组织经验丰富的会计师进行抽查三个阶段。数据显示，在本次检查过程中，共 622 家企业提交自查报告，268 家企业提交终止审查申请，终止审查数量占此前在审首次公开募股（IPO）企业数量的 30.49%。最新 IPO 排队企业情况显示，沪深两市排队 IPO 企业总数为 753 家，其中，沪市排队企业 179 家，深市中小板排队企业 311 家、创业板排队企业 263 家。

增发等再融资规模大幅提高。2013 年，在 IPO 暂停已久、部分私募股权投资（PE）艰难求生等背景下，中国资本市场并购重组暗潮汹涌，沪深两市 A 股市场已上市公司增发、配股等再融资行为屡见不鲜。2013 年前三季度，沪深两市 A 股上市公司通过增发、配股和可转换债券三种再融资渠道合计融资规模高达 2664.32 亿元，已超过上年全年 2233.03 亿元的再融资规模。其中，沪深两市 A 股市场共有 185 家上市公司进行了公开增发和定向增发融资，现金融资高达 1793.96 亿元；共有 12 家公司进行了配股融资，融资总额高达 620.05 亿元，比 2012 年全年 121 亿元的配股融资规模增加了 4.12 倍；共有 6 家上市公司进行了可转换债券的发行融资，融资总额达 250.31 亿元，比 2012 年全年 157.05 亿元的可转换债券融资规模增加了 59.4%。

（二）二级市场走势严重分化，市场估值差距急剧扩大

市场走势严重分化。2013 年，受市场总体资金规模有限、市场预期迥异以及投机炒作风气盛行等因素影响，沪深两市 A 股市场不同板块、不同公司二级市场价格走势迥异，出现严重分化。上海证券交易所综合指数、深圳证券交易所成分指数震荡中小幅下跌。2013 年初，上海证券交易所综合指数延续 2012 年底涨势小幅上涨后开始下跌，6 月在整个金融体系资金面严重紧张的影响下出现大幅下跌，6 月当月跌幅高达 13.97%，并创下 2009 年 2 月以来的新低 1849.65 点，随后连续 3 个月恢复性上涨，2013 年 9 月底收于 2174.67 点，比 2012 年底下跌 4.19%。同期，深圳证券交易所成分指数下跌 6.6%。与此

极为迥异的是，中小板、创业板公司，尤其是创业板公司在手游、并购重组等刺激下被市场资金深入介入炒作，出现了巨大涨幅，2013 年前三季度中小板指数上涨 26.2%，创业板指数上涨 91.62%。

上市公司业绩增长与二级市场价格走势相背离。首先，2013 年沪深两市 A 股市场上市公司整体业绩增长超过 10%，与市场走势下跌相背离。根据同花顺金融数据，沪深股市 2489 家上市公司 2013 年上半年合计实现营业收入 128088.98 亿元，同比增长 9.55%；合计实现归属于母公司股东净利润 11428.05 亿元，同比增长 12%。沪深两市上市公司整体业绩远远好于上年水平，在宏观经济增速下降的背景下，这个成绩来之不易。其次，上市公司业绩增长态势和市场价格表现相背离。分类看，上海证券交易所 953 家上市公司 2013 年上半年合计实现营业收入 102463.42 亿元，同比增长 9.25%；合计实现归属于母公司股东净利润 9944.39 亿元，同比增长 11.92%。深圳证券交易所 1536 家上市公司合计实现营业收入 25627.2 亿元，同比增长 10.86%；合计实现归属于母公司股东净利润 1483.66 亿元，同比增长 12.8%。但是，701 家中小板公司 2013 年上半年合计实现营业收入 8059.59 亿元，同比增长 18.12%，合计实现归属于母公司股东净利润 513.55 亿元，同比仅增长 7.2%；355 家创业板公司 2013 年上半年实现营业收入 1020 亿元，同比增长 20.56%，合计实现归属于母公司股东的净利润 120.93 亿元，同比仅微增 1.6%。可以看出，2013 年受市场追捧的创业板公司增收不增利，业绩平平，中小板公司业绩增幅也要小于主板公司，与市场走势呈完全相反态势。

市场估值差距急剧扩大。2012 年底，深圳证券交易所 A 股上市公司平均市盈率为 22.01 倍，其中主板上市公司平均市盈率为 18.51 倍，中小板公司为 25.42 倍，创业板公司为 32.01 倍。上海证券交易所 A 股上市公司平均市盈率为 12.30 倍，其中上证 50 指数成分公司平均市盈率为 10.36 倍，上证 180 指数成分公司平均市盈率为 10.86 倍；创业板公司平均市盈率为上证 50 指数成分公司的 3.09 倍。而 2013 年 9 月底，深圳证券交易所 A 股上市公司平均市盈率为 27.52 倍，其中主板上市公司平均市盈率为 16.7 倍，中小板公司为 33.7 倍，创业板公司为 60.82 倍；上海证券交易所 A 股上市公司平均市盈率为

11.2 倍，其中上证 50 指数成分公司平均市盈率为 8.47 倍，上证 180 指数成分公司平均市盈率为 9.26 倍；创业板公司平均市盈率已经急剧扩大到上证 50 指数成分公司的 7.18 倍。

（三）资金离场压力较大，股票基金遭遇净赎回

资金离场压力较大。2007 年 10 月以来，A 股市场的熊市已持续达 6 年之久，其中形成了层层叠叠的套牢盘。这些套牢盘中的相当一部分资金一旦能够解套，其离场动力十分巨大，从而成为制约行情持续向上拓展的重要阻力。

股票基金遭遇净赎回。2013 年第一季度，随着 2012 年 12 月、2013 年 1 月沪深两市 A 股市场较快上涨，股票、基金面临较大赎回压力。数据显示，尽管第一季度投资国内市场的各类型基金全部获得正收益，其中股票型基金获得 341 亿元的收益，但良好的业绩并没有挽留住基民的心，第一季度股票型基金遭遇了高达 311 亿份的净赎回。随后，随着中小板、创业板持续较快上涨，部分股票基金收益率大幅提高，基金面临的赎回压力进一步扩大。基金第三季度数据显示，尽管 2013 年前三季度新基金发行份额达到 4418.92 亿份，但基金份额从 2012 年底的 3.17 万亿份减少到 2013 年 9 月底的 2.89 万亿份，缩水了 2779.77 亿份，缩水率约为 8.8%；其中封闭式基金的规模增加了 824.45 亿份，开放式基金遭到净赎回 3604.22 亿份。如果撇开新基金发行的份额，2013 年 1173 只老基金缩水达 7193 亿份，缩水率达 22%。具体来看，股票型基金缩水 1497.88 亿份，混合型基金缩水 583.46 亿份，债券型基金缩水 619.69 亿份，货币基金缩水 827.22 亿份，合格境内机构投资者基金（QDII）缩水 75.99 亿份。

（四）转融通规模飞速提高，融资融券规模持续扩大

转融通规模飞速提高。2012 年 8 月 30 日，经中国证监会批准，中国证券金融公司（简称"证金公司"）正式启动转融通业务试点，先行办理转融资业务。一年多来，证金公司转融通业务快速拓展，转融通规模飞速提高。2013 年 9 月底，证金公司转融资余额高达 588.88 亿元，转融券余额为 13.24 亿元，两者合计达 602.12 亿元，占沪深两市 A 股市场融资融

券总余额的比重已达 21.04%。9 月底，海通证券、国金证券以及民生银行位居转融通证券出借排名前三位，分别达到了 5144 万股、3600 万股以及 1550 万股。

融资融券规模持续扩大。2013 年，受证券公司日益重视、两融标的持续扩容、证金公司转融通业务井喷式发展、部分上市公司估值日益具备安全性和吸引力，以及市场热点不断等积极因素的推动，沪深两市融资融券业务呈现加速发展态势，融资融券交易额与余额均急剧膨胀。两融标的方面，经过三轮扩容，两融标的股票数量扩大至 700 只。转融通标的方面，根据证金公司公告，转融通标的证券范围也由 87 只扩大到 287 只。2013 年 9 月，当月融资融券交易金额达 7580.60 亿元，占当月沪深两市股票成交总额的 16.1%。2013 年前三季度，两市融资融券总余额持续突破 1000 亿元和 2000 亿元，9 月底融资融券总余额高达 2861.45 亿元，是 2012 年底总余额的 3.2 倍。其中，融资余额为 2827.13 亿元，是 2012 年底融资余额的 3.3 倍；融券余额为 33.78 亿元，是 2012 年底融券余额的 89%。融资方面，2013 年 9 月底，中国平安以 65.62 亿元的融资余额占据月度股票融资余额第一名，浦发银行、中信证券分别以 63.29 亿元和 46.51 亿元的融资余额列第二名和第三名；在总融资排名上，华泰柏瑞沪深 300 交易所交易基金（ETF）以 105.09 亿元排名第一。融券方面，2013 年 9 月底，海通证券以 3.57 亿元的融券余额排第一名，国金证券以 3.10 亿元居第二名，云南白药以 1.36 亿元居第三名。

二 2014 年 A 股市场运行展望

（一）宏观环境总体稳定，不确定性预期趋于好转

宏观环境总体稳定。首先，我国经济增速将在当前增长平台上运行相当长一段时期，经济政治改革深入推进，经济结构转型逐步深入，改革和转型积极成效渐行渐近并逐步呈加速释放态势。当前，中国经济仍处在工业化和城镇化加速推进的过程之中，中西部地区的后发优势比较明显，我国仍处在消费结构由吃、穿生存型消费向住、行、教育、旅游等发展型和享受型消费

过渡升级的关键阶段，人口素质提高带来的人口红利还将持续释放，各项改革正在逐步推进，经济结构转型即将取得显著成效等积极因素将推动我国经济增速在当前增长平台上维持相当长一段时期，且经济增长质量将显著提高。这将为我国上市公司提供良好的发展环境，上市公司业绩增长将保持相当增速，且更具质量。其次，国际经济环境总体将较为平稳。主要经济体经济有所复苏，但推动复苏的持续动力并不强烈，经济复苏面临一定的不确定性，其后果就是发达经济体将持续面临非常规政策难以稳步退出的困境，全球资本市场总体将间断地面临发达经济体非常规政策退出的扰动。这将在一定程度上影响我国股票市场的运行，但我国股票市场独立性较强，受影响程度将较有限。

不确定性预期趋于好转。近几年，制约我国股票市场行情拓展的一大重要因素是较大的不确定性预期，集中体现在银行、地产等行业上。银行、地产行业公司占据我国股票市场相当大一部分权重，A股市场整体性的牛市行情离不开银行、地产公司的上涨，而近几年恰恰银行、地产行业面临宏观调控等不确定性预期，其行情发展受到严重抑制。银行方面，不确定性的不利预期主要来源于地方融资平台形成的不良资产、利率市场化可能严重伤害银行赢利能力等方面。随着时间的推移，这些不良预期将逐步有所化解。地方融资平台可能形成的不良贷款规模一方面因平台贷款受限而得到控制，另一方面由银行连年产生的巨额利润为覆盖可能的不良贷款提供了保障；利率市场化特别是存款利率市场化进程不可能一蹴而就，将需要经历较长时间，其对银行业可能产生的伤害就会得到一定控制，而银行其他业务的拓展、赢利能力的增强将有效弥补利率市场化可能带来的损失。地产方面，一方面，新管理层上任以来，房地产调控政策非常审慎，不计后果而武断打压房地产市场的政策恐将难以出台。未来房地产调控政策将趋于成熟，房地产调控可能重点在廉租房、限价房、自住型商品房、完全市场化运作的商品房体系，以及限购等政策体系的完善并有所创新方面。另一方面，地产公司历经日趋严酷的调控，赢利能力越来越强，尤其是上市的优秀地产公司。未来，随着我国城镇化进程的持续进行、我国城市人民住房改善性需求及其能力的日益增强，我国房地产开发市场规模仍有提高的余地，且房地产市场份额日益向优秀的上市房地产公司集中，上市房地产公司的赢利能力仍将会持续提高，持续快速的业绩增长将逐步并彻底粉碎对房地产上市公司的不确定性预期，地产公司将迎来业绩、估值同时激发的市场行情。从整体上看，随着时间的推移，我国 A 股市场面临的主要不确定性预期正趋于好转，并很可能加速好转。

（二）上市公司业绩继续增长，市场已具吸引力

上市公司业绩继续增长。2013 年，预期 A 股市场上市公司业绩增速将在 11% 左右。2014 年，银行类上市公司业绩增速可能将放缓至 10% 左右，而去库存化进程的逐步完成、结构转型的持续深入与效益显著等，将推动非银行类公司赢利能力逐步恢复，非银行类上市公司业绩增长将提高至 18% 左右，2014 年上市公司业绩增速将进一步提高至 14% 左右。

市场估值更具吸引力。2013 年第三季度末，上海证券交易所 A 股上市公司平均市盈率为 11. 2 倍，其中上证 50 指数成分公司平均市盈率仅为 8. 47 倍，上证 180 指数成分公司平均市盈率为 9. 26 倍，如果考虑到 2013 年 11% 、2014 年 14% 左右的业绩增长率，那么在 2013 年第三季度末股价水平上，2014 年上海证券交易所 A 股上市公司平均静态市盈率、动态市盈率将分别下降到 8. 34 倍和 7. 32 倍，上证 50 指数平均静态市盈率和动态市盈率更是分别下降到 7. 63 倍和 6. 69 倍。这个估值水平，无论是从 A 股市场发展历史看，还是从全球主要股票市场发展历史比较看，都处于低位，具备相当大的吸引力。

A 股股息率已处于较高水平。按照中国证监会颁布的计算股息率标准，近年来境内股市股息率持续提高，2010 ~ 2012 年境内股市股息率分别为 1. 14% 、1. 82% 和 2. 07% 。其中，2012 年，上证 50、上证 180、沪深 300 成分股的股息率分别为 3. 17% 、2. 91% 、2. 66% 。将境内股市股息率与国际主要市场进行比较，境内蓝筹股股息率在新兴市场中居中，并已超过部分成熟市场蓝筹股股息率。2012 年，上证 50 指数股息率为 3. 17% ，高于印度孟买 SENSEX30 指数 1. 6% 、南非 JST40 指数 3. 06% 的股息率，但低于巴西圣保罗 IBOVESPA 指数 4. 19% 、俄罗斯 RST 指数 3. 82% 的股息率。同时，2012 年，上证 50 指数股息率较道琼斯工业平均指数 2. 65% 的股息率高 0. 52 个百分点；沪深 300 指

数股息率较标准普尔 500 指数 2.24% 的股息率高 0.42 个百分点，较东京日经 225 指数 1.93% 的股息率高 0.73 个百分点。

（三）市场继续面临资金压力，但资金压力将趋于缓解

市场继续面临资金压力。首先，资金来源方面，已持续六年之久的大熊市使得相当大一部分投资者受到严重伤害，而持续的亏钱效应使得新增入场资金规模较为有限。其次，市场资金需求较大。一是市场面临较大的融资需求，预计 2014 年市场新股首发、增发等再融资所需的现金资金将超过 5000 亿元；二是解禁限售股减持也需要较大的资金，尤其是估值高企的中小板和创业板公司；三是前期套牢资金解套离场带来的资金需求。

资金压力将趋于缓解。从资金需求看，前期套牢资金解套离场压力已经得到持续释放。一方面，尽管当前上证综指、沪深 300 等指数持续处于低位，但全市场有近半数公司股价已越过上次牛市高点，极大地释放了股票套牢资金离场的压力；另一方面，随着近两年部分公司股价的上涨，特别是中小板、创业板公司股价的大幅上涨，部分基金净值节节攀升，部分已超过上次牛市的净值高点，也在相当程度上释放了前期套牢资金解套离场的压力，而近几年老股票基金的赎回情况，特别是近两年高赎回比例也充分说明了这一点。从资金来源看，市场资金供给能力和资金供给意愿将显著提高。一方面，资金供给能力上，随着主要城市房地产限购政策的持续，前期主要流入房地产市场的资金需要新的投资渠道；另一方面，当前 A 股市场估值已较具吸引力，所欠缺的就是赚钱效应带来的入场动力，距离这一天已不遥远，届时股价上涨—资金流入—推动股价继续上涨—资金加速流入的正反馈效应将推动越来越多的资金进入市场，上一轮大牛市以及 2012 年 12 月以来创业板的持续大幅上涨所引发的资金流无不是在揭示着这一点。

（四）A 股市场价格重心将会上移，有可能进入下一轮牛市

A 股市场价格重心将会上移。2014 年，尽管面临一定的资金压力，但持续下跌并处于低位的股价使得 A 股市场估值水平已处于极低水平，A 股市场整体估值水平和股息率都已具备相当大的投资价值，既为市场提供了较大的安

全边际，又为未来的行情运行提供了较大的拓展空间，A 股市场的吸引力日益提高。整体看，2014 年 A 股的价格重心将会上移的可能性极大。

有可能进入下一轮牛市进程。随着时间的推移，A 股市场面临的重大不确定性将会逐步得到解除，在公司业绩增长和估值水平提升的双重刺激下，赚钱效应将会推动资金流入市场，A 股市场整体进入下一轮牛市行情的机会越来越大，有可能迎来新一轮牛市。

国际经济篇

Reports on International Economics

G.12

2013 年世界经济形势分析与 2014 年展望

张亚雄　伞　锋*

摘　要：

当前世界经济仍处于金融危机后的缓慢复苏和调整期。2013 年初以来，虽然发达国家复苏势头有所加快，但由于占世界经济总量近 50% 的发展中国家（按购买力平价计算）经济增长速度明显下降，致使世界经济仍然呈现低速增长。2014 年世界经济将延续缓慢复苏的基本态势，其中受发达国家经济政策溢出效应影响，加之自身的脆弱性，新兴经济体增长速度下行风险仍较为突出。受此影响，国际贸易量将低速增长，全球大宗商品价格将稳中趋降。

关键词：

世界经济　金融危机　下行风险　外溢效应

* 张亚雄，国家信息中心经济预测部副主任，研究员；伞锋，经济学博士，国家信息中心经济预测部世界经济研究室主任，副研究员。

一 2013 年世界经济继续缓慢复苏

（一）经济增长势头"一升一降"

2013 年初以来，发达国家经济改变前两年的低迷状态，复苏速度有所加快，新兴经济体增长态势则明显减弱，全年经济增速被大幅下调（见图1）。两者间的分化趋势在第三季度进一步加大。2013 年 9 月 3 日，经济合作与发展组织（OECD）报告称，美国、加拿大、日本经济扩张加速，2013 年增长率有望在 1.5% ~ 2%。欧元区三国（德国、法国、意大利）近期复苏势头加快，年增长率可达 0.4%。同时，OECD 国家先行指数 2013 年 7 月升至 100.7，创 2011 年 5 月以来新高，且制造业持续扩张，美日采购经理人指数（PMI）均达到两年多以来的高位。新兴经济体增长则持续放缓，以"金砖五国"和印度尼西亚为代表的新兴大国整体经济增速明显下降。衡量新兴市场增长前景的汇丰新兴市场指数在 2013 年 7 月一度降至收缩区间，8 月也仅略高于 50 的荣枯分界线。

（二）物价水平"一低一高"

受内部有效需求不足和国际大宗商品价格相对平稳等影响，美国、欧元区通胀基本保持在 2% 的目标范围内，日本物价终止下跌步伐，但涨幅有限。新兴经济体因经济结构性问题、国内外宽松货币环境和汇率等综合因素影响，通胀高企。巴西、俄罗斯消费物价在 6% ~ 7% 的高位附近波动，印度物价连续 8 个月以两位数的速度上涨。

（三）国际资本流动"一进一出"

2013 年初以来，受发达国家近来稳健的复苏态势及美联储政策调整预期升温影响，国际短期资本继续从新兴经济体向发达国家回流。据新兴市场投资基金研究公司（EPFR）数据，2013 年第三季度全球新兴市场股票基金继第二季度继续大幅"失血"，而美国、日本、欧洲等发达市场资金流入明显。第三季度新兴市场股票和基金市场净流出资金 121 亿美元，其中亚洲（除日本外）、拉美、中东非洲和欧洲新兴市场净流出资金分别为 92 亿美元、28 亿美元和 15 亿美元。

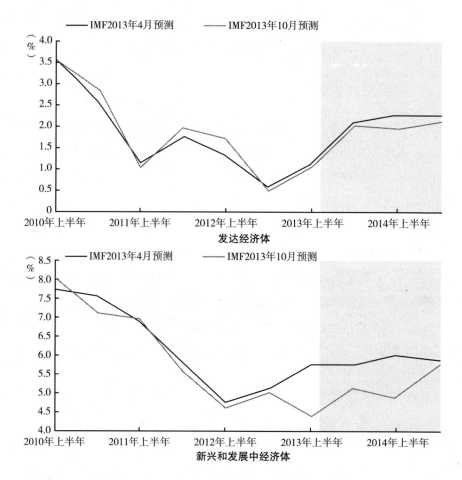

图1　IMF2013 年 4 月、10 月对发达经济体、新兴和发展中经济体经济增速预测

资料来源：IMF，《世界经济展望》（秋季报告），2013 年 10 月。

二　发达国家经济形势和抗风险能力
总体上好于新兴经济体

（一）发达国家经济结构调整取得积极进展，新兴经济体发展转型相对滞后

金融危机后，发达国家率先启动新一轮经济调整。除经历持续的"去杠杆化"外，欧美等国还提出了"再工业化"等结构性调整目标。目前来看，

发达国家经济调整效果初显。美、日私人消费重新启动，房地产市场持续复苏，欧元区出口竞争力回升，制造业采购经理人指数、工业产能利用率等指标均较上年同期有明显改善。相比之下，新兴经济体由于在危机后经济快速实现了反弹，原有经济增长模式的惯性使结构调整进程明显受到延滞。巴西、俄罗斯依然对大宗商品出口高度依赖；印度、印度尼西亚等国贸易和财政"双赤字"问题严重。在海外需求不振、资本流入逆转的背景下，这些经济体结构性矛盾凸显，导致经济增长乏力、风险上升。

（二）发达国家系统性金融风险明显减少，新兴经济体银行业隐患不断增加

金融危机和债务危机对美欧等发达国家带来严重冲击，迫使这些国家构筑起比较稳固的风险防范体系。危机后，发达国家普遍通过加强金融监管和优化金融系统资产结构等措施维护金融稳定。2013 年以来，美国银行业利润持续回升，亏损银行数量稳步下降，[①]欧元区银行业资金紧张状况也明显缓解。相比之下，新兴经济体由于缺乏完善的金融监管制度，金融体系在经济增长放缓和资本外流冲击下更显脆弱：经常账户逆差和财政赤字上升不仅导致债务融资难度加大和主权债务违约风险上升，而且导致银行系统风险不断暴露。[②]

（三）发达国家在国际市场上占据支配地位，其政策溢出效应对新兴经济体影响显著

当今国际金融市场仍是不完全竞争市场，发达国家占据支配地位，这些国家不仅拥有国际金融产品的定价权，而且以美国为代表的少数国家凭借国际货币发行权的特殊地位和"以我为主"的货币政策影响世界经济。新兴经济体作为国际金融市场的重要参与方，自身结构比较脆弱，应对能力不足，因而

[①] 2013 年第二季度，美国联邦存款保险公司承保的 6940 家银行中超过半数实现了利润同比增长，仅 8.3% 的银行出现净亏损，低于上年同期的 11.3%。

[②] 彭博数据显示，2013 年上半年印度银行业的不良贷款率已上升至 3.92%，创近五年来的新高。俄罗斯、南非银行业前景也遭到标准普尔、穆迪等国际评级机构预警。

更容易受到伤害。危机后，美联储连续推出三轮量化宽松货币政策，大量廉价资本流入新兴经济体，加大了新兴经济体结构调整和发展转型的难度。政策收紧预期上升后，资本流出又引发了新兴经济体实体经济"失血"，货币急剧贬值等负面冲击，部分新兴经济体陷入了"保增长"与"防风险"的两难境地。

（四）发达国家与新兴经济体处于不同发展阶段，结构性问题对经济的掣肘远少于新兴经济体

发达国家产业结构位于国际产业链的高端，拥有比较成熟的经济结构和金融体系，对资本流动的承受能力较强，国际大宗产品价格波动对其影响有限，一些局部的失衡可以通过市场机制自发调节实现再平衡，汇率波动对实体经济的冲击也远小于发展中国家。① 相比之下，新兴经济体对外部冲击则表现出明显的脆弱性。新兴经济体处于产业结构和消费结构低端、对国际大宗商品依赖较大，金融体系抗风险能力不足，因受经济结构不合理、传导机制不健全和市场机制不成熟等影响，局部问题比较容易积累成结构性矛盾。当前，印度、巴西等国的通胀和汇率风险问题都是其深层次问题的反映。

三 2014 年世界经济将延续缓慢增长的基本态势

（一）2014 年世界经济增速将与 2013 年基本持平或略高

近期，以 IMF 为代表的国际机构推出了《世界经济展望》。IMF 预计 2013 年和 2014 年世界经济将分别增长 2.9% 和 3.6%，比 2013 年 7 月时的预测值分别下调了 0.3 个和 0.2 个百分点。其中，发达国家这两年整体增速预计分别为 1.2% 和 2.0%，均与 7 月预测值持平；发展中国家增长率分别为 4.5% 和 5.1%，比 7 月预测值分别下调了 0.5 个和 0.4 个百分点。IMF 同时警告，2014 年世界经济下行风险依然较为突出。

---

① 2013 年日元、澳元兑美元最高贬值幅度均在 15% 以上，高于部分新兴经济体货币贬值幅度，但贬值不仅未对两国经济带来严重冲击，反而有利于两国的出口增长。

与 IMF 的预测结果相比，一些机构对 2014 年的预测更悲观，认为 2014 年世界经济增长速度可能与 2013 年基本持平：发达经济体难以实现比较强劲的增长，新兴经济体增速可能继续回落，而不像 IMF 所预期的那样出现较明显的反弹，其中，认为美国经济增长动力不足，欧元区经济增速持续较低，日本经济增速大幅下降，新兴经济体步履蹒跚。在这种情况下，2014 年全球经济增速可能仍将在 3% 上下徘徊，不会超过 3.5%。

（二）世界贸易量将保持低速增长

国际金融危机之前的 20 年间，世界贸易量年均增长 10% 以上。然而，近年来世界贸易量年均增幅低于 5%，主要发达国家的贸易额甚至还没有恢复到 2008 年金融危机前的水平。据 WTO 统计，2012 年世界贸易量增速从 2011 年的 5.2% 剧降至 2%，不仅低于历史平均水平，更低于世界经济增速（见图 2）。① IMF 预计，2013 年世界贸易量仍将保持 2.9% 左右的低增长，2014 年将恢复至 4.9% 左右。世界贸易复苏缓慢主要受全球性有效需求不足、大宗商品价格稳中趋降、国际分工调整导致加工贸易和转口贸易比重下降以及一些国家所推行的贸易保护主义政策影响。与前些年不同的是，随着发达国家和新兴经济体复苏格局的变化，发达国家可能对新兴经济体进一步施压，以促使其加入相关自贸区谈判为诱饵，迫使其在多哈回合谈判等问题上做出让步。

（三）全球大宗商品价格将稳中趋降

在经历了 2010 年和 2011 年的反弹后，全球大宗商品价格指数自 2012 年初开始回落。截至 2013 年 8 月中旬，基本金属价格指数已低于 2010 年初的水平，能源和食品价格指数则比 2010 年初略高（见图 3）。CRB 综合现货指数变化也反映了类似的趋势。

2014 年，全球大宗商品价格将稳中回落，但不同类别商品将有所区别：①受中国、印度等新兴经济体需求放缓、地缘政治紧张局势缓和、美元升值预期，以及美国能源自给能力提高等因素影响，国际油价将平稳回落。IMF 预

---

① 因统计口径不同，WTO 与 IMF 对世界贸易量的统计结果略有不同。

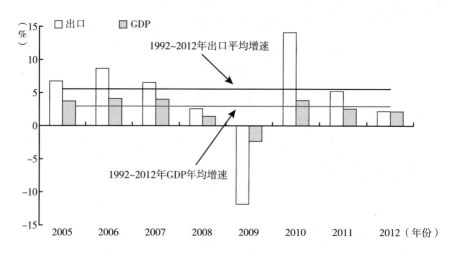

图2 2005～2012年世界货物贸易量与GDP关系

资料来源：WTO，《世界贸易报告（2013）》。

计，2014年国际油价将在2013年平均105美元/桶的基础上回落至略高于100美元/桶的水平。②受2013年全球异常天气减少、播种面积因前期价格走高而有所增加，以及油价下跌导致粮食供给能力增长等因素影响，① 全球食品价格将出现较大幅度的回落。IMF预计，2014年全球食品价格将在2013年略有上涨的基础上，下降6%左右。③与能源和食品价格相比，基本金属价格与新兴经济体经济增速有着更为密切的相关关系。受近年来全球金属矿大规模开采及新兴经济体重化工业增速回落影响，基本金属供给明显大于需求，价格将呈较大幅度的回落。IMF预计，2013年和2014年基本金属价格将分别下跌4%和5%左右。

（四）发达国家政策外溢效应将使新兴经济体面临风险

随着世界经济增长格局由新兴经济体向发达国家倾斜，2014年世界经济的重要风险源可能向新兴经济体转移，部分新兴经济体甚至存在金融危机的风

---

① 近年来，由于大量玉米被作为制造工业酒精的主要原料，从而使油价与食品价格间存在一定的相关关系。油价上涨时，就会有更多的玉米被用来提炼工业酒精，从而导致包括粮价、肉价等在内的食品价格上涨；反之，粮价和食品价格则会下跌。

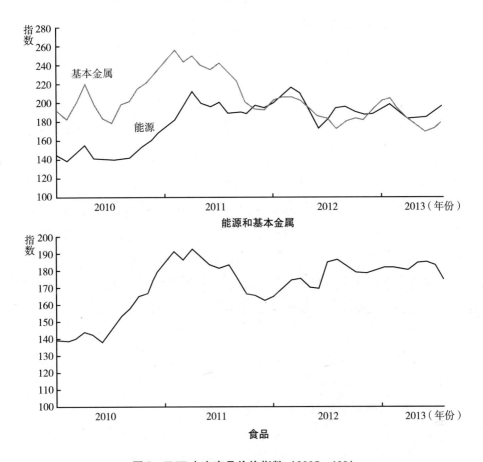

图 3　IMF 大宗商品价格指数（2005＝100）

资料来源：IMF，《世界经济展望》（秋季报告），2013 年 10 月。

险，而其始作俑者则是发达国家经济政策的外溢效应。

1. 美国财政和债务问题始终是一个世界性的风险

美国国会虽然在最后期限内就债务上限和政府停摆问题达成协议，但债务问题并没有得到根本解决，而只是向后拖延了。根据协议，国会将在 2014 年 1 月 15 日前向政府批准预算，并且将债务上限到期时间推迟至 2014 年 2 月 7 日。这无异于为 2014 年初美国财政政策的调整埋下了定时炸弹。一旦美国债务上限问题达不成协议，出现国债违约，对世界经济的冲击将不亚于国际金融危机。尽管这种风险出现的可能性较小，但它反映出当今世界经济运行机制仍然比较脆弱，全球经济治理仍处于无政府状态，少数大国不负责任的行为可能

对世界经济带来严重影响。

2. 美国缩减量化宽松政策将对新兴经济体带来更大影响

鉴于自主增长动力不断增强，2013 年初以来，美联储已多次释放退出量化宽松政策的信号。市场预计美联储可能会从 2013 年底开始缩减量化宽松规模，并在 2014 年结束第三轮量化宽松政策（QE3）。为防范美联储货币政策调整可能对本地区长期利率造成上行压力，欧洲央行、英国央行纷纷引入利率"前瞻指引"，通过承诺低利率政策的长期化来稳定借贷成本。① 相比之下，这种政策调整将对新兴经济体冲击更大。IMF 于 2013 年 10 月 9 日发布的《全球金融风险报告》强调，美国即将缩减量化宽松政策可能导致新兴经济体面临汇率和金融市场超调风险。据国际金融协会（IIF）预计，2014 年流入新兴经济体的私人资本将降至 1.11 万亿美元，比上年下降近 40 亿美元。印度、印度尼西亚、越南、巴西和南非等国因存在不同程度的财政和贸易赤字，资本外流导致的融资困难加剧，将削弱这些国家经济的抗冲击能力，并加大债务风险。而南非、巴西和印度尼西亚等资源出口大国因受全球大宗商品需求不足和价格回落等因素影响，面临的风险可能更为突出。

3. 欧洲主权债务风险仍有继续发酵的可能

尽管欧洲经济已出现了复苏迹象，但缺乏可持续性。欧洲经济能否持续增长取决于如何彻底解决欧债问题（其最彻底的方案仍在于债务重组，但核心国家商业银行不会支持此方案），而欧债危机的彻底解决由于是一个政治问题而非经济问题，因此演进过程必然是错综复杂、一波三折。2014 年，匈牙利、马耳他等高杠杆率的国家债务风险比较突出，② 并可能掀起新一轮债务风波。

4. 日本上调消费税率可能对东亚地区带来一定冲击

由于日本是东亚地区传统的出口市场，日本消费税率上调，不仅对本国消费市场产生明显的抑制作用，而且对东亚等经济体面向日本的出口将带来明显

---

① 对欧元区来说，美联储退出量化宽松政策，将对欧洲债券市场、外汇市场和股票市场带来负面冲击，延缓甚至中断实体经济脆弱的复苏进程。为此，欧洲央行不得不承诺采取相应的应对措施。

② 截至 2013 年第一季度，匈牙利和马耳他的政府债务占 GDP 比重已分别达到 82.4% 和 75.4%，接近塞浦路斯寻求援助时的水平，而且仍呈上升趋势。

冲击。此外，为最大限度减轻消费税上调对日本经济的冲击，日本政府可能会继续采取放任日元贬值的策略。这也会对出口结构与日本相似的东亚经济体带来负面影响，抑制其出口。

四 2014 年"北强南弱"的增长格局仍将持续

（一）2014 年发达经济体经济增速将略快于 2013 年

发达国家这一轮经济增长仍然主要依靠汽车、房地产及个人消费等传统领域带动，这在很大程度上是前几年受到抑制的消费和投资需求的反弹，而创新对经济增长的引领作用仍然不足。同时，居高不下的政府债务以及过度扩张性政策向常态回归等，都将对发达经济体长期增长产生较大的抑制作用。尽管如此，在短期因素的作用下，2014 年发达经济体增速仍将略快于 2013 年，美欧经济增速会有所上升，日本经济增速将明显回落。

1. 美国经济温和复苏的态势有望延续

2013 年前两个季度，在汽车、住房和私人消费等带动下，美国经济环比折年率分别增长 1.1% 和 2.5%，物价指数稳定在 2% 以内，失业率降至 7.5%以下。进入第四季度，围绕财政赤字和债务上限问题出现的长达 16 天的联邦政府"关门"，对经济产生了一定冲击。标准普尔预计，这将导致 2013 年第四季度 GDP 至少下滑 0.6 个百分点（或 240 亿美元）。预计第三、第四季度美国经济增速会逐季回调，全年温和增长。2014 年，在私人消费、房地产投资等带动下，美国经济增速有望进一步回升。IMF 预计，2014 年美国经济将增长 2.6%，比 2013 年提高 1 个百分点。

2. 欧洲经济有望实现微弱增长

2013 年第二季度，欧洲经济结束"二次探底"，开始进入恢复性增长阶段。德、法等大国经济表现抢眼，西班牙、意大利经济降幅不断缩小。除希腊等个别国家外，其他深陷债务危机的外围国家几乎都出现了复苏迹象。从第三季度的情况看，欧元区经济信心指数、制造业采购经理人指数等先行指标持续改善，失业率出现缓慢回落迹象。虽然德国经济基本面依然良好为欧元区经济

改善提供了支撑，但希腊、西班牙、意大利等国债务负担仍十分沉重，政府减赤压力巨大，重债国疲弱的经济态势将抑制整体经济的回升力度。预计2014年欧盟经济有望实现1%左右的增长，增速可能不及IMF预期的1.3%。

3. 日本经济快速回升势头难以持续

2013年上半年，在安倍经济学带动下，日本经济出现了久违的"高增长"。前两个季度GDP折年率分别增长4.1%和3.8%。但是，由于作为安倍经济学"第三支柱"的"新经济增长战略"难以触及深层次的结构性问题，安倍经济学充其量也不过是一次名不副实的经济刺激政策，日本经济前景并不被看好。对2014年经济影响最大的莫过于将于2014年4月新财年伊始推出的上调消费税率政策。届时，消费税率将由目前的5%提升至8%。[①] 据日本政府测算，消费税上调1个百分点，经济增长率将下降0.5个百分点。消费税率上调除下拉经济增速外，还将推升物价。[②] 尽管为缓解冲击，日本政府拟出台5万亿日元经济对策方案，并承诺继续采取超宽松的货币政策，但前景仍不容乐观。受上述因素影响，2014年日本经济将从2013年的2%以上明显减速。在不出现大的风险的情况下，增长率可能在1%左右。

（二）2014年新兴经济体仍将保持弱增长势头

2012年以来，新兴经济体增速普遍下滑，巴西和印度等少数经济体甚至出现了"硬着陆"。进入2013年，新兴经济体增速继续回落。第二季度，印度经济增速进一步下滑至4.4%，为2009年以来的最低水平。俄罗斯第三季度经济接近零增长，全年增速将低于1.8%的预期。前几年表现较好的印度尼西亚，第二季度经济增长率为5.8%，连续4个季度下滑。部分新兴经济体面临着与亚洲金融危机时相似的问题：经常账户赤字和财政赤字问题比较突出。巴西、印度、印度尼西亚、南非和土耳其等国经常账户不断恶化，从而不得不依靠短期外资来支撑经常账户赤字。同时，这些新兴经济体也面临着财政赤字扩大、通货膨胀高企、企业债务上升等问题。当外资流入开始逆转时，这些国

---

① 1997年，日本消费税率由3%增至5%，是导致当年经济衰退和亚洲金融危机恶化的直接原因。

② 日本央行预测，将推动2014财年消费物价同比增长3.3%，超出2%的目标。

家的货币大幅贬值。为了遏制外资流出，除直接在外汇市场上进行干预外，不得不提高利率。2013 年以来，印度尼西亚、巴西和印度等国多次加息，[①] 高利率在抑制投资和消费需求的同时，也使经济增速进一步下滑。

　　虽然从长期看，新兴经济体增长潜力较大，仍将是世界经济增长的重要动力，但从中期看，新兴经济体的调整期才刚刚开始，预计调整将经历 3~5 年的时间。这期间，新兴经济体前景并不被看好。IMF 预计 2014 年新兴经济体增速为 5.1%，比 2013 年提高 0.6 个百分点，实际增速也许更为悲观。

---

① 截至 2013 年 10 月初，巴西已 5 次加息，累计加息幅度达 225 个基点；印度央行除分别上调边际贷款工具利率和银行利率外，也于 9 月宣布 2011 年以来的首次加息；6 月以来，印度尼西亚已 4 次加息，基准利率高达 7.25%，为四年来的最高点。

G.13

2013 年国际金融市场形势分析与 2014 年展望

赵硕刚*

摘 要:

2013 年以来,国际金融市场总体平稳,但阶段性和局部性震荡加剧,发达国家与新兴市场国家"北强南弱",国际资本流向逆转,发达经济体货币政策调整及美国财政谈判僵局对金融市场走势影响显著,全球整体延续低利率信贷环境,但出现结构性分化。展望 2014 年,发达经济体财政风险不减、美国货币政策调整前景不明、部分新兴经济体结构性矛盾突出是影响全球金融市场的三大风险。在 2014 年世界经济延续总体缓慢复苏、保持"北强南弱"态势的前提下,发达国家与新兴经济体资产价格走势将继续分化,国际资本流向变化也将更趋频繁,全球流动性环境虽整体宽裕,但格局将有所改变。

关键词:

国际金融市场 资本流动 量化宽松

一 2013 年全球金融形势基本特征及其市场表现

(一)全球金融形势基本特征

1. 国际金融市场总体平稳,但阶段性和局部性震荡加剧

由于美国成功避免跌落财政悬崖及欧债问题趋于缓和,2013 年以来国际

---

* 赵硕刚,经济学硕士,国家信息中心经济预测部,研究方向为世界经济。

金融市场总体相对平稳，以发达经济体股市为代表的高风险资产价格持续回升，欧元区重债国国债风险溢价不断收窄，整体市场较上年有所改善。但同时，世界经济复苏基本面的复杂性和政策面的不确定性决定了趋势向好的基础仍十分脆弱。2013 年 6 月和 10 月，分别因美联储量化宽松政策退出预期急剧升温和美国政府"关门"及债务违约风险加大，国际金融市场出现阶段性动荡，这一期间全球股指普遍下挫，芝加哥选择权交易所波动率指数（VIX）短时间大幅跳升。而且在流动性充裕环境及国际资本短期投机性影响下，部分资产价格波幅扩大，黄金期货价格、日本国债收益率等都曾连续剧烈震荡。

2. 发达国家和新兴市场国家"北强南弱"，国际资本流向逆转

受发达国家自主增长动力增强及新兴经济体持续结构性减速的影响，2013 年全球经济增长呈现"北升南降"格局，国际金融市场因此也出现"北强南弱"局面。新兴经济体不仅股市表现明显弱于发达国家，而且本币兑美元、欧元大幅贬值，债券市场融资成本普遍上升。与此同时，国际资本在新兴经济体增长放缓和美联储货币政策调整预期升温的情况下，国际资本持续回流到发达国家。据美国新兴市场基金投资研究公司（EPFR）数据，新兴市场国家股票和债券基金自 2013 年 4 月后出现资金净流出持续扩大，并在 6 月达到最高的 325 亿美元，直至 9 月美联储意外宣布维持量化宽松规模不变后，这一"失血"状况才有所改善。

3. 发达经济体货币政策调整及美国财政谈判僵局成为扰动全球金融市场的主要因素

2013 年前 5 个月，在日本央行将采取更为激进的量化宽松政策预期推动下，日本股市大幅上涨，日经 225 指数涨幅最高超过 40%。同时，日元兑主要货币急剧贬值，引发国际外汇市场波动，一度使全球濒于货币战的边缘。2013 年 5 月以来，美联储货币政策向正常化回归的预期对全球金融市场造成持续性影响，国际大宗商品价格整体因美元流动性前景不明而上行乏力，黄金等贵金属价格更数次大幅下挫，尤其是在伯南克提出量宽政策可能退出的时间表后，全球股市集体回落。这造成的资本外流和本币贬值还导致部分新兴经济体金融风险显著上升。进入 10 月，因美国联邦政府"关门"及国债违约风险上升，再次引发国际金融市场动荡。

4. 全球整体延续低利率信贷环境，但出现结构性分化

2013 年以来，由于世界经济复苏缓慢且通胀压力有限，全球基本延续了国际金融危机以来的宽松信贷环境，以伦敦银行间同业拆借利率（LIBOR）为衡量的全球贷款方及债券发行人参考利率持续下降，10 月下旬已降至 0.24% 左右的历史低位。但同时，受世界经济多方复苏格局及主要经济体货币政策分化影响，全球利率走势出现结构性分化：一是发达与新兴经济体分化。继日本 4 月实施激进量化宽松政策以压低信贷利率后，欧洲央行、英国央行先后引入利率"前瞻指引"，稳定市场中长期利率预期。美联储也表示即便在量化宽松政策退出后，也将长期保持基准利率维持在近于零的水平上。新兴经济体则因通胀和本币贬值压力加大而被迫加息。巴西年内 5 次加息，累计幅度达 225 个基点，印度央行除上调边际贷款工具利率和银行利率外，9 月宣布 2011 年以来的首次加息。二是短期与长期利率分化。尽管 2013 年内发达经济体金融市场短期利率水平仍保持稳定，但随着美联储量化宽松政策退出预期增强，以中长期国债衡量的长期借贷成本开始上升，除 10 年期美债收益率升至近两年高位外，欧元区核心国家德、法国债收益率也较年初有不同程度上升。

（二）全球主要市场走势

1. 发达与新兴经济体股市分化，美、德股指创出历史新高

得益于宏观经济及企业赢利状况改善，发达国家股市整体上升。截至 2013 年 10 月下旬，摩根士丹利国际资本公司编制的 MSCI 美国指数、欧洲指数和日本指数年内分别上涨了 23%、19% 和 24%。其中，美国道琼斯工业平均指数和标普 500 指数在年初突破国际金融危机前创下的历史高点后继续刷新收盘价纪录；欧元区经济"火车头"德国的 DAX 指数也在 5 月刷新历史高点，并进一步上扬。相比之下，新兴经济体股市整体表现低迷，MSCI 新兴市场指数年内下降超过 2.3%。其中，5~7 月新兴市场国家股市跌幅显著，巴西 IBOVESPA 指数 7 月初一度跌至 44107.06 点（见图 1），创国际金融危机以来的新低。

2. 美元、欧元相对稳定，日元、澳元及新兴经济体货币显著贬值

在全球主要货币中，2013 年以来，欧元兑美元汇率波动虽较上年有所扩

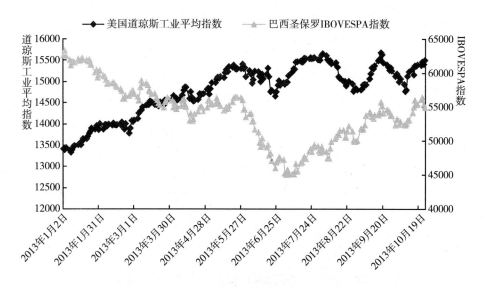

图 1   美国和巴西股指走势

资料来源：Wind 资讯。

大，但总体稳定在 1.29∶1 ~ 1.35∶1 的区间。一方面，美国经济向好和美联储货币政策回归常态化预期令美元币值受到支撑；另一方面，欧债问题相对平稳及其他非美元货币的弱势表现使欧元成为外汇市场风险偏好回升时的最佳选择，欧元兑美元汇率因此在此消彼长的交替波动中保持稳定。日元、澳元则分别因日本货币政策导致的贬值预期和澳大利亚基本面前景趋黯及由此引发的降息预期而明显贬值。其中，日元兑美元汇率 5 月时最低触及 103.73∶1，创 2008 年 10 月以来的新低，较年初贬值 19.68%。澳元自 4 月开始持续贬值，8 月澳元兑美元汇率最低降至 0.8846∶1，创 2010 年 8 月以来的最低点。与此同时，新兴经济体货币 5 ~ 8 月在资本外流冲击下迎来国际金融危机以来的第三轮贬值潮，南非兰特、巴西雷亚尔兑美元贬值幅度分别达到 14.3% 和 19.1%，印度卢比兑美元贬值更超过 22%，并不断创出历史新低（见图 2）。

3. 美国国债收益率上升，欧元区重债国融资成本回落

自美联储释放出缩减量化宽松信号后，美国国债需求预期减弱推动收益率持续上升，10 年期国债收益率 9 月初一度达到 2.98%（见图 3），创两年多新高。受美联储政策溢出效应影响，同期德、法 10 年期国债收益率也分别升至

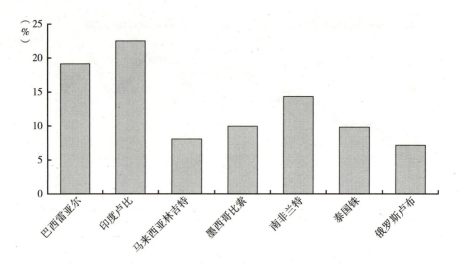

图2　2013年5～8月主要新兴市场国家货币兑美元贬值幅度

资料来源：Wind 资讯。

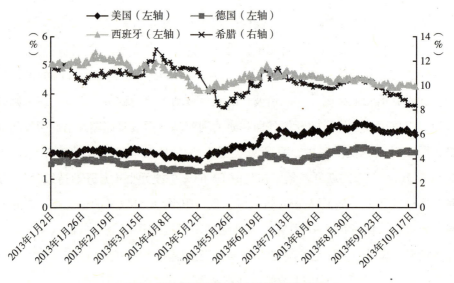

图3　美欧部分国家10年期国债收益率

资料来源：Wind 资讯。

2013年7月以来的高位。日本国债因日本央行激进货币政策影响，第二季度出现大幅波动。日本国债收益率暴涨暴跌还罕见地引发了国债期货市场的剧烈波动，导致东京证券交易所数次启动熔断机制。与此同时，由于欧洲债务问题相对平稳且重债国巩固财政计划执行总体顺利，希腊、西班牙等国家国债相对于欧元区核心国的风险溢价继续收窄，到 10 月下旬，希腊、西班牙 10 年期国债收益率分别保持在 8% 和 4.3% 上下，较年初下降近 380 个和 70 个基点。

二 影响 2014 年国际金融市场的主要风险

（一）发达经济体财政风险依然是威胁全球金融稳定的重要因素

首先，美国政府"关门"及债务违约风险尚未解除。10 月，由于美国国会达成的协议仅是将政府"开门"及债务触及上限时间分别延后至 2014 年 1 月 15 日和 2 月 7 日，并未从根本上弥合两党在减赤问题上的分歧。因此，美国在 2014 年初仍将再度面临政治谈判僵局，从而冲击国际金融市场。其次，欧元区政府债务比重仍在上升，重债国政局动荡可能引发欧债危机反复。据 IMF 预测，2014 年欧元区政府债务占 GDP 比重将进一步升至 95.3%，再创历史新高，欧元区国家面临的财政巩固压力依然严峻。同时，受债务和增长双重危机影响，重债国国内社会矛盾加剧，部分国家多党联合政府执政基础脆弱，极易因政局动荡触发欧债危机短期内急剧恶化。再次，安倍经济学加剧日本政府债务风险。在安倍财政刺激政策推动下，2013 年日本政府债务已经突破 1000 万亿日元，占 GDP 比重接近 250%，居发达国家之首。不断累积的政府债务已成为日本财政的沉重负担，2013 年度日本国债还本付息占经常性财政支出的近 1/4。同时，随着日本通胀率回升，国债民间需求下降和长期收益率上升压力增大，将使安倍经济学陷入财政赤字货币化困境，从而进一步加大日本政府的债务风险。

（二）美国货币政策调整前景不明令国际金融市场不确定性上升

9 月，由于美联储并未如市场预期开启量化宽松政策退出进程，加之两党谈判僵局波及美国 2013 年第四季度及 2014 年经济前景，未来美国货币政策走向不确定性加大。一方面，美国经济温和复苏的基本面尚未出现根本改变，制造业采购经理人指数、消费者信心指数等先行指标仍处于危机以来的高位；房地产市场在抵押贷款利率上升的背景下依然延续复苏态势，房屋销量和售价仍处于上升通道。驱动美联储货币政策回归正常化的主导因素依然存在。另一方面，由于国会两党仅达成过渡性法案，造成美联储 9 月维持货币政策不变的所谓财政不确定性问题在 2014 年初之前将一直存在。不仅如此，受政府关门导致的经济放缓及部分经济数据发布滞后影响，美联储可能需要更长时间评估经济运行状况。此外，耶伦被认为是美联储中的"鸽派"，她当选下一任主席后也可能延长当前的超宽松货币政策。因此，2014 年美联储退出量化宽松政策的大方向可能不会改变，但在退出的力度和节奏上或将明显慢于伯南克 2013 年 6 月提出的时间表，由此引发的不确定性也将对国际金融市场造成持续性影响。

（三）部分新兴经济体结构性问题凸显加大地区性金融风险

随着世界增长格局由新兴经济体向发达国家倾斜，全球风险格局将出现反转，新兴经济体可能成为世界金融市场中的新风险源。2014 年新兴经济体内部增长动力疲弱、结构性矛盾突出的问题仍将存在，外部美联储量化宽松政策退出的预期难以消减。在增长放缓、资本外流和本币贬值三者叠加下，部分国家金融乃至实体经济可能出现危机，并波及所在区域的经济稳定，冲击国际金融市场。目前来看，三类国家面临的风险最大，一是高杠杆率国家。如欧盟中的匈牙利、马耳他两国政府债务占 GDP 比重在 2013 年第一季度已分别达到 82.4% 和 75.4%，接近塞浦路斯寻求援助时的水平，而且仍呈上升趋势。由于与欧元区其他成员国经济联系密切，这些国家债务违约风险上升可能成为欧债问题的新导火索。二是"双赤字"国家。印度、印度尼西亚、越南、巴西、南非等国均存在不同程度的财政和贸易赤字问题，资本外流导致的融资困难加剧将削弱这些国家经济的抗冲击能力，并加大对外偿债能力的不确定性。三是资源型出口国家。由于全球需求不振及美联储缩减量化宽松预期导致的美元中长期走强可能推低大宗商品价格，从而令南非、巴西、印度尼西亚等资源出口大国经常项目进一步恶化，更加依赖资本项目融资，进一步加重偿债压力，加大经济脆弱性。

三 对 2014 年国际金融市场形势基本判断

2014 年世界经济将延续总体缓慢复苏态势和"北强南弱"格局,由此也将导致全球资产价格格局、国际资本流动格局以及流动性格局进一步调整。

(一)全球金融市场持续改善,发达与新兴经济体继续分化

2014 年,尽管美国财政谈判和美联储货币政策退出的不确定性都将对国际金融市场造成一定影响,但整体来看,由于世界经济复苏有望在发达国家带动下有所加速,全球金融市场环境总体将进一步改善。据 IMF 预测,2014 年全球经济增速将达到 3.6%,比 2013 年回升 0.7 个百分点。其中,发达国家增长加快 0.9 个百分点,发展中国家提高 0.4 个百分点,绝对增速仍处于危机以来的低位。受此影响,发达与新兴经济体资产价格表现也将继续呈分化态势。发达国家股市在企业赢利能力提高、居民收入改善及市场信心恢复的推动下,有望稳中有升。货币汇率波动将总体稳定,美元在美联储退出量化宽松预期支撑下可能阶段性走强,欧元因欧元区经济恢复增长及欧债问题缓和而受到支撑。日元虽仍将处于近年低位,但经济企稳和消费税上调将有助于汇率保持平稳。新兴市场国家股指随全球经济环境改善可能较 2013 年有所回升,但经济增长乏力导致的信心不足和美联储政策退出及国内加息引发的流动性忧虑将使股市相对弱势,货币也可能出现间歇性贬值。此外,澳元、加元等商品货币由于与新兴经济体经济和大宗商品价格走势关系密切,可能相对波动较大。

(二)新兴经济体资本流入进一步降低,国际资本流向变化更趋频繁

2014 年,在全球经济增长格局变化及美联储政策调整预期影响下,国际资本流动格局将继续调整。在中长期资本方面,世界经济复苏加速有助于刺激全球投资活动回升。联合国预计,2014 年全球对外直接投资(FDI)流量将达到 1.6 万亿美元,比 2013 年提高 1500 亿美元左右。由于发达国家更具相对增长优势且"再工业化"、页岩气革命提升产业竞争力,全球 FDI 活动将更多地

集中于发达经济体，新兴经济体 FDI 流入则进一步放缓。国际金融协会（IIF）预计，2014 年流入新兴经济体的私人资本将降至 1.11 万亿美元，比 2013 年下降 330 亿美元。在短期资本方面，受发达国家股市收益上升及美联储退出量化宽松预期影响，跨境投机资本也将更多地流向发达国家，而且由于美国货币政策退出存在不确定性，市场预期变化可能导致国际资本在发达和新兴经济体间的流向变动更为频繁。

（三）全球流动性环境总体宽裕，日元资金将成为流动性增量主要来源

由于发达国家利率水平仍将保持在国际金融危机以来的历史低位，2014 年全球流动性总体依然宽裕。这将为全球经济复苏提供有利的货币信贷环境，尤其是跨国融资的迅速发展在一定程度上缓解了新兴经济体国内利率上升和经常项目逆差扩大的压力。据国际清算银行（BIS）报告，2013 年第一季度，发达国家银行业对中国、巴西和俄罗斯的跨国贷款快速增加，新兴经济体占银行间贷款的比重大幅提高。但与此同时，发达国家非常规货币政策的调整也将对流动性格局产生一定影响。受欧元区银行业归还长期再融资操作贷款影响，欧洲央行资产负债表规模已经连续 15 个月下降，目前已降至 2011 年 11 月的水平。如美联储 2014 年启动量化宽松退出进程，那么资产负债表扩张步伐将逐步放缓，对市场的流动性供给也将降低。日本央行出于刺激经济增长、保持通胀和日元贬值预期的考虑，仍将维持积极量化宽松政策，而且为缓冲 2014 年消费税上调影响，日本央行不排除进一步扩大国债购买规模的可能。因此，日元流动性释放将成为 2014 年全球流动性增量的主要来源。据 BIS 数据，截至 2013 年第一季度，日系银行已成为全球最大的海外贷款方，在全球跨国贷款中占比达到 13%。未来日元流动性对全球金融市场的影响可能将显著上升。

G.14

世界贸易新格局的雏形正在形成

张晓兰*

摘　要：

世界贸易组织（WTO）成立以来，极大地打破了生产要素跨国流动的限制，促进了国际贸易的快速发展。但由于各方利益分歧，2001 年启动的多哈回合谈判步履维艰，WTO 框架下传统的多边贸易影响力逐渐减弱。在此背景下，各成员国纷纷转向自由贸易协定（FTA）谈判。2008 年国际金融危机爆发后，以美国为主导的跨太平洋伙伴关系协定（TPP）和跨大西洋贸易与投资伙伴协定（TTIP）等谈判大有取代现有的 WTO 平台之势，预示着全球贸易格局将要发生根本性变化——一个以区域贸易安排（RTA）为主体、以 FTA 为主要形式的国际贸易新格局正在形成，并对我国带来严重影响。

关键词：

多边贸易体系　自由贸易区　TPP　TTIP

一　世界贸易格局的新变化和新特征

（一）国际贸易增长放缓，新兴经济体比重明显上升

国际金融危机后，全球贸易遭受巨大冲击。IMF 数据显示，2009 年全球商品和服务贸易额降幅超过 10%，创 30 年来最大降幅。此后，随着世界经济

---

* 张晓兰，经济学博士，国家信息中心经济预测部，研究方向为世界经济。

缓慢复苏，全球贸易渐趋恢复，但除在 2010～2011 年出现恢复性高增长外，国际贸易增速不仅较危机前显著放缓，而且与全球经济增速间的差距明显收窄（见图1）。其中，2012 年和 2013 年全球贸易额仅分别增长 2.7% 和 2.9%，基本接近世界经济增速。同时，由于新兴经济体出口总体上保持较快增长，占全球贸易的比重进一步提升。WTO 报告显示，到 2012 年，发展中国家已占据全球贸易的近一半份额。但也要注意到，受发达国家与新兴经济体增长趋势分化影响，2013 年发达国家出口增速有所回升，新兴国家则继续放缓，全球贸易格局在"东升西降"的大趋势中可能会出现一定的反复。

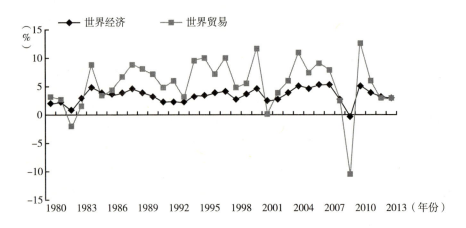

图1　世界经济和贸易增速的变化

资料来源：IMF。

（二）多边贸易谈判停滞不前，区域经济合作蓬勃发展

自从 2001 年启动"多哈回合"谈判以来，以 WTO 为代表的全球多边贸易体制一直未能消除各国在农业和非农产品市场准入两大关键领域中的严重分歧。随着国际金融危机爆发，世界经济增长乏力和全球保护主义升温，大大增加了多边贸易体制建设的难度，WTO 甚至面临被边缘化的风险。但与此同时，以区域贸易安排（RTA）为主体的区域经济合作加速发展。截至 2013 年 7 月，向 WTO 通报且已经生效的 RTA 已达到 379 个，其中 90% 为自由贸易协定（FTA）和局部自由贸易协定。而且，随着国家间的竞争向区域经济集团间的

竞争转变，区域贸易安排已成为各国争取市场资源、扩大发展空间和提升国际地位的战略手段。一方面，区域贸易自由化逐步突破地域限制，地理范围由传统的相邻国家发展为跨地区、跨大洋的国家，呈现"以点代面"或"以点代片"的特点，表明在国际贸易全球化或区域化发展比较困难的条件下，点对点的贸易自由化发展方式更趋灵活。另一方面，世界主要贸易大国成为发展 RTA 的重要推手。美国在亚洲积极推动建立跨太平洋伙伴关系协定（TPP），2013 年初又与欧盟启动了跨大西洋贸易与投资伙伴协定（TTIP）谈判。日本除宣布加入美国 TPP 谈判外，还与中韩、东盟等国家和地区进行自贸区谈判。

（三）全球贸易结构深入调整，服务贸易发展方兴未艾

国际金融危机之后，随着全球产业和经济结构的变化，世界贸易结构也进入深入调整阶段。首先，发达国家借助扩大出口实现产业结构调整和经济复苏的目标。金融危机后，发达国家开始注重实体经济发展。美国通过"再工业化"措施振兴制造业，并提出"五年出口倍增计划"，以期在拉动经济复苏的同时，带动制造业出口增长。欧盟重债国尽管仍深陷衰退泥潭，但出口竞争力在经济下滑和劳动力成本下降的作用下已有所恢复，出口增长成为 2013 年推动这些国家经济出现好转的重要因素。此外，日本出口在安倍经济学的刺激下也实现了显著增长，带动日本经济在 2013 年前两个季度增长明显加速。其次，伴随着各国产业结构的优化升级，全球服务贸易发展迅猛。近十年来，国际服务贸易规模已经从 2000 年的 1.4 万亿美元扩大到 2011 年的 4.2 万亿美元，占全球贸易的 19%。如果按增加值计算，服务贸易部门比重更将升至 46%。在行业结构上，服务贸易日益向金融、保险、电信、信息、咨询等新兴服务业倾斜，传统的运输业、旅游业所占份额持续下降。在地区分布上，发展中国家服务贸易所占份额继续扩大，东亚地区的增长尤其显著。

（四）全球贸易规则加速重构，贸易投资一体化趋势明显

随着世界经济深入调整，全球贸易秩序和规则正孕育重大转变。传统的贸易自由化是以取消货物贸易壁垒为目的，而美欧均倡导实现"21 世纪的贸易

自由化",其开放重点不仅仅局限于货物贸易,还包含服务贸易、政府采购、标准与认证、竞争政策以及知识产权等全新领域。同时,全球构建贸易和投资规则的重点也从贸易领域向投资领域转移,表现为以贸易规则谈判为主体的WTO全球多边贸易体制的影响力正在逐渐减弱,取而代之的是贸易规则谈判和投资规则谈判并重的各类双边、多边和区域性贸易与投资体制安排,如TPP、TTIP等,后者更明确地将投资伙伴关系列为与贸易伙伴同等的地位。另外,在全球产业分工进一步细化、全球价值链进一步延伸的背景下,跨国公司作为国际贸易投资主体的地位得到进一步加强。联合国报告显示,由发达国家跨国公司主导的全球价值链内的贸易已经占到全球贸易的80%。总之,不论是货物贸易还是服务贸易,未来自由贸易和贸易保护仍将相互交织,国际贸易格局将逐步出现以"区域自由贸易协定"为核心的区域经济一体化新趋势。

二 推动世界贸易新格局加快形成的主要因素

上述世界贸易新格局的变化,实质在于经济全球化与区域经济一体化的地位和影响力出现交替变化,贸易与投资的融合进一步加深,服务贸易较货物贸易的重要性显著提升。具体来说,主要有以下几方面原因。

(一)贸易保护主义不断升温,并向投资领域扩散

历次经济危机后,贸易保护主义都会升温,但国际金融危机后的贸易保护主义再度抬头,其影响更甚于以往的危机。WTO 统计数据显示,1998 年亚洲金融危机和 2008 年国际金融危机是全球货物贸易中两个反倾销、反补贴高峰,分别占这期间全球发起案件总量的 14.1% 和 24.7%。2008 年金融危机后,国际市场竞争愈演愈烈,反全球化呼声高涨,贸易保护主义不断升温。除了传统的贸易保护手段外,新的贸易保护措施致使全球各类贸易摩擦不断增加。与此同时,贸易摩擦也从产品延伸到产业、从贸易政策发展到投资政策。贸易保护主义在阻碍世界经济复苏和稳定增长的同时,也在一定程度上推动了美国和欧盟等发达经济体将发展重心转向区域经济一体化上。

（二）多边贸易协调难度加大，区域贸易安排随之兴起

多哈回合谈判陷入僵局后，发达国家与发展中国家在农业、服务业等领域的矛盾凸显，导致多边贸易协调机制的影响力下降，WTO 面临被边缘化、被架空的危险。与此同时，在后危机时期，随着各国将关注的重点开始转向气候变化、环境保护、低碳经济以及新材料与新技术的研发和应用等方面上，越来越多的国际组织和非政府组织参与了规则的制定过程，从而使多边贸易体系在世界经济和国际贸易中的地位及影响力被不断削弱。在此背景下，区域贸易安排由于其具有的多样性和灵活性特征，在大国主导下得到了较快发展。

（三）贸易方式出现新变化，产业间贸易的重要性再度上升

国际金融危机后，经济全球化的发展受阻，国际分工的模式也出现了新变化。以产业链内部各环节按比较优势发展起来的产业内贸易受到削弱，跨国公司对国际贸易的主导方式发生了新变化。一方面，随着生产率提高和劳动力成本上升，一些新兴经济体逐渐从初级产品出口国向工业制成品出口国过渡，从产品贸易向服务贸易拓展，在产业链中的位势不断提高；另一方面，随着发达国家再工业化进程的加快和能源成本的下降，以及劳动生产率的提高，其在高端制造领域的优势再度显现。在此背景下，发达国家跨国公司在加快向成本更低的发展中国家投资的同时，更加注重向发达国家回流，新兴经济体跨国企业也加快向发达国家投资，由此导致产业内贸易比重不断缩小、产业间贸易比重不断上升、发达国家间开展贸易与投资合作的必要性显著提高。

（四）区域经济一体化深入发展，对传统贸易格局带来挑战

20 世纪 90 年代以来，伴随着美加墨自由贸易区的建立、欧盟的东扩以及中日韩三国分别与东盟建立自由贸易区，区域经济一体化在不断深化。在区域经济一体化发展过程中，国际贸易流向也发生了变化，区域内贸易在国际贸易中的比重上升，国家之间的竞争开始向区域集团之间的竞争演变。在多哈回合谈判陷入僵局和国际金融危机的背景下，美欧推动以其为主导的国际贸易和分工的迫切性明显上升，从而使 TPP 和 TTIP 等谈判提上议程。显然，作为推动

国际贸易发展的两股重要力量,经济全球化和区域经济一体化的作用和影响力已在交替上升。区域经济一体化的发展,使与之相适应的 RTA 占据更重要的地位,以至于与经济全球化相适应的多边贸易体系发展受挫。

三 世界贸易新格局对我国的影响

作为传统贸易格局的重要受益者之一,世界贸易新格局的变化,给我国带来多方面影响和挑战,主要表现在以下四个方面。

(一)阻碍我国自贸区的建设进程

近年来,为克服多边贸易体制的局限性,我国积极参与自贸区建设。但从我国目前参与的谈判和自贸区建设情况看,在美欧日等为主导的国际贸易新格局影响下,我国自贸区建设将面临更大的困难。首先,我国自贸区数量少且涵盖地域范围小,主要集中在亚洲、大洋洲和中美洲,欧美等主要市场没有涵盖在内;其次,欧美在推进 TPP 和 TTIP 的同时,还积极推进双边投资协定(BIT)、服务贸易协定(TISA)等,其内容丰富多样,远超过中国与 FTA 伙伴的谈判内容。

(二)加剧我国与发达国家间的贸易摩擦与争端

美日欧等发达国家将注意力转向区域内自由贸易,不可避免地将对我国商品出口和对外投资带来一定的歧视和排斥。TPP 和 TTIP 等美欧主导的新贸易协定虽然降低了内部贸易壁垒,但对区外经济体来说则意味着更高的壁垒,增加我国对区域内国家出口的压力,从而加剧了我国与发达国家间的贸易摩擦和争端。这意味着在贸易转移效应作用下,我国对外贸易环境将在一定程度上出现恶化。

(三)使我国在未来国际贸易竞争中处于被动地位

随着美日欧 TPP 和 TTIP 谈判的加快,我国有在新贸易格局中被边缘化的风险。我国前 10 位的主要贸易伙伴都参与了 TPP,美欧作为我国两个最大的出口市场也被纳入 TTIP。这使得我国在未来的国际贸易竞争中处于不利地位。

（四）对我国国内商业规则带来新的挑战

国际贸易新格局将催生一批新规则，挑战我国国内商业环境。这是因为以美日欧为主导的自贸区协议将在很大程度上用其国内规则来取代原有的世界规则，从而抬高国际贸易新规则的标准。这将增加我国企业进入欧美市场的难度。这意味着在知识产权保护、金融监管、政府采购、环境与劳工标准等方面，可能迫使我国接受新的国际规则，对我国国内的商业规则带来一定的冲击。

尽管如此，我国必须以更大勇气迎接国际贸易新格局带来的挑战。我国内部市场潜力巨大，任何一个国家或区域性贸易集团对此都不会轻视。这是我国加快自贸区建设的最大优势所在。同时，国际贸易新格局的形成也有助于我国以更高标准的贸易规则倒逼国内市场改革，加快贸易发展方式转变。在新形势下，我国需要积极调整对外经济战略，力争使国际贸易格局的新变化成为我国开拓国际贸易空间的新契机，成为我国扩大对外合作的新的红利所在。为此，一方面，我国应加强多双边和区域贸易合作，成为新的世界贸易格局的重要参与方，积极参与和支持东盟推进区域全面经济伙伴关系（RCEP），进一步深化与包括金砖国家在内的新兴经济体贸易和投资合作；另一方面，作为 WTO 成员国，我国应积极参与 WTO 框架内的多边贸易谈判，推动多哈回合谈判向前发展。此外，我国还要加快构建"中国版图"的自由贸易区网络，深化与自由贸易伙伴的经贸合作，进一步推进自由贸易园区的建设试点。

G.15
2013 年国际大宗商品价格走势分析
与 2014 年展望

王江昊*

摘　要：

2013 年，全球经济延续了 2012 年的温和复苏态势，但主要经济体之间的经济增速出现分化，全球金融危机以来的"双速"复苏格局发生调整：发达经济体复苏态势稳固，复苏进程逐步加快，而新兴经济体的经济增速明显放缓，并饱受通胀、资本外流、金融和财政风险上升等问题困扰。在此背景下，2013 年国际大宗商品市场相对低迷，主要商品价格都呈现出弱势整理的格局。展望 2014 年，由于主要新兴经济体复苏势头减弱，美国可能退出量化宽松政策，大宗商品价格上涨动力不足，仍将基本维持在目前的水平上。

关键词：

大宗商品　经济增速　量化宽松　弱势整理

一　2013 年国际大宗商品价格走势分析

（一）国际大宗商品市场总体形势

2013 年国际大宗商品市场相对低迷，主要商品价格都呈现出弱势整理的格局。如图 1 所示，与 2012 年的大幅波动相比，2013 年主要商品价格走势相

---

* 王江昊，国际关系学硕士，国家信息中心经济预测部，主要从事世界经济和全球气候变化方面的研究。

对平稳，并在 2012 年的基础上略有下降，反映出市场对世界经济复苏进程缓慢，尤其是对主要新兴经济体转型和结构调整未见成效、增长动力不足、财政和金融风险上升的担忧。同时，美联储可能削减量化宽松规模的表态也在一定程度上制造了美元供应量即将收紧的预期，对大宗商品价格形成压制。

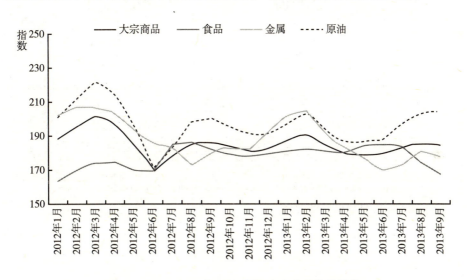

图 1   2012 ~ 2013 年 IMF 国际大宗商品价格指数

数据来源：IMF 初级产品价格统计。

从国际货币基金组织的初级产品价格统计来看，大宗商品价格综合指数在 2013 年起伏不大，1 ~ 9 月，谷底相对峰值的波动幅度仅为 6.2%。按商品类别来看，原油价格波动最小，波动幅度为 9%；食品价格波动幅度为 9.2%；基本金属价格波动幅度略大，为 17.3%。本文将重点分析基本金属、粮食和黄金的价格走势，对原油价格走势的研究分析将由其他专题完成。

（二）主要基本金属价格走势

2013 年，主要基本金属价格明显呈现出下探走势。如图 2 和图 3 所示，伦敦金属交易所（LME）铜价格的谷峰差达到 1635 美元/吨，谷底相对峰值下降 19.7%；金属锌的谷峰差为 391 美元/吨，谷底相对峰值下降 17.7%；金属铝的谷峰差为 403 美元/吨，谷底相对峰值下降 22.8%。

以伦敦金属交易所铜价格走势为例。2013 年 1 月铜价呈现高位震荡格局，价

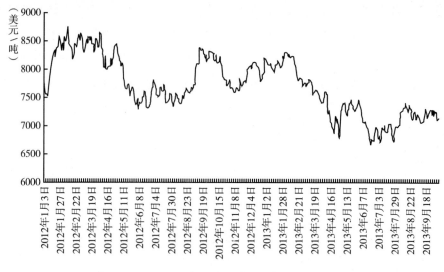

图 2　2012～2013 年伦敦金属交易所铜的价格走势

资料来源：国际市场商品价格网。

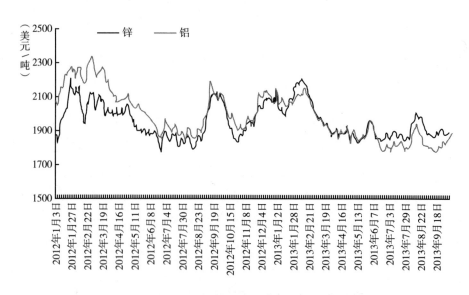

图 3　2012～2013 年伦敦金属交易所铝和锌的价格走势

资料来源：国际市场商品价格网。

格基本稳定在 8100 美元/吨上下，2 月初一度突破 8300 美元/吨，创造了年内的高点。此后，由于市场预期美联储会在经济持续转暖的背景下削减量化宽松规模，大宗商品价格继续上涨动力丧失，铜的价格开始步入下行通道。4 月下旬至 5 月中旬，在主要发达经济体经济形势好转的带动下，铜价又呈现了震荡上行的走势，一个月内涨幅超过 500 美元/吨。但随着主要新兴经济体第一季度经济数据的相继出炉，关于各国经济增速进一步放缓的预测得到证实，市场对基本金属的需求受到抑制，自 5 月下旬起，铜价大幅跳水，一月跌幅达到 785 美元/吨。此后，市场进入震荡调整阶段，铜价逐步回升并基本稳定在 7200~7300 美元/吨。

（三）主要粮食产品价格走势

2013 年，主要粮食产品价格基本呈现出稳中有降的局面。相比于 2012 年旱涝灾害频发，2013 年全球主要粮食产区气象条件良好，小麦、玉米、大豆、大米等主要粮食品种供求基本平衡，价格稳中有降。如图 4 所示，2013 年初至 10 月 11 日，小麦的价格谷峰差达到 2.73 美分/60 磅，谷底相对峰值下降 20.7%；玉米的价格谷峰差达到 5.21 美分/56 磅，谷底相对峰值下降 40.1%；大豆的价格谷峰差达到 4.64 美分/60 磅，谷底相对峰值下降 17.8%；大米的价格谷峰差达到 158 美元/吨，谷底相对峰值下降 26.4%。

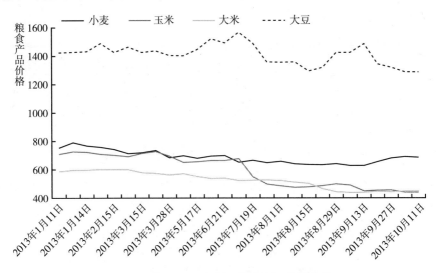

图 4　2012~2013 年主要粮食产品价格走势

资料来源：国际市场商品价格网。由于各种粮食作物的主要产地和交易市场不同，国际通行计价单位存在较大差异。本图援引数据单位如下：小麦，美分/60 磅；玉米，美分/56 磅；大豆，美分/60 磅；大米，美元/吨。

（四）黄金价格走势

虽然美联储至今也没有宣布削减量化宽松规模，但相关预期已经对国际金融市场产生了明显的冲击，金价受到压制。2013年初至今，在美元供应量即将收紧预期的影响下，黄金价格经历了一轮显著的震荡下行走势。其中，在4月中旬和6月下旬，国际金价还各出现了一次大幅"跳水"的行情。此后，由于叙利亚化武问题愈演愈烈，7～8月，国际金价又出现了明显的回升。在叙利亚宣布加入禁止化学武器组织，危机宣告解除以后，支撑金价上涨的动力再度丧失，金价应声下降（见图5）。

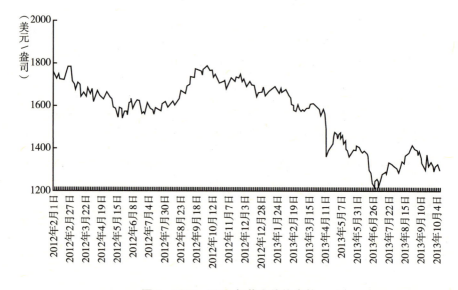

图5　2012～2013年黄金价格走势

资料来源：国际市场商品价格网。

二　2013年国际大宗商品价格走势原因分析

2013年，国际大宗商品价格低迷，多种利空因素交织。从经济基本面来看，目前，全球经济仍处于缓慢复苏和深度调整期，发达国家虽然暂时从危机中摆脱出来，但新的经济增长点并未出现，增长动力依然不足；新兴经济体经济增速明显放缓，大宗商品的需求受到抑制。从政策层面来看，美联储削减量化宽松规模的政策虽未出台，但已对国际商品市场产生了显著影响，对大宗商品价格形成压制。

（一）发达经济体经济增长动力不足

2013 年初以来，尽管美国、日本、欧元区的经济形势均出现了好转的迹象，但新的经济增长点并未出现，增长动力依然不足。按国别来看，推动这一轮美国经济复苏的动力主要来自汽车、住房和私人消费领域的增长，企业投资积极性依然不高，政府支出的增长则受到债务上限问题的掣肘。在安倍经济学的刺激下，2013 年前两个季度，日本经济分别增长了 4.1% 和 3.8%（折年率），全年经济增长率有望超过 2%。但由于安倍政府推出的经济刺激措施没有触及产业空心化、老龄少子化等长期结构性问题，而提高消费税率的决定一旦付诸实施，无疑会进一步抑制日本的国内需求。实际上，第二季度以来，日本经济增速已经开始回落。欧元区虽然暂时脱离了主权债务危机的"危险期"，并在 2013 年第二季度实现了 0.3% 的 GDP 增长，结束了此前连续 6 个季度的负增长，区内主要经济体德国、法国、意大利和西班牙的经济均已恢复正增长，但与此同时，南欧重债国的经济结构和劳动力市场改革进展缓慢，部分国家甚至因此引发了严重的政治危机。

（二）新兴经济体经济增速明显放缓

国际金融危机发生后，由于新兴经济体应对过度，经济快速反弹，经济结构调整进程迟滞，原有的粗放发展模式得以延续。正是由于经济改革滞后，2012 年以来，新兴经济体经济增速普遍下滑，巴西和印度等少数国家甚至出现了"硬着陆"。巴西、印度和俄罗斯的经济增长率分别从 2010 年的 7.5%、10.5% 和 4.5% 降至 2012 年的 0.9%、3.2% 和 3.4%。2013 年初以来，主要新兴经济体增速继续回落。第二季度，印度经济增速进一步下滑至 4.4%，俄罗斯经济则同比仅增长 1.2%，前几年表现较好的印度尼西亚 GDP 也仅增长 5.8%，连续 4 个季度下滑。衡量新兴市场增长前景的汇丰新兴市场指数在 2013 年 7 月一度降至收缩区间，8 月也仅略高于荣枯分界线。除了经济增速明显放缓以外，主要新兴经济体还饱受资本外流、通胀水平高企、财政和金融风险上升等问题的困扰，宏观调控陷入两难，政策空间非常有限。

（三）美联储或将削减量化宽松规模的消息影响了国际商品市场的走势

年初以来，美联储已多次释放将在经济形势转好时退出第三轮量化宽松政策的信号，并明确提出可能在年内逐步减少量化宽松规模，最终于 2014 年年中彻底结束第三轮量化宽松。虽然相关政策并未落地，但已经在相当大程度上改变了国际金融市场的预期，体现在大宗商品市场上，则为受美元供应量即将减少的预期影响，大宗商品价格上涨动力不足，只能维持弱势整理的走势。

三　2014 年国际大宗商品价格走势展望

（一）对大宗商品价格走势的总体判断

2014 年，国际经济环境依然复杂多变，全球经济仍将处于深度调整之中。其中，美国、日本、欧元区等主要发达经济体的经济增速将进一步加快，平均增长率有望达到2% 以上；主要新兴经济体的经济增速则基本与2013 年持平。后金融危机时代延续数年的"双速"复苏格局将告终结，发达经济体将取代新兴经济体，重新成为引领世界经济复苏的主要力量。根据 IMF 最新发布的《世界经济展望》，2013 年和2014 年的全球经济增长率分别为2.9% 和3.6%。虽然2014 年的经济增速有望加快，但在美国可能退出量化宽松政策和主要新兴经济体经济增速放缓的背景下，大宗商品价格上升动力不足，有可能仍将维持在目前的水平上。

（二）基本金属价格走势判断

2014 年，基本金属价格有望与2013 年基本持平。从供给的角度来看，虽然近年来全球经济一直比较低迷，但基本金属的产能业已形成且难以削减，主要矿产品种的产量基本保持稳定。从需求的角度来看，对基本金属的需求主要来自新兴经济体，尤其是中国、印度等新兴发展中大国。在主要新兴经济体经济增速放缓的背景下，市场对基本金属的有效需求不足，价格难有大的回升。德意志银行2013 年9 月25 日发布的报告预测，2013 年预期铜价为7331 美元/

吨，2014 年预期铜价为 7050 美元/吨；2013 年预期铝价为 1874 美元/吨，
2014 年预期铝价为 1800 美元/吨（见表 1）。

表 1　2013～2014 年基本金属价格走势

单位：美元/吨

基本金属品种	2013 年第一季度	2013 年第二季度	2013 年第三季度	2013 年第四季度	2014 年第一季度	2014 年第二季度	2014 年第三季度	2014 年第四季度
铜	7922.3	7156.7	7345.8	7360.3	7378.3	7396.0	7411.5	7425.8
铝	2000.8	1836.0	1858.3	1890.9	1929.3	1959.9	1984.3	2007.8
锌	2029.7	1841.9	1960.3	1985.7	2012.7	2031.5	2047.7	2062.9

资料来源：IMF 初级产品价格统计，其中 2013 年第三季度至 2014 年第四季度数据为预测值。

（三）粮食价格走势判断

2014 年，主要粮食品种价格将在 2013 年的基础上进一步回落。从供给的
角度来看，全球主要粮食产区的气象条件是影响粮食产量和国际粮食价格的主
要因素。从目前掌握的资料来看，尚无证据表明 2014 年主要粮食产区将会发
生大规模的气象灾害。从需求的角度来看，在世界经济温和复苏、中东局势得
到缓和的背景下，国际油价有望回落，进而导致用于生产生物燃料的粮食消耗
量下降，作为食品的粮食供应量提高，粮食价格有望在 2013 年的水平上有所
回落。根据 IMF 初级产品价格预测，2014 年小麦、玉米、大米、大豆的平均
价格将比 2013 年分别下降 9.8%、17.6%、2.7% 和 9.4%（见表 2）。

表 2　2013～2014 年粮食价格走势

单位：美元/吨

粮食品种	2013 年第一季度	2013 年第二季度	2013 年第三季度	2013 年第四季度	2014 年第一季度	2014 年第二季度	2014 年第三季度	2014 年第四季度
小麦	321.4	313.8	240.6	245.0	249.4	252.0	251.7	257.7
玉米	305.1	290.9	203.0	197.0	201.8	204.7	206.3	207.3
大米	570.7	550.7	538.3	514.1	542.3	538.5	528.7	506.4
大豆	532.8	540.1	524.6	510.6	503.4	484.6	473.9	447.9

数据来源：IMF 初级产品价格统计，其中 2013 年第三季度至 2014 年第四季度数据为预测值。

（四）黄金价格走势判断

2014 年，黄金价格有望继续维持在当前的水平，或许还会小幅下降。与其他大宗商品不同，由于黄金具有极强的金融属性，其价格走势主要受美元价格的影响，受供求关系影响不大。如果美联储于 2014 年年中如期结束第三轮量化宽松政策，美元的币值将出现一定幅度的上升，而以美元标价的黄金的价格将出现相应回落。如果上述预期情景没有发生，黄金价格则将有望继续维持在当前的水平。

2013 年国际油价走势分析与 2014 年展望

牛 犁*

摘 要：

2013 年以来，国际油价呈现出先抑后扬的走势。西得克萨斯轻质原油（WTI）和布伦特原油（Brent）期价较上年的波动区间大幅收窄，年内最低价位较上年明显抬高。预计 2013 年 WTI 期价平均为 98 美元/桶，同比上涨 4.1%；Brent 期价平均为 108 美元/桶，同比下降 3.3%。展望 2014 年，全球经济仍将温和复苏，欧美等发达国家经济复苏基础改善，但对石油需求贡献不大，新兴经济体经济下行压力较大，对石油需求增长形成制约。美国石油产量将保持高速增长，伊朗同西方国家关系有望缓和，中东石油产量保持稳定，石油供给将保持宽松状态。随着全球货币政策逐步回归常态，全球流动性趋紧将会抑制投机炒作，抑制国际油价上涨。2014 年国际油价运行区间可能会有所下移，初步预计，WTI 期货均价约为 95 美元/桶，Brent 期货均价约为 103 美元/桶，两者价差进一步缩小至 8 美元/桶。

关键词：

国际油价　原油期货　WTI　Brent

一　2013 年国际油价呈现出先抑后扬的走势

2013 年以来，国际油价呈先抑后扬，运行区间大幅收窄，底部位置明显抬高。

---

* 牛犁，国家信息中心经济预测部宏观经济研究室主任，副研究员，主要研究国内外宏观经济、能源、国际油价等问题。

上半年国际油价在年内相对低位窄幅波动，7月之后出现了大幅上涨态势，特别是WTI价格涨幅明显，与Brent价差显著缩小。WTI期价在86~110美元/桶，Brent期价在97~119美元/桶，峰谷波幅由上年的40%收窄至20%多。WTI峰值与上年基本持平，而最低价位较上年抬升了9美元/桶；Brent价格峰值回落7美元/桶，而最低价位则抬升8美元/桶。截至10月31日，纽约市场WTI期价平均为98.4美元/桶，同比上涨3.2%，Brent期价平均为108.6美元/桶，同比下降3.1%。WTI期价与Brent期价的平均差价缩小至10美元/桶左右。总体来看，2013年底前国际油价有望震荡回落，预计2013年全年WTI期价平均约为98美元/桶，较上年上涨4.1%；Brent期价平均约为108美元/桶，较上年下降3.3%（见图1）。

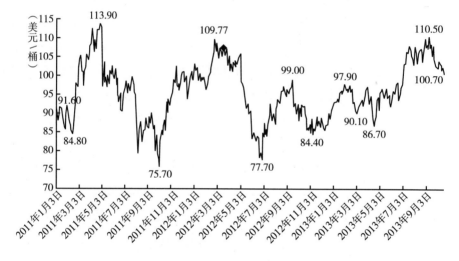

图1　2011年以来WTI原油期货价格走势

资料来源：美国能源情报署。

（一）上半年国际油价低位窄幅震荡

2013年上半年，世界经济复苏乏力，特别是新兴经济体经济大幅减速，全球石油需求不旺，中东、北非等主要产油地区地缘政治局势相对平静，美元指数波动回升，国际油价相对低位窄幅震荡。1~6月，WTI期价平均为94.3美元/桶，同比下降4%，Brent期价平均为107.9美元/桶，同比下降5%。两者价差缩小至13.6美元/桶。

（二）2013 年 7 月以来国际油价出现大幅上扬

2013 年 7 月以来，随着夏季用油高峰期的来临，中国经济企稳回升，以及受政局动荡等因素影响利比亚等产油国石油供应量大幅减少，特别是美国计划攻打叙利亚导致中东地缘政治局势紧张，国际油价出现了大幅回升。7 月，WTI 期价平均为 104.7 美元/桶，较 6 月上涨了 8.9 美元/桶，同比更是大涨 19.1%；Brent 期价平均为 107.4 美元/桶，较 6 月上涨了 4.1 美元/桶，同比上涨 4.7%。整个第三季度国际油价在相对高位运行，随着地缘政治风险缓和以及美债上限等问题影响全球经济复苏前景，第四季度国际油价有望高位回落。

（三）WTI 与 Brent 期货价差有所缩小

截至 2013 年 10 月 20 日，WTI 期货均价与 Brent 的价差由上年同期的 16 美元/桶缩小至 10 美元/桶左右，特别是随着 7 月 WTI 价格大幅上涨，7 月 19 日两者价差一度缩小至仅为 2 美分/桶（见图 2）。导致两者价差缩小的原因主要有：一是美国原油管道运输能力和炼油厂产能利用的双双加强，降低了美国库欣地区的原油库存量。库欣作为 WTI 期货主要交割地，其库存变化始终是影响北美石油市场价格变化的主要因素之一。此前从加拿大进口的原油通过管道单向输往库欣，再难以输往其他地区，导致库欣地区石油库存量过大。随着通往主要炼油厂管道建设的推进，极大地分散了库欣地区的库存压力。当然，炼油厂产能利用率的提高也增加了原油的需求。二是美国油气出口政策做出调整，WTI 价格与全球市场价格缩小的预期增强。美国允许页岩气等油气产品扩大出口，减轻了北美市场油气供过于求的状况，改变了北美市场与全球脱钩的现象，提高了美国原油价格上涨预期，增加全球市场供应则有助于降低代表全球市场的 Brent 价格水平，推动 WTI 与 Brent 价差收窄。三是美国与欧亚等地区经济发展形势出现强弱分化。2013 年以来，美国经济复苏基础比较稳固，美国经济有望再次成为全球经济增长的火车头，而欧洲经济增长乏力，亚洲主要国家和地区经济减速明显。WTI 价格主要反映北美地区的石油供求，Brent 价格主要反映欧洲、亚洲等全球市场的石油供

求。因此，美国与欧亚等地区经济复苏状况的差异，导致 WTI 价格走强而
Brent 价格走弱。

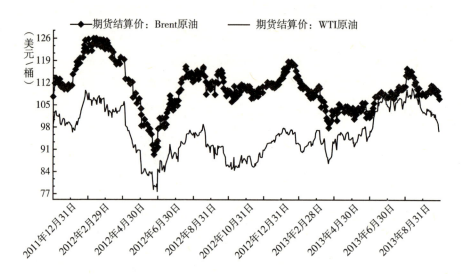

图 2　2012 年以来 WTI 与 Brent 期价走势

资料来源：Wind 资讯、国家信息中心。

二　2014 年国际油价将保持稳中趋降态势

（一）全球经济将温和增长，石油需求将保持稳定

展望未来，全球经济仍将缓慢温和增长，复苏势头出现明显分化。一方
面，发达国家经济结构调整取得一定进展，系统性金融风险明显降低，经济复
苏态势比较稳健，欧美等国经济有望进一步好转。但是，进一步财政重建使得
政府开支趋于减少，主要国家逐步退出量化宽松政策，货币政策逐步回归常
态。美国债务上限以及欧债问题难以得到根本解决。另一方面，新兴和发展中
经济体经济减速压力依然较大。部分国家内部增长动力疲弱、结构问题突出。
美联储退出量化宽松政策可能引发金融市场震荡，特别是对新兴和发展中经济
体冲击较大，导致其资本外逃、本币贬值、通胀压力上升，部分高杠杆率、财

政贸易双赤字的新兴经济体金融以及债务风险上升。因此，总体来看，2014年世界经济难有根本性改善，经济增长有望与 2013 年持平或略有回升。根据 IMF《世界经济展望》（秋季报告）预测，2014 年世界经济将增长 3.6%，较上年提高 0.7 个百分点。其中，发达经济体将增长 2.0%，新兴和发展中经济体将增长 5.1%（见表 1）。目前来看，IMF 的预测比较乐观，存在随后下调全球增长预期的较大可能。

表 1 世界及主要经济体经济增长预测

单位：%

预测对象	实际		预测	
	2011 年	2012 年	2013 年	2014 年
世界	3.9	3.2	2.9	3.6
发达经济体	1.7	1.5	1.2	2.0
美国	1.8	2.8	1.6	2.6
欧元区	1.5	-0.6	-0.4	1.0
日本	-0.6	2.0	2.0	1.2
新兴和发展中经济体	6.2	4.9	4.5	5.1
中国	9.3	7.8	7.6	7.3
印度	6.3	3.2	3.8	5.1
俄罗斯	4.3	3.4	1.5	3.0
巴西	2.7	0.9	2.5	2.5
南非	3.5	2.5	2	2.9
世界贸易总量	6.1	2.7	2.9	4.9
石油价格	31.6	1.0	-0.5	-3.0

资料来源：IMF，《世界经济展望》（秋季报告），2013 年 10 月。

2014 年，在全球经济将温和增长的情况下，全球石油需求将保持稳步增长态势。虽然发达国家复苏势头较好，但其对石油需求的拉动有限，而新兴和发展中国家经济下行压力较大，将会明显拖累石油需求增量。国际能源署、欧佩克和美国能源情报署的最新报告预计，2014 年全球石油日需求量分别同比增加 110 万桶、104 万桶和 117 万桶，分别增长 1.2%、1.2% 和 1.3%（见表 2）。

表 2　全球石油需求变化预测

单位：百万桶/天

国家或地区	2011 年	2012 年	2013 年	2014 年
OECD	46.46	45.98	45.79	45.65
美国	18.95	18.55	18.68	18.7
加拿大	2.27	2.29	2.34	2.35
欧洲	14.25	13.71	13.49	13.34
日本	4.47	4.71	4.55	4.45
其他 OECD	6.23	6.40	6.40	6.46
非 OECD	42.21	43.31	44.47	45.79
原苏联地区	4.34	4.50	4.64	4.79
欧洲	0.71	0.71	0.71	0.72
中国	9.85	10.28	10.69	11.13
其他亚洲地区	10.75	10.98	11.08	11.27
其他非 OECD	16.56	16.84	17.34	17.88
世界总消费	88.67	89.29	90.26	91.43

资料来源：美国能源情报署，2013 年 10 月。

（二）石油供给将较快增长，剩余产能和库存依然宽松

1. 全球石油供给仍将较快增加

近年来，随着近海油气的开发以及页岩油等非常规资源开采技术的进步，美国国内石油产量大幅增长。据美国能源情报署的预计，到 2013 年底，美国原油产量将突破 800 万桶/天，创 1988 年以来的新高；2014 年美国原油产量将达到 845 万桶/天，同比增长 98 万桶/天，增长 13.2%，加上天然气液、乙醇、生物柴油等非常规资源，美国石油产量将达到 1322 万桶/天，同比增加 101 万桶/天，增长 8.3%。此外，2014 年，苏丹、加拿大、巴西等国具有一定的石油增产潜力。美国能源情报署预计，2014 年全球石油日供给量为 9130 万桶，较上年增加 123 万桶，同比增长 1.4%（见表 3）。

表 3   全球石油供给变化预测

单位：百万桶/天

国家或地区	2011 年	2012 年	2013 年	2014 年
OECD	21.62	22.57	23.85	24.98
美国	10.14	11.12	12.21	13.22
加拿大	3.6	3.87	4.26	4.38
墨西哥	2.96	2.94	2.90	2.87
北海地区	3.34	3.06	2.94	2.92
其他 OECD	1.58	1.58	1.55	1.60
非 OECD	65.92	66.79	66.21	66.32
OPEC	35.33	36.64	35.85	35.58
原油产区	29.82	30.89	30.03	29.44
其他石油气产区	5.51	5.75	5.83	6.14
原苏联地区	13.32	13.41	13.49	13.37
中国	4.33	4.36	4.46	4.57
其他非 OECD	12.94	12.38	12.41	12.8
世界总产量	87.53	89.35	90.07	91.3

资料来源：美国能源情报署，2013 年 10 月。

2. 欧佩克石油剩余产能超过过去十年平均水平

美国能源情报署预计，2014 年欧佩克原油剩余产能仍将保持较高水平，预计将达到 368 万桶/天，大大超过过去十年平均约 250 万桶/天的水平（见图 3），剩余产能保持较大规模有助于稳定国际市场油价。

3. 发达国家商业石油库存仍将充裕

美国经济复苏势头良好，据 IMF 预计，2014 年美国经济将增长 2.6%，比 2013 年提高 1 个百分点。欧元区经济经历长期结构性调整之后，将进入恢复性增长阶段。发达国家经济增长有望较上年明显改善，预计 OECD 国家 GDP 增长 2%，较上年加快 0.8 个百分点。因此，主要发达经济体石油需求将有所增加，其商业库存将较历史高位略有回落。美国能源情报署预计，2014 年 OECD 国家商业石油库存平均约为 25.9 亿桶，可满足 OECD 国家 56.8 天左右的需求，将处于过去 5 年平均水平的中间位置（见图 4）。

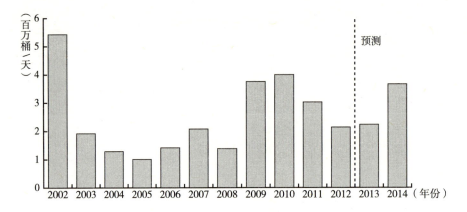

图 3 2002 年以来欧佩克原油剩余产能变化

资料来源：美国能源情报署，2013 年 10 月。

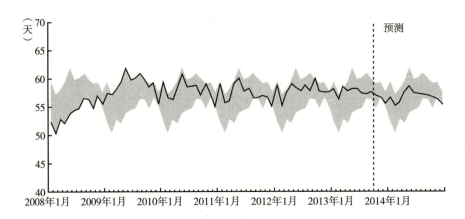

图 4 OECD 石油商业库存可供应天数变化

资料来源：美国能源情报署，2013 年 10 月。

（三）美元币值有望走强，抑制油价上涨

一是美国经济复苏基础相对比较稳固，基本面将支撑美元走强。二是美联储将逐步退出量化宽松政策，货币政策趋于收紧是基本方向，特别是由此造成国际资本回流美国，进一步支撑美国经济复苏，进而支持美元回升。三是随着自动减支计划的逐步执行，美国财政赤字占 GDP 的比重有望缩小，财政状况将缓慢改善。因此，美元有望逐步进入升值周期。但是，美国巨额贸易赤字和

财政问题的化解需要较长时间，美元仍然面临双赤字的沉重压力。总体来看，2014 年美元将走强会在一定程度上抑制国际油价的上涨（见图 5）。

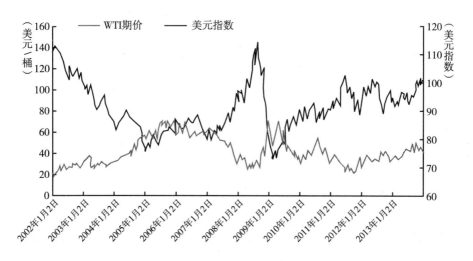

图 5　2002 年以来美元与 WTI 期价走势对比

（四）石油期货市场投机炒作力量可能会趋弱

一方面，美国将会分步退出量化宽松政策，2014 年下半年改变零利率政策的预期将上升，欧洲和日本即便缓退，大规模增加货币供应的可能性也将会减小，发达国家乃至全球货币政策逐步回归稳健和常态化，这使得全球市场货币流动性趋于收紧。另一方面，石油需求增量较多的新兴经济体需求放缓，投机炒作的基本面并不牢靠。但是，2014 年并非美欧等主要大国的大选年，各国对石油等期货市场的监管力度可能放松。总体来看，全球货币流动性趋于收紧，有助于抑制石油期货市场的投机炒作（见图 6）。

（五）地缘政治局势有望缓和对国际油价的影响减弱

展望 2014 年，伊朗新一届政府希望加强同西方国家的对话，努力摆脱经济和金融制裁，近期伊朗核问题谈判重启，伊朗与西方国家关系有望得到缓和；同时，美国暂停对叙利亚发动战争，中东紧张局势有所缓解。这将有助于缓解人们对全球石油供应冲击的担忧。但是，地缘政治风险具有很大的不确定

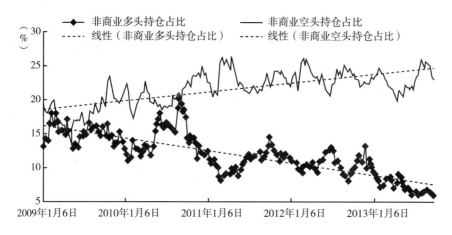

图6　2009年以来纽约市场非商业性原油期货持仓比例

资料来源：美国商品期货交易委员会（CFTC）。

性，中东、北非动荡局势难以得到根本性好转。叙利亚内战旷日持久，化武风波可能反复；埃及政治动荡持续升级，各派力量激烈角力；伊朗出于国家利益和地缘政治考虑，在核问题和地区安全方面也难以对西方做出根本性让步；部分产油国对恐怖袭击事件难以遏制。因此，主要产油地区错综复杂的地缘政治格局，仍将对国际油价带来变数。

综上所述，2014年世界经济将温和增长，石油供求关系比较宽松，地缘政治风险、投机炒作对国际油价的影响依然存在，但在美元将逐步走强、新兴经济体增长乏力的背景下，国际油价将呈稳中趋降态势，运行区间将略有回调。初步预计，2014年，WTI和Brent期货平均价格分别约为95美元/桶和103美元/桶，分别下降4.6%和3%，价差进一步缩小至8美元/桶左右。

近期，国际机构对国际油价走势预测做出了调整。IMF《世界经济展望》（秋季报告）预计，2013年、2014年世界油价（WTI、Brent、Dubai简单平均）为104.5美元/桶和101.4美元/桶，分别同比下降0.5%和3%。美国能源情报署（EIA）2013年10月的《短期能源展望》预计，2013年WTI、Brent价格分别为98.7美元/桶和108美元/桶，同比上涨4.9%和下降3.3%；2014年WTI、Brent价格分别为96.2美元/桶和102.2美元/桶，同比下降2.5%和下降5.3%。

2013 年美国经济形势分析
与 2014 年展望

赵硕刚*

摘　要：

2013 年以来，美国经济继续温和复苏，就业市场和国际收支缓慢改善，物价涨幅保持平稳。同时，房地产业和制造业显示加速复苏迹象，财政赤字有所收窄，但年内两党围绕财政问题的激烈博弈对经济复苏造成负面冲击。展望 2014 年，美国经济仍面临内部基础不牢、外部风险不减的挑战，尤其是量化宽松政策退出和财政预算谈判的不确定性都将对复苏前景造成影响。预计美国经济增速将在私人消费和投资增长带动下有所回升，但仍将低于长期趋势水平。

关键词：

美国经济　量化宽松　债务上限

一　2013 年以来美国经济运行情况

（一）经济延续温和增长

2013 年以来，美国经济保持温和复苏，前两个季度 GDP 环比折年率分别增长 1.1% 和 2.5%，为 2009 年第二季度结束衰退以来连续第 16 个季度保持增长。消费和投资是拉动美国经济增长的主要动力。得益于就业市场的改善和

---

* 赵硕刚，经济学硕士，国家信息中心经济预测部，研究方向为世界经济。

股市、房市财富效应显现，美国私人消费支出平稳增长，2013年前两个季度对美国经济增长分别贡献1.54个和1.24个百分点。同时，在美联储低利率政策和经济前景改善预期推动下，企业固定投资和库存增加带动私人投资加速增长，第二季度提升经济增长1.38个百分点。此外，虽然第二季度的出口较第一季度明显改善，但是进口的增加抵消了其对经济增长的拉动，净出口实际下拉经济增速0.07个百分点。政府支出下降依然是制约经济增长的重要因素，对前两个季度经济增速分别下拉0.82个和0.07个百分点（见表1）。

表1　美国主要经济指标增长率及其对经济增长的贡献

指标	2011年	2012年	2013年	
			第一季度	第二季度
GDP及其构成的增长率（经季节调整折年率,%）				
国内生产总值	1.8	2.8	1.1	2.5
个人消费支出	2.5	2.2	2.3	1.8
私人国内投资	4.9	9.5	4.7	9.2
商品和服务出口	7.1	3.5	-1.3	8.0
商品和服务进口	4.9	2.2	0.6	6.9
政府消费和投资总额	-3.2	-1.0	-4.2	-0.4
GDP及其构成对经济增长的贡献（%,百分点）				
国内生产总值	1.8	2.8	1.1	2.5
个人消费支出	1.74	1.52	1.54	1.24
私人国内投资	0.69	1.36	0.71	1.38
商品和服务净出口	0.10	0.10	-0.28	-0.07
政府消费和投资总额	-0.68	-0.20	-0.82	-0.07

资料来源：美国商务部经济分析局。

（二）就业市场缓慢复苏

2013年前9个月，美国非农就业人数平稳增长（见图1），新增就业平均达到17.8万人/月，比上年同期增加3700人左右。其中，服务业部门就业增长是推动美国劳动力市场改善的主要动力，前9个月平均增长16.1万人/月。建筑业受益于房地产市场的复苏，就业人数显著增加，月均增长1.28万人，比上年提高1万人，总就业人数已回升至2010年初时的水平。另外，制造业就业明显放缓,月均新增就业人数比上年下降近 1.3 万人。同时,美国失业率年内持续下降,由 2013 年初的 7.9% 降至 2013 年 9 月的 7.2%,创 2008 年 11 月以来的新低。除就业市场改善因素外,劳动参与率下降也是造成失业率下降的重要原因。由于部分失业者退出劳动力市场,9 月美国劳动参与率降至 63.2%,创 1978 年 8 月以来的新低。以广义失业率(U6)衡量,[①] 9 月美国失业率仍高达 13.6%。

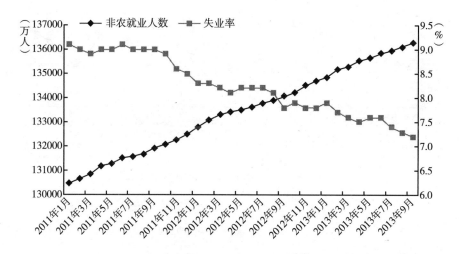

图 1　美国非农就业人数及失业率

资料来源:Wind 资讯。

(三)物价水平温和上涨

2013 年 1~8 月,受国内经济缓慢复苏及国际大宗商品价格整体低迷影响,美国物价涨幅较上年同期明显回落,前 8 个月消费者物价指数(CPI)平均涨幅为 1.6%,较上年下降 0.6 个百分点。其中,尽管 7 月美国 CPI 同比涨幅在国际原油价格上涨推动下一度达到 2% 的年内高点,但对美国国内通胀影

---

① 美国劳工部按照失业人数的统计范围将失业率划分为 U1~U6 六个层次,其中 U3 是官方公布的失业率,失业者的统计标准是无工作但在过去 4 周内积极寻找工作的求职者;U6 不仅包括 U3 层面的失业者,而且包含了具备工作能力但近期没有寻找工作的人、希望寻找全职工作的兼职劳工等覆盖面更为宽泛的失业人群。

响有限，剔除能源食品价格的核心CPI同比涨幅年内基本保持在2%的通胀目标以内（见图2）。同时，年内美国工业生产者出厂价格指数（PPI）涨幅也相对平稳，6月因能源价格上涨而上升至2.5%，8月已回落至1.4%。

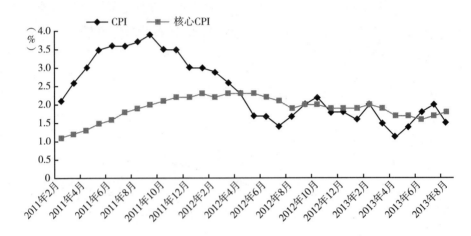

图2 美国CPI与核心CPI同比增长情况

资料来源：Wind资讯。

（四）国际收支有所改善

2013年以来，美国出口环境改善带动出口增速回升，出口金额同比增速由3月的 -1.03%升至7月的3.31%，出口带动第二季度经济增长贡献达1.04个百分点。其中，服务出口是拉动美国出口回升的主要动力，7月同比增长6.85%，远高于同期商品贸易1.87%的增速。同时，美国经济缓慢复苏带动进口回升，7月实现0.78%的同比增长。受此影响，美国经常项目逆差到第二季度收窄至989亿美元，为14个季度以来首次跌至1000亿美元以下（见图3）。受美国股市上涨及经济复苏影响，国际资本持续流入美国，前两个季度共流入4448亿美元，较上年同期的9亿美元大幅提升。经济前景改善还推动美国对外投资回升，第二季度美国持有海外资产增加3387亿美元，上年同期下降2856亿美元。2013年前两个季度，美国金融账户资金净流入由第一季度的404亿美元升至第二季度的731亿美元。

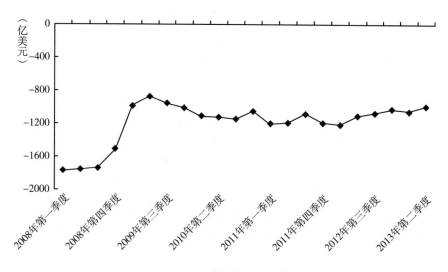

图 3　美国经常项目差额

资料来源：Wind 资讯。

（五）房地产和制造业复苏加速

2013 年以来，经济的持续增长、就业市场的改善、低贷款利率的金融环境、被抑制的需求得到释放等因素带动美国房地产市场继续复苏。据美国全美地产经纪商协会（NAR）数据，占美国房屋交易比重九成的成屋销售折年数 7 月、8 月均达到 539 万套的水平，为近四年来最高水平，新屋销售也保持在金融危机以来的高位。而且，受需求回升推动，美国房屋售价也快速上涨，标普/凯斯 - 席勒 20 个大城市房价指数自 3 月持续保持两位数增长，7 月同比上涨 12.39% 至 162.49，创 2008 年 9 月以来的新高（见图 4）。同时，在美国"再工业化"战略和页岩气革命带来的能源成本下降推动下，美国制造业复苏加快，工业产出、产能利用率等指标较上年同期均有明显改善，ISM 制造业 PMI 指数 9 月更升至 56.2，创 2011 年 4 月以来的新高。

（六）财政有喜有忧

受经济复苏带来的税收增长及 2013 年初两党达成的增税政策影响，美国财政收入较上年明显增加。同时，由于联邦政府启动全面削减开支计划，加之

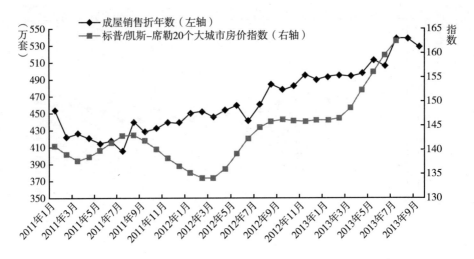

图4　美国成屋销售折年数和房价指数

资料来源：Wind 资讯。

更低失业率导致失业救济支出降低，美国财政支出受到控制，财政"入不敷出"的局面有所缓解。在截至 9 月 30 日的财年中，美国前 11 个月的财政赤字为 7553 亿美元，同比下跌 35%，创过去 5 年来最低水平，全年有望收窄至 1 万亿美元以内（见图 5）。但与此同时，美国财政赤字问题依然严峻，绝对规

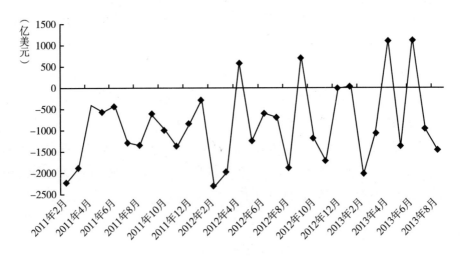

图5　美国联邦政府财政赤字

资料来源：Wind 资讯。

模仍远高于金融危机前的平均水平，债务规模仍在扩大并再次突破法定债务上限，10 月下旬已超过 17 万亿美元。此外，美国两党围绕财政问题的博弈也成为威胁美国乃至全球经济的重要隐患。继 2013 年初两党就"财政悬崖"问题反复拉锯之后，10 月又因财政预算和债务上限谈判僵持不下而导致政府"关门"，国债违约风险上升。

二　影响美国经济的不确定因素及 2014 年主要走势

（一）2014 年影响美国经济的不确定因素

1. 就业和房地产市场复苏仍存隐忧

由于缺乏相匹配的劳动力供给，美国 2013 年前 7 个月平均职位空缺数达到 380.7 万人，比上年增加 18.2 万人。而美国目前仍有 1100 多万人无法落实工作，拥有工作以及正在寻找工作的人数仍然接近 30 年来的低点，劳动力市场结构性问题短期内难以改善，将制约就业复苏进程。同时，美国房地产市场也存在需求减弱的风险。首先，受住房抵押贷款利率上升影响，2013 年 6 月以来，美国住房抵押贷款申请数量已显著下降，美国抵押贷款银行家协会（MBA）抵押贷款购买指数已降至上年底以来的新低。由于美联储政策调整预期将对中长期贷款利率造成持续上行压力，住房贷款申请也将继续受到影响。其次，机构投资者在美国此轮房地产复苏中扮演了重要角色。数据显示，黑石自金融危机开始已花费超过 200 亿美元购买各类物业。机构投资者大举介入房地产市场将挤占刚需，造成价格上涨，降低普通民众购房能力。据 NAR 住房购买力指数显示，美国居民购房能力已经从 2013 年初的历史高点迅速下滑，8 月已降至 2008 年以来的新低。此外，在房地产泡沫重灾区，如伊利诺伊州、宾夕法尼亚州和纽约州等地，房地产市场价格依然在底部徘徊，房屋止赎率依然较高。因此，需求减弱和局部风险上升可能迟滞房地产复苏进程。

2. 美联储量化宽松政策退出将削弱经济复苏动力

由于近期美国国会两党谈判僵局波及美国 2013 年第四季度及 2014 年经济前景，加之两党仅达成过渡性法案，造成美联储 9 月维持货币政策不变的财政

不确定性问题将在 2014 年初之前一直存在。受此影响，美联储退出量化宽松政策的预期近期已有所降温。但整体来看，美国经济温和复苏的基本面尚未出现根本改变，制造业采购经理人指数、消费者信心指数等先行指标仍处于危机以来的高位；房地产市场依然延续复苏态势，房屋销量和售价仍处于上升通道。驱动美联储货币政策正常化的主导因素依然存在。因此，2014 年美联储退出量化宽松政策的大方向可能不会改变，但在退出力度和节奏上的不确定性将上升，可能将明显慢于伯南克 6 月提出的时间表。届时，其政策调整及导致的预期变化将打压市场流动性前景，造成资本市场上涨乏力，削弱股市财富效应。中长期利率上升也将提升资金成本，降低居民和企业的消费投资意愿，抑制住房需求释放。而且，美联储量化宽松政策退出还将引发显著的外溢效应，进而通过恶化外部环境反作用于美国经济。

3. 国会两党财政谈判僵局可能再次上演

尽管美国国会两党已就 10 月的财政谈判僵局达成妥协方案，结束了长达 16 天的政府"关门"状态并降低了债务违约风险，但该方案仅是将政府"开门"和国债触及上限日期分别延后至 2014 年 1 月 15 日和 2 月 7 日，在弥合两党财政预算分歧方面并未取得任何实质性进展。由于没有包含任何试图"推迟"或"废除"与奥巴马医改法案有关的内容，两党达成的妥协方案被视为共和党的失利，共和党为在减支主张上扳回一局，可能导致两党谈判更趋胶着，不排除 2014 年初再次出现债务违约风险上升和政府"关门"的一幕，届时将再次对市场信心和美国经济前景造成冲击。同时，如果两党未能及时就预算问题达成一致，按照 2013 年 3 月启动的自动减支计划，2014 年美国将开始新一轮减赤。美国国会预算办公室预估，这将令美国 2014 年财年 GDP 增速放缓 0.7 个百分点，同时流失 90 万个工作机会。此外，从长期来看，美国债务增速大幅高于财政收入和国内生产总值的基本面并未改变，高度依赖借新还旧维持其偿债能力的模式仍在不断增加政府债务偿还能力的脆弱性，美国主权债务违约风险在可预见的时间内仍难以消除。

4. 外部环境变化可能干扰美国经济复苏

首先，外在需求改善有限将制约出口的拉动作用。虽然欧元区经济经历长期结构性调整之后，2014 年有望进入恢复性增长阶段，但重债国疲弱的经济态势将抑制欧元区经济的回升力度。同时，随着日元贬值和股市上涨势头放缓，安倍经济学的刺激效用已经开始减弱，加之 2014 年灾后重建支出下降和消费税上调，日本经济增长将弱于 2013 年。新兴经济体由于国内结构性问题短期内难以调整到位，2014 年仍将面临较大下行压力。因此，主要贸易伙伴经济疲弱将制约美国出口增长。其次，日本政府债务风险上升可能危及全球金融稳定。在安倍财政刺激政策推动下，2013 年日本政府债务已经突破 1000 万亿日元，占 GDP 比重接近 250%，居发达国家之首。IMF 近期已多次对日本债务风险提出警告。如果日本爆发债务危机，必然冲击全球经济，美国也将难以独善其身。欧元区债务问题尽管已相对平稳，但也不排除爆发局部风险的可能。最后，当前叙利亚内战旷日持久，埃及等国政局不稳，中东地区持续动荡，将影响国际原油价格走势，进而可能对美国国内通胀造成一定输入性影响。

（二）对美国经济 2014 年走势的主要判断

1. 私人消费仍将对美国经济复苏起主导作用

随着就业市场的改善和居民收入的增加，美国消费将继续保持稳定增长。2013 年以来，美国个人可支配收入持续增长，储蓄率回升，到 2013 年 8 月，人均可支配收入达到 3.95 万美元，比 2013 年初增长近 1000 美元，储蓄率也由 3.6% 升至 4.6%。同时，美国居民消费意愿依然旺盛，居民消费支出及消费信贷余额继续增长，消费者信心指数尽管近期因两党政治僵局有所下降，但仍保持在危机以来的高位。因此，占美国经济贡献七成的消费将继续为经济复苏提供动力。

2. 投资增长将助力美国经济

受企业对经济前景预期更趋乐观影响，美国企业投资意愿增强，Sentix 投资信心指数 2013 年 8 月一度创 2004 年以来的新高。而且，美国房地产复苏和"再工业化"效果的显现也将有助于继续推动住房和制造业投资增长。2013 年 8 月美国私人营造支出折年数达到 2009 年 1 月以来的高点。同时，制造业也出现加速回流迹象。据波士顿咨询公司报告，在受访的 200 家美国大型制造企业中，分别有 21% 和 31% 的企业已经准备或者开始考虑搬回美国，分别比上

年提高 11 个和 4 个百分点。

3. 出口增长将保持平稳

由于 2014 年全球经济将缓慢复苏，全球贸易也将有所恢复。据 WTO 最新预计，2014 年全球贸易将增长 4.5%，较 2013 年提高 2 个百分点。鉴于美国服务贸易在全球贸易格局中占据绝对优势地位，可替代弹性较低，在全球出口竞争中仍将保持竞争优势。商品出口也有望因能源和劳动生产率提高而降低成本，带动出口竞争力增强。年内美国制造业采购经理人指数新出口订单分项指数已经连续 10 个月扩张。因此，2014 年美国出口有望保持平稳增长。

综合来看，美国经济仍处于走出危机萧条并迈向新一轮增长周期的过渡阶段，主导经济复苏的基本面因素总体向好，仍将保持温和复苏态势。但同时，美国财政问题谈判、货币政策调整以及外部环境存在的不确定性也都可能对 2014 年美国经济复苏构成一定挑战。据 IMF 预计，2014 年美国经济将增长 2.6%，比 2013 年提高 1 个百分点。

2013 年欧洲经济形势分析
与 2014 年展望

伞 锋*

摘 要:

在经历了"二次探底"后，2013 年第二季度欧洲经济再度开始了新一轮景气复苏进程。欧债危机总体形势也逐渐缓和，金融市场趋于稳定。以此为标志，欧洲经济开始进入危机后的恢复性增长阶段。预计在德、英等大国的引领下，2014 年欧洲经济将出现缓慢增长，而一些外围国家的增长形势仍不容乐观。与此同时，这些外围国家的风险仍暗潮涌动，危机阶段并未真正渡过，仍有出现新动荡的可能。

关键词:

景气复苏 欧洲经济 欧债危机 欧洲一体化

一 2013 年欧洲经济和债务形势的"喜"

(一)欧洲经济开始新一轮景气复苏进程

在经历了连续六个季度的负增长之后，2013 年第二季度，欧元区 GDP 环比增长 0.3%。当季，欧盟也在连续两个季度负增长后重现 0.4% 的增长。从国别情况看，欧洲经济新一轮景气复苏的特点如下。一是德、法等大国经济表现抢眼。德国在消费、投资和出口"三驾马车"拉动下，出现

---

* 伞锋，经济学博士，国家信息中心经济预测部世界经济研究室主任，副研究员。

了自 2012 年初以来最强劲的季度增长，第二季度环比增幅达到 0.7%。法国经历了 2012 年第四季度与 2013 年第一季度连续两个季度 -0.2% 的负增长后，第二季度环比增速达到 0.5%，成功扭转了衰退局面。二是西班牙、意大利在阻止经济总量继续萎缩方面也取得了明显进展。2013 年第二季度，西班牙、意大利两国环比降幅已分别缩小至 0.1% 与 0.2%。三是除希腊等个别国家外，其他深陷债务危机的外围国家经济几乎都出现了复苏迹象。葡萄牙 2013 年第二季度环比增幅甚至超过 1%，呈现出出乎意料的强劲增长。

然而也应看到，欧洲经济的复苏是不充分、不均衡和不稳定的：受较高失业率和投资疲弱等因素影响，整体增速依然缓慢；大国与小国间、核心国家与外围国家间的复苏态势仍存在较大差异；法国、意大利等国复苏势头不稳固，一些中小国家由于复苏动力不足，可能再度陷入衰退。

（二）欧洲债务危机总体形势趋向缓和

2012 年 9 月欧洲央行宣布直接货币交易（OMT）计划以来，欧元区债务危机逐渐缓和，金融市场趋于稳定。意大利选举僵局、塞浦路斯救助等风险事件并未出现大的反复，只是在金融市场上略起波澜。意大利、西班牙等国 10 年期国债收益率逐渐稳定在 5% 以下，与德国债利差明显收窄。金融市场的总体稳定也使欧洲经济信心逐步企稳。作为金融市场稳定的一个重要标志，国际短期资金开始向欧洲回流。美国新兴市场基金研究公司（EPFR）资金流向报告显示，2013 年将成为 2008 年以来资金净流入最高的年度。欧洲正在受到国际投资人的青睐，资金回流"抄底"迹象明显。短期资金的大量流入，也推动欧洲股市上涨，缓解了债券市场的压力。

（三）危机国家结构改革取得一定成效

一是希腊在削减公共预算方面已经取得了较大进展。为履行与国际援助方达成的协议，希腊在裁减公务员、提高税收、缩减公务员工资及退休金、减少政府医保补贴等紧缩公共开支方面取得了一定成效。2013 年前 7 个月希腊不考虑利息支出因素的基本预算盈余实现了 26 亿欧元，为全年实现基本预算盈余打下了基础。二是爱尔兰在财政金融等领域的改革已见成效。爱尔兰政府已履行了受援协议中规定的大部分改革计划，在财政领域、劳动力市场和银行业改革方面都有切实进展，标准普尔国际评级机构已将其主权信用评级展望由"稳健"调整为"正面"。三是葡萄牙结构改革正在步入正轨。葡萄牙在紧缩财政和提高竞争力方面进展较为明显，财政赤字率明显下降，出口实现较快增长，劳动生产率缓慢提升，GDP 开始重返增长轨道。四是西班牙银行业改革和劳动市场改革有所突破。部分西班牙银行已开始走出因房地产泡沫破灭引发的危机，2013 年上半年，西班牙第一大银行——桑坦德银行赢利增长 29%，达到 22.5 亿欧元。截至 2013 年 8 月，西班牙失业率已连续 7 个月止升回落，当月失业人数较上年同期减少 1.6 万人。

（四）一些国家房地产泡沫破灭后的调整已接近尾声

2013 年第二季度，欧元区和欧盟房价环比分别上升 0.3% 和 0.4%，出现了小幅反弹。早在国际金融危机期间，房地产泡沫就已破灭，加重了银行业危机。其中，爱尔兰、西班牙、英国和丹麦等是泡沫最严重的国家，但经过近五年的调整，这些国家房价大多出现反弹。2013 年第二季度，爱尔兰住宅价格出现危机爆发以来的首次回升，同比上涨了 1.2%。英国房价已连续多季出现增长，2013 年 7 月房价上涨 2.6%，为 4 月以来最大涨幅。丹麦房价则连续 3 个季度同比上涨，2013 年第二季度涨幅为 3.5%。西班牙房价虽在下跌，但环比跌幅已由 2013 年第一季度的 5.1% 缩小至 0.8%。

（五）欧元区制度建设继续前行

为了推动欧洲一体化深入发展，也为了解决债务危机发展的根源性问题，推动经济增长，2013 年以来欧盟出台了一系列重大措施，其中包括开征金融交易税、强化商业银行自有资本金和建立银行业单一监管机制（SSM）等。总体来看，这些制度性措施虽多处在立法阶段，具体实施尚需时间，但这些措施的出台将推动一体化的进程。

1. 开征金融市场交易税进入倒计时

经过多年酝酿，2013 年 2 月，欧盟对外公布了开征金融市场交易税的建议方案。①第一批有意参与征收金融交易税的国家有 11 个，② 预计年纳税额将在 300 亿～350 亿欧元。同时，欧盟对成员国征收金融交易税持开放立场，未来将有更多成员国加入。根据欧盟立法程序，该建议方案将提交 27 个成员国与欧洲议会讨论，并且获得全部有意参与的 11 国的批准后方可实施。

2. 强化银行自有资本金的规定

为防范银行业危机、增加透明度，2013 年 7 月 1 日，欧盟明确从 2014 年起实施旨在提高银行自有资本金充实率水平的《巴塞尔协议Ⅲ》，以逐渐达到扩大资本风险缓冲金比率的要求，分阶段提高一级资本金充足率、流动性覆盖率，并对外公布杠杆率。③ 届时，欧洲将有多达 8300 家银行提高资本金比率，预计新增资本金将达万亿欧元。

3. 银行联盟迈出关键一步

2013 年 9 月 12 日，欧洲议会全会通过了建立银行业单一监管机制（single supervisory mechanism，SSM）的相关法案，宣告 SSM 的关键立法程序已经完成，并正式进入筹建实施阶段。这也标志着欧元区向银行联盟迈出了重要的第一步。④ 预计 SSM 将于 2014 年 9 月建成。SSM 作为银行联盟的奠基石，对欧盟应对金融

---

① 金融市场交易税为最低限度征税，适用于包括股票、债券、资产抵押证券、期货等衍生金融产品在内的各类金融交易业务。其中，股票与债券交易税率为 0.1%，衍生工具等投机性金融产品税率为 0.01%。金融交易税将按照"属地原则"征收，即无论交易业务发生在何处，只要交易双方或一方在 11 个成员国任何一国拥有固定地址，就必须缴纳金融交易税。

② 这 11 个国家分别是德国、法国、比利时、爱沙尼亚、希腊、西班牙、意大利、奥地利、葡萄牙、斯洛文尼亚和斯洛伐克。其经济总量分别占欧盟、欧元区的 2/3 和 9/10。

③ 根据相关要求，2014 年底前将一级资本充足率由 4% 上调至 6%、普通股占银行风险资产下限比例由 2% 提升至 4.5%。从 2015 年起，银行流动性覆盖率将分阶段逐步提高，其中，2015 年、2018 年将分别提高至 60% 和 100%。从 2015 年 1 月起，各银行必须对外公布各自的杠杆比率，从 2018 年起正式实施差别化杠杆比率。

④ 根据相关程序，此次欧洲议会表决通过 SSM 法案后，欧盟部长理事会将在之后几周内正式确认同意，并公告法案文稿。随后，该法案将正式生效，并开始为期一年的过渡期。2012 年底，欧盟提出建立更紧密经货联盟的蓝图，包括银行联盟、财政联盟、经济联盟和政治联盟在内的"四大联盟"。银行联盟是现阶段唯一具有可操作性的领域。

动荡、推进金融一体化建设和解决欧洲金融市场碎片化问题等具有里程碑意义。①

二 2013 年欧洲经济和债务形势的"忧"

（一）高债务率仍困扰着外围国家

截至 2013 年上半年，欧元区 17 国政府债务高达 8.87 万亿欧元，政府债务率（政府债务与 GDP 之比）已经上升至 93.4%，比上年同期增长了 3.5 个百分点。欧盟 28 国政府债务达 11.28 亿欧元，政府债务率已升至 86.8%，同比提高了 2.1 个百分点。其中，希腊、意大利、葡萄牙、爱尔兰、塞浦路斯、西班牙和斯洛文尼亚等外围国家的政府债务率分别升至 169.1%、133.3%、131.3%、125.7%、98.3%、92.3% 和 62.6%，比上年同期分别提高 19.9 个、7.7 个、13.1 个、15.5 个、15.2 个、14.7 个和 14.1 个百分点。与此同时，这些国家的财政赤字率（财政赤字与 GDP 之比）不断突破此前设定的减赤目标。② 财政赤字率高企和政府债务率快速上升，致使其缓解高债务的政策效果不断被削弱，为后续对这些国家的再度救助埋下了伏笔。

（二）就业形势依然十分严峻

尽管欧洲失业率已出现了停止恶化的趋势，但整体失业水平依然居高不下，失业人口依然庞大，对经济社会的影响依然显著。截至 2013 年 8 月，欧元区失业人口仍接近 2000 万（欧盟失业人口为 2600 多万），失业率仍高达

---

① 一方面，欧洲金融市场对银行业的依赖极大，后者提供了当地资金需求的 40%，其作用是美国银行业的两倍。对银行业实施统一监管就能基本掌握欧洲金融市场大局。另一方面，2012 年底以来，虽然欧洲央行非常规货币政策显著拉低了整体融资成本，但未能解决南北金融市场分化扩大问题。分析认为，SSM 正式筹建，将借欧洲央行信誉打消市场部分重债国的疑虑，有利于重塑市场信心和促进资金回流，也将对欧洲金融市场的真正统一奠定重要基础。

② 例如，法国政府预计，由于经济增速不及预期，该国财政赤字率不降反升，将由 2012 年的 3.7% 增至 2013 年的 4.1%。2013 年，爱尔兰也难以实现将财政赤字率降到 7.5% 的目标。

12%（欧盟失业率为10.9%）。另外，希腊、塞浦路斯、法国等少数国家失业率仍在上升。据希腊央行预测，2013年底前，希腊失业率将攀升至28%，最早要到2015年才有望出现回落。塞浦路斯失业率也已高达17%，仅次于希腊和西班牙，居欧元区国家第三位。长时间的高失业率使相当一部分人口被排斥在劳动力市场之外，这不仅抑制了内需，而且对社会保障的刚性需求持续增加带来影响。

（三）政局动荡使经济形势一度恶化

2013年7月，由于多位政府高官因担忧财政紧缩措施威胁政府前景、影响经济复苏而辞职，导致葡萄牙政坛出现危机。葡萄牙政府危机加剧了投资者的不安情绪，使市场对其能否在2014年中期如期重返资本市场融资产生怀疑，导致其国债收益率再度上升。2013年9月28日，意大利政局再度出现危机。包括副总理兼内政部长、基础设施与运输部长、农业部长、卫生部长等来自中右翼联盟的自由人民党内阁成员宣布集体辞职，导致意大利内阁短期内陷入瘫痪。[①] 受意大利政治危机影响，意大利国债收益率大幅飙升，股价重挫，欧元汇率也一度走低。

三　2014年欧洲经济和债务形势的前景

（一）德国、英国有望进一步引领欧洲经济缓慢增长

2013年8月以来，多个经济数据向好，[②] 预示着欧洲经济已经度过了最困

---

① 意大利政府危机从表面上看，是对总理莱塔决定就提高增值税率提交信任案的抗议，但根本原因是意大利最高法院8月初终审审判决该党领导人、前总理贝卢斯科尼4年监禁。

② 2013年8月，欧元区消费者信心指数创下了自2011年8月以来的新高；9月，欧元区投资者信心指数近两年来首次转为正值，多数投资者对投资现状和前景更加乐观；9月，欧元区通胀率为1.1%，低于2%的中期目标。更为重要的是，2013年8月，德、法、英等国PMI显示经济有望持续增长。其中，德国在新业务增长的推动下，民间部门扩张速度创7个月以来最快；法国制造业活动略显萎缩，但接近于摆脱连续18个月的下滑状态；英国制造业、建筑业和服务业等领域的PMI都在加速扩张。

难的时期。但是，持续三年多的欧债危机将外围国家经济体制、机制乃至结构中诸多深层次矛盾暴露出来，这些矛盾的化解需要一个过程。以 2013 年第二季度经济反弹为标志，欧洲经济开始进入危机后的恢复性增长阶段。

在欧洲各大国中，德国和英国经济增长势头较好，有望引领本轮欧洲经济复苏。2013 年 10 月 17 日，德国一些主流研究机构在秋季报告中做出"德国经济正处在繁荣阶段开端"的判断，并且即将迎来新一轮景气繁荣期。报告认为，受国内消费与投资拉动力明显增强影响，2013 年和 2014 年，德国经济增长率将分别为 0.4% 和 1.8%。2013 年 10 月 23 日，德国经济部也做出了类似的预测，表明德国政府同样看好 2014 年经济增长前景。与德国类似，经过多年调整后，英国经济也将快速复苏，IMF 预计 2013 年和 2014 年其增长率将分别达到 1.4% 和 1.9%。

（二）出口和消费仍将是引领欧洲经济复苏的主要动力

2013 年第二季度，出口和消费是欧洲经济增长的主要动力；同时，投资在经历多年下滑后，也出现了缓慢反弹。预计这三股力量将继续推动欧洲经济缓慢复苏。其中，经过多年停滞后，私人消费将稳步回升，进而带动投资和就业缓慢恢复；在美国等发达市场回暖带动下，欧洲出口形势有望继续好转。此外，欧洲央行宽松的货币政策有助于稳定市场信心，而欧盟将财政政策重心逐步转向促增长，[①] 也将有助于欧洲经济复苏。

然而，欧洲景气复苏仍存在一定的不确定性。从内部因素看，一些外围国家经济积重难返，短期内仍有可能出现反复：一是一些外围国家虽然在结构改革方面取得一定进展，但仍未能找到提高竞争力的有效途径，仍不足以改变经济低迷的现状；二是一些外围国家受高失业率影响，内需不振，消费和投资继续回落；三是连续多年实施严厉的紧缩措施，对外围国家内需不足无疑是雪上加霜。在上述因素影响下，这些外围国家经济疲弱与债务风险的恶性循环一时还难以打破。只要经济复苏的势头难以明显改善，债务危机的阴影和风险就难

---

① 2013 年 5 月 29 日，欧盟延迟了主要国家财政减赤达标时间表，标志着欧洲宏观经济政策重心由此前的财政紧缩逐步转为今后的结构调整和促进增长。

以彻底摆脱。① 从外部风险看，美国将在 2013 年底前开始退出量化宽松政策的预期，将对欧洲经济和债务形势带来冲击。国际资本撤离欧洲，将对欧洲债券市场、外汇市场和股票市场带来冲击，延缓实体经济脆弱的复苏进程。对此，虽然欧洲央行承诺通过低利率政策长期化来稳定借贷成本，引入利率"前瞻性指引"来应对美国货币政策收紧的影响，但冲击仍将难以消除。

综合来看，预计 2013 年第三、第四两个季度，欧元区环比增长率分别为 0.4% 和 0.5%，呈逐季加快之势，但全年仍为负增长。2014 年经济增速有望缓慢上升。IMF 预计，2013 年和 2014 年欧元区经济增长率将分别为 -0.4% 和 1.0%。相比之下，其他机构对 2014 年欧洲经济的预期明显低于 IMF 的预测。按照德国经济学家预测，2013 年和 2014 年，欧元区经济增长率将分别为 -0.5% 和 0.7%；2014 年，不包括德国的欧元区经济增长率将只有 0.5%。

（三）外围国家仍有出现新动荡的可能

尽管欧元区债务危机局势相对平静，但一些外围国家风险仍暗潮涌动，危机阶段并未真正过去：原有危机国的援助计划即将到期，需要考虑实施新的援助措施；塞浦路斯和斯洛文尼亚等新危机国的债务形势可能再度恶化；一些濒临危机的国家，如西班牙、意大利和法国等，改革意愿不强，后续发展也存在不少变数。

1. 希腊是否需要第三轮国际救助问题

希腊正在实施的第二轮救助计划将在 2014 年底结束，② 但该国债务承受能力仍在不断恶化。受经济持续衰退影响，希腊负债总额已超过 3000 亿欧元。预计 2013 年底希腊公共债务率将升至 176%，这几乎又回到了首轮债务重组前的水平。希腊若不借助于进一步的债务重组措施将难以最终走出债务危机的

---

① 尽管爱尔兰在反危机中取得明显成效，但财政过度紧缩致使其复苏形势仍较为严峻，爱尔兰央行对 2013 年经济增长预期由 1.2% 下调至 0.7%。希腊长期财政紧缩，致使其经济衰退短期内仍难见底。塞浦路斯经济也受到严厉紧缩措施的严重拖累，最早要到 2015 年才可望逐渐趋稳。

② 迄今为止，希腊已先后实施了两轮资金规模合计达 2500 亿欧元的国际救助，私人债权人还被迫放弃了高达 1070 亿欧元的债权。

困境。① 对此，欧元区集团主席戴塞尔布卢姆表示，希腊债务危机在现行救助方案期满后仍将难以得到化解，因此，给予进一步救助的可能性很大。如果希腊兑现向国际援助方做出的压缩公共开支、推进国内改革以及实现基本预算盈余目标的受援承诺，将继续获得后续救助。

2. 葡萄牙能否切实履行受援协议存疑

鉴于葡萄牙正在实施的总额 780 亿欧元的国际救助将在 2014 年中期结束，预计 2013 年底国际援助方将就该国结束外援后的下一步对策做出决定。2013 年 7 月葡萄牙政府危机以来，市场对其能否继续履行受援协议以及能否如期完成既定减赤目标提出质疑。2013 年 10 月 15 日，葡萄牙政府公布了以减支和增税为主的 2014 年预算草案，遭到葡萄牙宪法法院否决，导致葡萄牙履行协议的不确定性增大。由于葡萄牙局势仍不乐观，不排除国际援助方下调贷款利率、延长贷款期限或接受欧洲稳定机制（ESM）基金"预防性贷款额度"救助的可能性。

3. 爱尔兰可能接受"预防性贷款额度"救助

2013 年底，爱尔兰接受的 850 亿欧元外部援助计划即将期满。虽然各方普遍预计 2014 年该国就将凭借自身实力重返资本市场发债融资，但届时爱尔兰仍可能需要接受 ESM 提供的"预防性贷款额度"支持，以便确保爱尔兰能够平稳度过"后援助"阶段的过渡期。欧元区集团主席戴塞尔布卢姆已表示，将在 2013 年 11 月就如何帮助爱尔兰平稳退出外部援助以及重返市场融资等事宜做出后续决定。

4. 塞浦路斯危机形势仍然十分严峻

尽管塞浦路斯已履行了大部分受援协议，但其改革进度缓慢，特别是塞浦路斯银行（该国最大的银行）资产重组进展尤为迟缓。按照国际援助方与塞浦路斯政府达成的协议，塞浦路斯银行规模必须明显缩小，并且将接受遭到破产清算的第二大银行 Laiki 坏账资产剥离后的剩余资产。唯有在实施银行重组计划之后，才能解除现行资本往来的限制性规定。鉴于塞浦路斯经济收缩程度

---

① 据测算，届时第三轮救助方案资金规模可能为 110 亿欧元，其中 2014 年希腊将至少再需要 45 亿欧元的援助。另据 IMF 测算，2015 年希腊融资缺口将超过 65 亿欧元，2015~2020 年融资额缺口合计将达 470 亿欧元。

明显超出"三驾马车"预期的情况，预计 2014 年国际援助方将对塞浦路斯救助方案中的目标重新修正，甚至不排除出台新救助计划的可能性。

5. 斯洛文尼亚正处于危机边缘

2013 年 5 月，国际评级机构将斯洛文尼亚的国债等级下调至"垃圾级别"。同时，欧委会也启动了针对该国"宏观经济失衡"的调查程序，指责该国除面临景气衰退与金融危机的严峻形势外，还未能在削减公共债务以及落实经济结构改革措施上取得明显进展。斯洛文尼亚因此成为首个因"经济失衡"而受到欧盟惩处的欧元区国家。欧盟内部人士断定，不排除该国提出外部援助请求的可能性。经济学家们也表示，唯有在接受附加苛刻受援条件的外部援助情况下，斯洛文尼亚国内改革及其结构调整才有可能在外力的作用下得以推进。

6. 西、法、意等国改革意愿不强

在外界压力减少的影响下，西班牙政府国内改革阻力明显增大。[1] 法国政府不愿意改变现状，特别是新近提出的养老金改革计划力度不仅明显低于预期，而且未达到 2013 年 5 月欧盟提出的要求。欧盟警告，法国若继续延误改革，就将面临主权信誉评级遭到进一步下调的可能。意大利政府有意放松紧缩与改革的努力。意大利政府宣布取消蒙蒂政府实施的房地产税的措施，而当初开征该税是为了减轻政府财政压力并降低国家负债规模。不仅如此，意大利现政府总理莱塔再三呼吁欧盟尽快终结由德国政府力推的紧缩政策。由于经济形势、债务形势与改革意愿三者间是密切联系的，一方面，主要危机国债务形势趋稳，是经济形势好转的前提条件；另一方面，随着欧洲经济和债务形势趋稳，一些濒临危机的主要大国改革意愿下降，其长期增长前景也不乐观，债务风险将难以消除。

---

[1] 2012 年 6 月，国际援助方宣布向西班牙危机银行提供不超过 1000 亿欧元的救助资金，同年 12 月批准向西班牙发放最高达 395 亿欧元的银行业救助贷款。鉴于迄今西班牙仅动用了银行救助资金中的一部分，以及不存在类似于希腊的巨额融资缺口问题，欧元区集团对该国危机应对与国内改革进展情况总体上较为满意。

G.19
2013 年日本经济形势分析与
2014 年展望

张晓兰*

摘　要：

受益于安倍经济学，2013 年日本经济走上了较快复苏的道路。但从复苏态势看，其经济增长是不均衡和不完全的。预计受到未来财政政策紧缩效应、国内有效需求不足、规制改革推行阻力重重、全球量化宽松政策环境变化和外部市场空间受限等因素影响，2014 年安倍经济学的"三支利箭"将难以继续发挥相应的作用，更无法解决日本经济结构中长期存在的问题，其政策困境和风险也增加了经济前景的不确定性。预计 2014 年日本经济增速将明显放缓。

关键词：

日本经济　安倍经济学　财政政策　货币政策

一　2013 年日本经济运行情况

（一）经济复苏加速，消费需求上升

2013 年以来，日本经济在安倍经济学刺激下出现加速复苏势头。前两个季度 GDP 环比折年率分别增长 4.1% 和 3.8%，其增速不仅创 2012 年第二季度以来最高，而且自 2010 年第三季度以来首次连续两个季度保持 3.5% 以上

---

* 张晓兰，经济学博士，国家信息中心经济预测部，研究方向为世界经济。

的增长。由于自主性增长迹象增强,日本内阁府在其9月发布的月度经济报告中将对经济现状的评估从"正在缓慢好转"上调为"切实好转"。国际货币基金组织(IMF)、经济合作与发展组织(OECD)等国际组织也分别上调了对2013年日本经济的增长预期。出口和消费是推动日本经济加速复苏的主要动力。其中,受经济信心恢复及股市财富效应影响,前两个季度私人消费环比折年率分别增长3.4%和3%,分别拉动经济增长2.1个和1.8个百分点。

(二)出口增长强劲,贸易逆差持续

除消费外,出口是促成日本经济复苏加速的另一因素。在日本央行激进货币政策引发的日元贬值刺激下,日本出口结束了2012年连续三个季度的负增长,2013年前两个季度环比折年率分别增长16.8%和12.4%,分别拉升GDP增长2.2个和1.7个百分点。但与此同时,由于日本核电站停运导致石油、天然气进口大量增加,出口的改善被进口快速增长抵消,日本贸易逆差局面并未出现明显改观。2013年8月,贸易逆差仍高达9603亿日元,连续14个月出现赤字,并创下30年来最长贸易逆差期。

(三)制造业扩张加快,企业经营改善

得益于出口增长和内需恢复,2013年内日本制造业逐步复苏,制造业采购经理人指数(PMI)在3月重返50的荣枯分界线后继续上升,9月升至52.5,创下2011年2月以来的新高(见图1)。伴随经济环境改善,企业业绩也有所好转。2013年4~9月,全国负债1000万日元以上的企业破产数量降至5505家,较上年同期减少9%,创下1991年以来的新低。企业负债总额减少0.5%,创下1990年以来的新低。负债额达到10亿日元以上的破产企业数量减少6.9%。

(四)通缩局面改变,就业形势好转

在日本央行超宽松货币政策刺激下,日本开始走出持续通缩的泥潭,物价出现温和上涨。2013年6月,剔除生鲜食品价格的核心CPI同比涨幅由负转

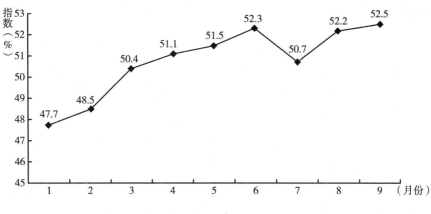

图 1   2013 年 1～9 月日本制造业 PMI 走势

资料来源：Markit/JMMA。

正，并在之后的 4 个月中实现持续增长，8～9 月核心 CPI 同比涨幅更保持在
0.7%～0.8% 的四年高位（见图 2）。日本政府在 8 月的经济报告中称"通缩
局面正接近结束"，比 7 月的"通缩压力正在缓解"更加乐观，是近四年来政
府对物价形势的最乐观评价。与此同时，日本经济复苏加快也带动了就业市场
改善。2013 年 1～8 月失业率均值为 4.075%，远低于 2012 年平均值，尤其 3
月以后，制造业加速扩张推动失业率显著下降，7 月降至 3.8% 的新低，为
2008 年 10 月以来的最低水平（见图 3）。

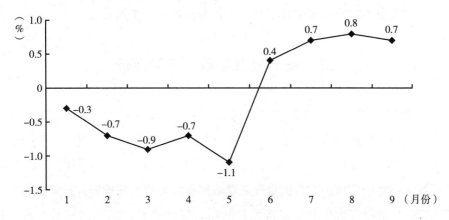

图 2   2013 年 1～9 月日本消费者价格指数较上年同期变动情况

资料来源：日本总务省。

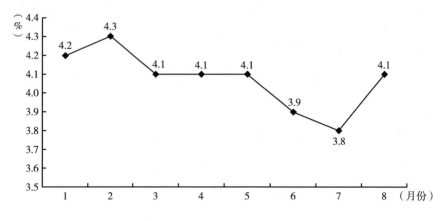

图3　2013年1~8月日本劳动力调查（季节调整值）

资料来源：日本统计局。

　　然而，也应该看到，经济复苏是不均衡、不完全的。一是从2013年前两个季度的经济表现看，增长率主要由个人消费与日元贬值拉动，2014年4月消费税的提高，将使占GDP近六成的个人消费受抑制，负面影响将波及经济的各个领域。二是消费复苏明显好于投资。这一轮经济复苏多受益于旺盛的消费需求，而民间设备投资仍是拖累内需增长的主因，连续6个季度呈现负增长。三是税负偏低加剧政府债务负担。2013财年，日本税负仅为22.7%，远低于美、英、德、法等国。尽管低税负与超宽松的货币政策保持一致，但是政府收入增长乏力将致使未来几个月日本债务负担进一步加重。

二　安倍经济学政策效果评析

　　在2013年世界经济复苏整体趋缓的背景下，安倍政府执政以来所采取的财政、货币政策成为推动日本经济复苏明显改观的首要因素。其一系列组合措施也被称为"安倍经济学"，它主要由三个部分组成：一是大胆的货币政策，即超级量化宽松政策；二是扩张性财政政策和大规模公共投资；三是以结构改革和刺激民间投资为中心的经济增长战略。安倍政府试图以这三大主轴为核心，通过宽松的货币政策压低中长期国债收益率，进而刺激私人投资和企业赢利预期，推动资产价格上涨，并以财富效应和通胀预期刺激消费，通过投资和消费联动提振经济增长。相比较而言，经济增长战略是实现安倍经济学政策目标、改善日本经济结构最重要的政策取向。然而，目前来看，安倍经济学尽管在短期内取得了一定的成效，但鉴于日本经济问题错综复杂、积重难返，其实施过程中依然面临很大的困境，其政策前景和实施效果仍存在较大的不确定性。

（一）超宽松货币政策推动日元贬值和培育通胀预期的边际效应明显减弱

虽然日本央行实施的激进货币政策在短期内成功诱导日元贬值，刺激了出口，但是通过日元贬值推动出口增长不具有可持续性。2012 年底至 2013 年 5 月上旬，日元贬值压力已获得集中释放，日元兑美元汇率基本回吐了国际金融危机以来的涨幅，且已接近危机前水平。在全球经济低速复苏、国际经济环境仍存在较大不确定性的情况下，日元作为传统避险货币，继续贬值的空间已十分有限。2013 年 5 月以来，兑美元汇率一直在 95 日元/美元至 100 日元/美元的区间内波动。未来除非日本央行推出进一步超出市场预期的宽松政策，否则难以启动日元新的贬值进程。同时，货币政策虽然有助于短期内提升通胀预期，但从长期看，实现物价水平的持续上涨还需要提高居民收入水平、恢复银行派生货币能力以及使产出水平维持在潜在水平之上等条件，这并非简单依靠货币政策所能解决的，须辅之以深入的结构性改革。另外，货币投放急剧增加还可能引发"非良性的物价上涨"，加大经济复苏的不稳定。

（二）扩张性财政政策刺激民间投资作用有限且加剧财政风险

扩大公共投资是国际金融危机以来日本政府拉动经济增长的重要手段。在日本大地震灾后重建支出和安倍扩张性财政支出的双重支持下，日本公共投资自 2012 年开始一直保持高速增长态势，2013 年前两个季度环比折年率分别增长 5.8% 和 12.7%，分别上拉当季经济增长 0.3 个和 0.6 个百分点。但与此同时，公共投资的扩大并未带来民间投资的明显回升，前两个季度私人固定资产（非住宅）和库存投资对经济增长的贡献分别下拉 0.1 个和 0 个百分点，显示企业投资意愿依然不足。同时，由于持续扩大财政投入且收入增长有限，财政赤字继续攀升。2013 年日本政府债务已经突破 1000 万亿日元，占 GDP 比重接

近250%，居发达国家之首。不断累积的政府债务已成为日本财政的沉重负担，2013年度日本国债还本付息占经常性财政支出的近1/4。为此，IMF近期已多次对日本债务风险提出警告。

（三）结构性改革推进困难重重

安倍经济学的"前两支箭"确实刺激了日本经济复苏。然而，从长期看，安倍经济学能否带领日本经济走出长期低迷，主要还取决于"第三支箭"的功效。日本经济要恢复正增长，必须靠提高劳动生产率和产业竞争能力，才能真正实现经济持续增长。目前来看，安倍经济学的"第三支箭"还难以解决日本经济面临的深层次结构性问题。首先，人口老龄化严重。老龄化问题不仅抑制社会创新和消费，而且使政府的税收收入减少，还加剧了财政支出压力。其次，社会投资需求不足。日本缺乏新的技术变革，国内缺乏投资机会。最后，私人部门融资需求不足。虽然持续"去杠杆化"的有效作用使得约一半上市公司基本实现了零负债，但安倍试图通过宽松货币政策压低利率和日元贬值增加出口的举措，难以有效刺激企业增加融资、扩大国内投资。因此，安倍推行的结构性改革落实仍面临巨大挑战，即便起效，其对经济增长的提振作用也将是一个长期而缓慢的过程。

三　2014年日本经济前景展望

展望2014年，安倍经济学对日本经济的提振作用将有所减弱。同时，伴随着消费税率的提高，预计2014年日本经济增速较2013年会有较大幅度的下降。IMF预计日本经济增速将从2013年的2%降至2014年的1.2%。

（一）消费税率提高将对国内消费起到明显的抑制作用

消费仍将是推动日本经济增长的重要力量。虽然当前消费者信心指数依然处于国际金融危机以来的高位，经济和就业市场前景改善也有利于稳定民众的消费预期，但与此同时，因安倍政府宣布将从2014年4月起上调消费税率，由目前的5%上调至8%。这将对国内消费带来较大负面影响。由于消费税更多的是一种"逆向调节"税收,作为全世界老龄化程度最严重的国家之一,消费税增税对依靠养老金生活的日本老年人影响显著。表面受益的低收入者实际负担也将增大,可能进一步扭曲日本家庭财富分配。一旦个人消费受压制,将波及企业设备投资、生产和住宅投资等领域,类似 1997 年的"消费增税衰退"噩梦可能会重演。

(二)公共和私人投资对经济的拉动作用有限

公共投资增长难以持续。由于日本债务占 GDP 比重已接近250%,这大大缩小了日本政府扩大公共投资的空间。事实上,日本政府的目标是要通过增加公共投资促进经济增长,但这也进一步提高了债务风险。同时,国内有效需求不足将成为企业投资的长期制约因素。虽然日本央行 2013 年 10 月 1 日发布的"日银短观"结果显示,9 月日本制造业大企业信心指数高涨,但是中小企业信心指数仍在负值区域徘徊,并且出现了企业向东南亚国家加速投资的现象。这表明大多数企业对在国内投资缺乏信心,产业空心化趋势仍难改变。

(三)外部环境将影响日本经济未来

从外部条件看,安倍经济学有赖于全球宽松的货币环境。安倍经济学在很大程度上是借美国经济复苏的"东风"。美联储退出量化宽松政策将对日本经济具有较大影响。一旦美国启动退出量化宽松政策进程,将改变世界流动性格局,触发全球中长期利率上升,进而可能推升日本国债收益率,提升日本政府融资成本和财政风险。不仅如此,随着发达经济体的缓慢复苏、新兴市场和发展中国家经济增长的放缓以及日元币值趋于稳定,未来出口对日本经济的拉动作用将会越来越有限。此外,安倍能否处理好日本与亚洲邻国的关系,也是影响 2014 年日本经济的主要因素之一。如果日本与中国、韩国关系继续紧张,相互之间经贸关系因政治降温而恶化,也将一定程度影响日本经济的增速。

(四)通胀预期可能下降,实际债务负担将进一步加重

IMF 认为,如果日本经济增速在 2014 年出现更快的下降,到 2015 年通胀率将难以达到 2% 的预期目标。届时为提高通胀预期,就需要更大规模、更加

激进的量化宽松政策来配合。如果货币政策效果有限，就需要额外的财政政策来刺激。但这些措施需要财政政策保持较大的空间，而这恰恰又是日本的软肋。

（五）潜在风险同样不可忽视

2014 年日本经济可能面临一些潜在风险，且这些风险极有可能变为现实，进而对日本经济带来长期危害：一是金融市场繁荣开始脱离实体经济支撑而愈发不稳定。一旦市场对股市和其他资产价格虚高的预期产生某种怀疑，股市必然会剧烈震荡，从而冲击实体经济。二是巩固财政的政策手段和结构改革不到位，可能使改革半途而废。持续的财政紧缩政策会导致经济增速锐减，这反过来也使推行紧缩政策遇到较大阻力。结构改革同财政紧缩政策相似。一旦财政稳固措施和结构改革半途而废，日本经济未来的风险将上升，又将回到安倍经济学推行前的状态。三是国债长期利率上升，可能加大财政风险，甚至引发债务危机。由于日本银行业大量持有本国国债，国债长期利率上升，势必会引发金融风险。以 2013 年第一季度五大商业银行持有的国内债券计算，长期利率提高 1 个百分点会带来 3 万亿日元的损失。一旦国债遭到抛售，这些金融机构财务状况将随之恶化（地区性银行尤为脆弱），财政和债务风险将转化为金融风险，并引发住宅贷款和企业融资等环节发生连锁反应，进而出现更大的危机。

IMF 在 2013 年《世界经济展望》（秋季报告）中警告，日本经济出现最坏前景的可能性非常大。这种前景就是经济增速长期徘徊在 0.5% 左右，经常账户顺差再度扩大，与 GDP 比率超过 2%，短期利率长时间接近于零，通胀率大大低于 2% 的目标，财政风险上升。IMF 认为，与美国经济相比，日本经济更容易陷入长期低迷状态。

G.20

2013 年新兴经济体形势分析
与 2014 年展望

程伟力 *

摘　要：

2013 年，新兴市场经济体经济增速高位回落，通货膨胀仍然处于较高水平，对外贸易总体低迷，但就业形势逆势上扬，一些新兴市场经济国家金融市场剧烈动荡。展望未来，新兴经济体将加快结构调整和转型步伐，预计这一过程将持续 3～5 年时间。在调整和转型期内，新兴经济体增速将有所下降。待调整和转型完成后，新兴经济体增速可望有所加快。我国面临着同其他新兴国家类似的问题，应借鉴其经验教训，促进经济健康发展。

关键词：

新兴市场　金融风险　通货膨胀　就业

一　2013 年新兴经济体经济形势分析

（一）新兴经济体经济增速明显回落

2012 年以来，新兴经济体增速普遍下滑。2013 年以来，新兴经济体增速继续处于高位回落轨道，第二季度，巴西 GDP 同比增长 3.3%，印度经济增速则进一步下滑至 4.4%，为 2009 年以来的最低水平；前三季度，俄罗斯 GDP

---

* 程伟力，经济学博士，国家信息中心经济预测部副研究员，主要研究方向为世界经济。

同比增长只有1.5%，同期工业生产增长仅为0.1%，处于停滞状态。新兴经济体经济增速持续回落主要有如下原因。

一是发达国家经济低迷影响了新兴经济体出口贸易。不论是贸易顺差国还是赤字国，从整体上看新兴经济体是以出口为导向的，出口最终目的地仍然集中于发达国家，发达国家经济虽有回暖迹象但仍低迷，普通商品和外部服务需求不旺导致发展中国家对外贸易停滞不前，外需不振进一步影响国内投资和消费需求，从而影响经济增长。

二是能源和大宗商品需求下降和价格回落对资源出口型国家造成严重冲击。其中典型的代表是俄罗斯和巴西，石油和矿产品价格回落直接影响国际收支，需求下降则进一步削弱了相关领域的固定资产投资需求。在此背景下，2013年1~9月，俄罗斯固定资产投资同比下降1.4%，直接影响了经济增长。巴西情况与俄罗斯类似。

三是利率政策影响了工业生产和消费需求。2011年底以来，为防范通货膨胀，以巴西为代表的新兴市场经济国家步入了加息周期。过高的利率增加了企业的财务成本，使得本已疲弱的企业雪上加霜，工业生产停滞不前。另外，高利率降低了消费需求，进一步影响了消费品生产。

四是吸引国际直接投资的能力下降。首先，高级技术工人和工程师缺乏，如巴西部分行业的技术人员需要从欧洲引进，直接导致成本上升。其次，基础设施落后仍然是印度、巴西等大多数新兴国家的发展瓶颈，大型工业项目难以落地。最后，一些国家软环境欠佳，赋税较高，缺乏有效的激励政策。在发达国家经济出现好转的情况下，部分企业转向欧美国家，实体经济领域的外资流出。

五是存在财政赤字和贸易赤字的国家既缺乏财政实力重振国内投资和消费需求，又要采取政策弥补贸易赤字，在此背景下经济政策陷入进退维谷的境地。

（二）通货膨胀仍然处于较高水平

同发达经济体形成鲜明对比的是，在能源和大宗商品价格回落的背景下，新兴经济体通货膨胀居高不下，巴西、俄罗斯消费物价在6%~7%的高位附近波动，印度物价连续 8 个月以两位数的速度上涨。为防范通货膨胀，一些国家的央行不断提高利率，但效果不佳，甚至起到相反的作用。出现上述现象的主要原因如下。

其一，新兴经济体通货膨胀主要表现为食品价格的上涨，食品价格的上涨关键在于对农业的投入不足，提高利率并不能刺激农业投资。以印度和印度尼西亚为代表的一些新兴市场经济国家农产品供应不足，价格上涨。例如，2013 年 9 月，印度批发价格指数（WPI）同比上涨 6.46%，为 7 个月以来的最高水平。其中，食品价格同比上涨 18.4%，带动 WPI 上涨 2.64 个百分点。

其二，高利率政策在一定程度上加剧了物价上涨。由于新兴市场经济体通货膨胀的根源在于供给不足，紧缩的货币政策又进一步抑制了工业生产，工业产品供给不足又进一步加剧了物价上涨。20 世纪 60 年代，以巴西为代表的拉美国家曾犯过类似错误，目前的情形与过去雷同。拉美结构学派强调，对于供给不足导致的结构性通货膨胀，关键在于通过结构调整扩大供给，而非提高利率以控制投资和消费需求。

其三，本币贬值加剧通货膨胀。2013 年，多数新兴市场经济国家货币不断贬值，导致进口商品价格上涨。能源和资源缺乏的国家受害更为严重，如印度石油对外依存度超过 80%，货币贬值必然导致油价上涨并产生连锁反应。2013 年 9 月，印度能源价格上涨 10.08%，带动 WPI 上涨 1.5 个百分点。资源丰富的国家如俄罗斯同样受到冲击，原因在于产业结构不合理，一些消费品国际竞争能力不强导致依赖国外进口，从而表现为普通商品价格上涨。

其四，垄断产品价格上涨推高通货膨胀。以俄罗斯为例，2013 年上半年，俄罗斯全国各地居民用电的收费标准平均上调 12% ~ 15%，全年将上涨 6.5% ~ 7.5%；民用和工业用天然气收费标准平均涨幅达到 15%，全年涨幅为 7.5%；供暖和供水的费用收取标准上调 10%，全年涨幅为 5%。这些垄断行业的价格上涨直接导致通货膨胀上升。上述情况在其他新兴市场国家都有不同程度的表现。

（三）对外贸易总体低迷

受发达国家经济低迷及自身经济结构影响，新兴市场国家对外贸易普遍低

迷。2013 年前三季度，巴西商品出口同比下降 3%，商品进口增加 2%，贸易逆差约 400 亿美元，而上年同期为顺差 600 亿美元；俄罗斯对外贸易顺差虽然仍有 1335 亿美元，但同比减少 9%，其中，出口 3827 亿美元，同比下降 1.4%，进口 2492 亿美元，同比增长 3.4%；受外需增长、卢比贬值、政府控制黄金等非必需品进口措施影响，印度 2013 年前三季度商品出口增长 4%，进口与上年同期持平，贸易逆差下降 8%。

（四）就业形势逆势上扬

同经济增长停滞不前相反，新兴市场经济体就业形势从整体上看不断好转，巴西和俄罗斯失业率处于历史低位，2013 年 8 月均下降到 5.3%，远远低于国际金融危机爆发前的水平。新兴市场经济国家失业率下降，固然有经济增长因素，但在增速回落的情况下失业率继续下降则同政策密切相关。自卢拉执政以来，巴西把提高就业作为重要的经济政策目标，"第一次就业计划"就是为 16～24 岁第一次就业的低学历青年人准备的，目前的就业状况说明政策实施取得了较好的效果。

不过，从另一个角度来看，失业率下降及持续减少的外贸顺差表明以俄罗斯为代表的新兴市场经济国家经济增长已达极限，若要再现过去十年的经济辉煌，这些国家必须加快结构调整。

二 2013 年新兴经济体金融市场分析

2013 年 5 月以来，新兴经济体金融市场出现剧烈动荡，各种矛盾在 8 月集中爆发，各国货币迅速贬值，以印度为例，从 2013 年 5 月初到 8 月底，卢比兑美元汇率下降 27%，印尼盾跌至 4 年来新低，国际短期资本快速撤离新兴市场，印度、巴西、印度尼西亚等国股票价格指数急剧下跌，金融危机一触即发。在各国政策的干预之下，9 月新兴市场国家金融市场企稳，但潜在的金融风险仍然存在，深入分析这轮金融市场动荡的原因对防范未来可能出现的金融危机尤为必要。

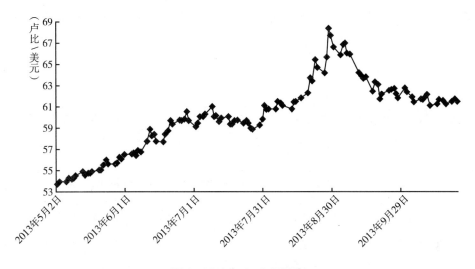

图1　2013 年 5～9 月汇率

资料来源：Wind 资讯。

（一）外部经济环境变化是直接诱发因素

美国经济复苏及政策动向是新兴经济体金融动荡的直接诱发因素。基于美国经济趋于改善的判断，从 2013 年 5 月开始，美联储历次会议均释放了量化宽松货币政策年内趋于缩减，直至 2014 年终止的信号。在此背景下，美国长期债券收益率快速上升，这对新兴市场国家的外汇市场形成巨大压力。也正是在这一时期，新兴经济体金融市场出现逆转。

最近 30 多年的经验表明，新兴经济体的金融危机无一例外地爆发于美联储货币政策收紧时期，1982 年拉美债务危机、1994 年墨西哥比索危机、1997 年亚洲金融危机及其后的俄罗斯和巴西金融危机、21 世纪初的阿根廷货币危机，均是如此。关键原因在于美国利率提高改变了国际资本流向，新兴经济体为维护本国币值不断提高利率，但这既不能有效遏制资本外流，又削弱了经济增长的动力，金融动荡乃至危机由此产生，新兴市场国家金融市场本轮动荡同历次金融危机的成因有异曲同工之处。

与此同时，欧洲复苏进一步强化了新兴市场的资金外流压力。同巴西等国相反，恰恰是在 2013 年 5 月，欧洲央行采取了降息政策并引领了发达国家的

降息潮。受降息和美国经济的企稳影响，欧元区经济指标开始出现积极变化，欧元区第二季度 GDP 环比增长 0.34%，超过此前预计的 0.2%。2013 年 7 月，欧元区综合采购经理人指数从 48.7 上升至 50.5，8 月进一步上升到 51.7，创下 26 个月新高，其他经济先行指标均有不同程度的上涨。这表明欧元区有望结束二战以来时间最长的衰退，扩张趋势即将出现。欧洲经济复苏迹象的出现进一步强化了新兴市场资金外流的压力，加剧了新兴市场经济体的金融动荡。

（二）经济增长乏力及结构性问题是金融动荡的根源

新兴市场经济体增速普遍回落，尽管经济结构调整可以带动经济再创辉煌，但调整需要一个过程，在此过程中发达经济体向好必然导致短期资本回流，从而影响新兴经济体金融市场稳定。

更为关键的是，外汇储备不稳始终是新兴市场国家的隐患。从外汇储备的来源看，新兴市场国家大致可以分为三类：一是以印度为代表的国家，存在大量贸易逆差，外汇储备主要依靠国际市场的资本流入；二是以巴西和印度尼西亚为代表的国家，存在一些贸易盈余，但不足以弥补国际资本的投资收益，外汇储备同样依赖于国际市场资本流入，雪上加霜的是这些国家自 2012 年以来逐步由贸易盈余转为贸易赤字；三是以俄罗斯为代表的国家，虽有较多的贸易盈余，但存在大量短期国际投资资本，2013 年国际资本流出规模在 600 亿美元左右，外汇储备也在不断减少。同时，上述国家资本账户较早开放，世界经济和国际金融市场的变化容易导致国际资本大进大出。2013 年以来，大多数新兴市场国家外汇储备大幅下降，从而严重影响了这些国家国内金融市场的稳定。

三　新兴经济体未来发展趋势分析

（一）影响新兴经济体发展的有利因素

其一，新兴经济体仍然具有较强的增长潜力。经济增长理论表明，资本积累、人口增长、技术及管理水平的提高是影响经济增长的基本要素，相对发达国家、新兴市场国家在每一项发展要素上都具有明显的比较优势。首先，由于基础薄弱，资本积累速度远远超过发达国家；其次，发达国家的成熟技术和管理经验转移到新兴市场国家表现为技术进步和管理水平提高；再次，人口优势明显高于发达国家，只要通过教育将人口优势转化为劳动力优势，经济增长便具有较大潜力；最后，新兴市场原有制度不够成熟，制度变迁同样会促进经济增长。

其二，发达国家经济复苏可以带动新兴市场经济国家实体经济增长。欧美国家经济增速尽管缓慢，但复苏的趋势比较明确，这必然拉动以实体经济为主的新兴经济体的经济增长。事实上，欧洲新兴市场经济体 2013 年已经从欧洲发达国家的复苏中受益，商品出口状况明显改善。

其三，从政策方面看，各国都在采取有效措施促进经济增长。从 2012 年开始，所有的新兴市场经济国家都在采取积极的结构调整和转型政策，这些政策正在逐步发挥作用，前面所述的印度贸易状况持续改善就是例子。

（二）影响新兴经济体发展的不利因素

首先，国际资本存在大进大出的风险，防范金融风险是 2014 年新兴经济体的首要任务。在美国利率上升的过程中，国际短期资本容易快速流出，在这种情况下，即使拥有大量外汇储备也会出现国际收支危机，原因之一在于并不是所有的储备资产都可以随时变现。同时，一些国家外债相对数量和绝对数量都较高，以俄罗斯为例，该国虽然拥有 5000 多亿美元外汇储备，但截至 2013 年 10 月 1 日，其外债高达 7196 亿美元。

其次，技术总体水平比较落后，很多方面受到发达国家限制，即使在农业方面也不例外。在工业技术方面，发展中国家可以从发达国家直接引进技术；而在农业技术方面，受气候、土壤、水资源、经营模式等条件限制，发达国家的农业技术并不能直接向发展中国家转移，自我开发能力较强的发达国家占有优势。为巩固这一优势，发达国家又通过贸易和补贴等诸多政策加以保护。当前发达国家主要采取新能源、应对气候变化、金融等手段制约新兴市场国家的发展，维护自身在世界经济格局中的地位，未来很有可能利用农业的优势影响新兴市场经济体的发展。

最后，政策风险的滞后效应将逐步显现。上文指出，为防范通货膨胀，一些国家采取了提高利率的政策，这些政策存在较大的风险，对经济增长存在较大的抑制作用，政策的负面效应在 2014 年将会逐步显现。

在外部环境压力下，新兴经济体被迫加快结构调整和转型步伐。预计这一过程将持续 3～5 年时间。在调整和转型期内，新兴经济体增速将明显下降。待调整和转型完成后，新兴经济体增速可望有所加快，并将继续发挥对世界经济增长的引领作用。综合以上因素可以看出，2014 年新兴市场经济体将继续处于调整过程之中，经济增速同 2013 年基本一致，物价有所回落但仍居高位，就业形势继续好转，外贸有所复苏，但金融风险需要密切关注。

四　我国作为新兴市场国家应注意的问题

我国是新兴经济体中的大国，面临着同其他国家类似的问题，借鉴其经验教训，我国需要关注如下问题。

（一）采取有效政策，防范短期资本过多流入

短期资本大进大出是影响包括我国在内的发展中国家金融市场稳定的直接因素。对新兴国家来说，在本币处于升值状态，同时利率明显高于发达国家的阶段，国际短期资本往往会持续流入，从利差和货币升值中获取双重利益；相反，在发达国家经济基本面出现好转、货币升值、利率上升的阶段，短期资本会快速流出，从而影响金融市场稳定。为了减少游资的流入，未来一段时期，我国一方面应保持人民币汇率的基本稳定，并降低升值预期，另一方面应综合采取多种措施降低金融市场利率，在防范资本流入的同时降低国内企业的财务成本。

国际短期资本大进大出，不仅给发展中国家金融市场带来巨大冲击，而且将波及发达国家，加强国际政策协调尤为必要。一方面，应积极探索国际资本的监管模式，强调发达国家对国际金融市场的责任；另一方面，应加强同发展中国家经济政策的相互交流和借鉴，恰当地介绍中国经验，降低发展中国家的政策风险和决策失误。

（二）采取积极的防通胀政策，加强农业投入和职业培训

新兴市场经济体通货膨胀的原因在于没有采取积极有效的经济措施。拉美新结构主义通胀理论指出，针对结构性通货膨胀，紧缩性货币政策不是治本的办法，即使把总需求水平压下来，影响通胀的压力也依然存在，通胀随时都会重现（这也是 2013 年印度、俄罗斯等国始终保持高通胀的原因）。如果通胀只是结构性的，可以通过扩大生产来消除结构性通胀因素，在促进经济和就业增长的同时降低通胀水平。展望未来，农产品和劳动力结构性短缺仍然是影响我国通胀的主要因素，因此，我国应继续加大对农业的投入和结构调整力度，同时进一步加强职业技术培训，在增加人民收入的同时降低通胀。

（三）积极探索经济增速下降情况下的就业增长模式

近年来，巴西、俄罗斯等国在经济增速回落的情况下失业率却创历史新低，这说明增加就业不一定依赖于经济高速增长。在未来我国潜在经济增速出现回落的情况下，我国应借鉴巴西和俄罗斯的经验，探索经济增速下降情况下的就业增长模式，协调好就业与经济增长的关系，促进经济和社会的和谐发展。

参考文献

IMF：《世界经济展望》（秋季报告），2013 年 10 月。

IMF：《全球金融稳定报告》，2013 年 10 月。

产业经济篇

Reports on Industrial Development

G.21

2013 年工业形势分析与 2014 年展望

陈 强*

摘 要：

2013 年前三季度，在实体去产能与金融去杠杆的背景下，我国工业经历了由降转升的过程，总体上结束了持续多个季度的调整，为全年工业经济的稳定运行打下了良好的基础。展望 2014 年，随着全球经济的好转以及我国扩大内需政策的持续发酵，我国工业发展的积极因素将不断积累，但工业发展仍将面临有效需求不足、部分行业产能严重过剩、企业生产经营困难等问题，工业经济将稳中趋降。宏观调控需要在坚持底线思维的前提下，稳中有为，顺势而为，积极探索扩大内需的有效途径，切实把化解产能过剩矛盾、促进信息消费、支持小型微型企业发展等政策措施落到实处，进一步巩固工

---

* 陈强，中国人民大学经济学硕士，国家信息中心经济预测部高级经济师，从事宏观经济趋势、产业经济研究。

业持续健康的基础。

关键词：

工业　产能过剩

一　2013 年工业运行分析及全年预测

2013 年以来，受调控政策的影响，我国工业运行的短期波动幅度明显加大。在经历了上半年经济的持续回调后，国家出台的一系列稳增长、调结构和促改革的政策措施效果逐渐显现，工业运行的下行压力逐步缓解，工业经济出现企稳向好的势头，工业增加值在 7 月快速触底回升，并在 8 月、9 月两个月重新回到 10% 以上的较高增长水平，从而为 2013 年全年工业生产的平稳增长奠定了较好的基础。2013 年前三季度，工业运行主要呈现出以下六个特点。

（一）工业生产增速止降转升

据国家统计局统计，2013 年前三季度，规模以上工业增加值同比增长 9.6%。尽管受到外需不振等不利因素影响，工业生产增速有所放缓，但是无论与发达国家还是与新兴经济体相比，都是一个比较高的增长水平。另外，从 2012 年第三季度到 2013 年第三季度连续四个季度的运行情况看，规模以上工业增加值季度增速分别为 9.1%、10%、9.5%、9.1%、9.6%，增势总体平稳，未出现大的波动和起伏（见图 1）。分三大门类看，2013 年 9 月，采矿业增加值同比增长 4.9%，制造业增长 11.1%，电力、燃气和水的生产与供应业增长 9.3%。分行业看，2013 年 9 月，41 个大类行业中有 39 个增加值保持同比增长。

（二）工业企业效益有所好转

2013 年 1～9 月，全国规模以上工业企业实现利润 35240 亿元，同比下降 1.8%。9 月当月实现利润 4643 亿元，同比增长 7.8%，一举扭转了连续 5 个

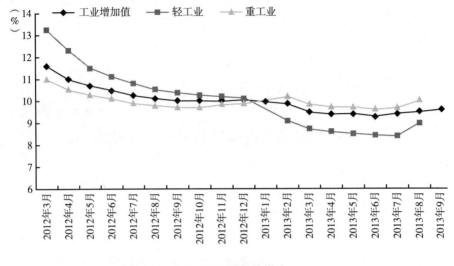

图1 工业增加值增速

资料来源：国家统计局。

月同比负增长的趋势（见图2）。分行业来看，受益于铁路、城市基础设施建
设等稳增长政策，在上游行业中，钢铁行业赢利水平显著改善，相较于上年同
期扭亏为盈；在中游行业中，非金属矿物制品业利润总额也较上年同期有所增
长；在下游行业中，电子设备制造业、汽车制造业表现较好。此外，由于8月
气候炎热，电力生产和供应业新增利润规模较大。

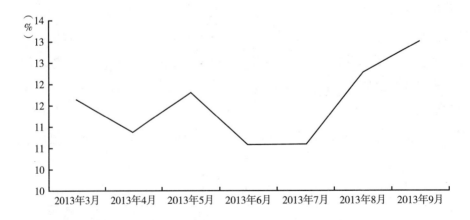

图2 2013年3~9月工业企业利润增速

资料来源：国家统计局。

（三）结构调整取得新进展

按照"十二五"工业转型升级规划要求，我国加大了对钢铁、电解铝、水泥、平板玻璃、造船等产能严重过剩行业的治理力度，列入 2013 年公告的 19 个行业落后生产线已实现关停。2013 年前三季度，高技术制造业增加值增速继续快于整体工业。节能技术改造和重点行业能效对标达标行动稳步推进。工业空间布局进一步调整优化，产业转移有序推进，第三季度东部地区工业增加值增速快于第二季度，实现率先企稳，中西部地区第三季度增速环比也均有所加快。

（四）中小企业发展环境进一步改善

2013 年以来，国务院出台和细化了支持小型微型企业健康发展的各项政策措施，扶持小微企业的政策力度进一步加大。截至 2013 年 9 月底，有关部门已制定 60 个配套文件，32 个省、自治区、直辖市及计划单列市出台了实施意见，扶助小微企业专项行动工作取得积极进展，中小企业服务体系建设加快，中小企业信用担保支持力度加大。

（五）工业由去库存转为补库存

据海关公布的 2013 年 9 月的进口数据，铁矿石进口数量同比增长达 15%、铜达 16%，原油达 28%，显示出企业在第三季度有较明显的补库存动作。从 2013 年 9 月的市场价格情况看，工业生产者出厂价格指数（PPI）同比降幅连续两个月收窄，环比连续两个月回升，工业企业原料燃料动力购进价格指数扭转了 4 个月以来出厂价格与投入品价格之差为负值的状况。这说明工业总需求水平回升，企业赢利能力逐渐呈现出改善趋势。

（六）第四季度工业增速将稳中趋降

稳增长政策的推出稳定了此前较为紊乱的市场预期，棚户区改造、铁路投资、城市基础设施投资和信息消费等稳增长政策改善了相关行业企业的赢利能力。但我们认为，第三季度的工业增长更多地来自企业补库存的拉动，而目前工业企业整体去库存可能接近阶段性终点，同时，第三季度投资的主要动力来源——政府投资在 9 月已有所减弱。此外，从工业数据与发电量数据的对比看，2013 年 9 月工业增加值环比增速仅比 8 月下降0.2%，但发电量却比 8 月大幅下滑近 4 个百分点，工业生产短期反弹出现逆转信号。在货币收紧、预期修正、赢利不足、高温不再、基数较高等众多因素叠加下，第三季度工业的回升势头很难持续，第四季度规模以上工业增加值同比增幅将稳中有降，预计 2013 年全年工业增加值同比增长9.6%。

二 当前我国工业运行存在的主要问题

虽然第三季度我国工业出现恢复性增长，企业赢利水平也有比较明显的改善，但产能过剩、有效需求不足、中小企业经营困难、高耗能行业反弹都是当前工业运行中挥之不去的阴影。

（一）产能过剩矛盾进一步凸显

国际金融危机后，由于"用药过猛"、投资增长过快，我国出现范围广、数量大、影响深的产能过剩情况，并影响到宏观经济的稳定运行。来自有关部门的数据显示，2012 年我国氧化铝产能利用率为 72.5%，电解铝产能利用率为 78%，铝行业过剩明显；水泥总产能 31 亿吨，总产量 22.1 亿吨，产能过剩约 9 亿吨，水泥行业在建、拟建新型干法水泥生产线约 220 条，若全部建成投产，总产能将达 35.5 亿吨。更为严重的是，不仅电解铝、钢铁、水泥等传统产业产能过剩，而且部分新兴产业也出现了产能过剩，个别行业甚至出现了绝对量和长期性的过剩。中国社会科学院的一项研究表明，当前光伏组件产能近 40GW，实际产量 21GW，产能严重过剩，很多中小企业处于停工、半停工状态。权威部门测算，2013 年第三季度末，所有工业行业产能利用率只有78.6%，这也就意味着 21.4% 的产能是闲着的。在产能过剩问题的影响下，我国工业运行将在较长时期面临产品供大于求、价格下行压力不断加大的矛盾和问题。

（二）国内有效需求不足

虽然 2013 年 7 月以后国家陆续出台一系列促进消费的政策，以期提振内需，但在收入分配改革、社会保障制度不健全的情况下，消费很难得到有效启动。2013 年前三季度，城镇居民人均总收入达 22068 元，扣除价格因素实际增长 6.8%，四年来首次低于 GDP 增长。而从统计数据看，居民收入的下降并没有影响到 2013 年前三季度的消费。据统计，2013 年前三季度，社会消费品零售总额达 168817 亿元，同比名义增长 12.9%（扣除价格因素实际增长 11.3%），增速比上半年加快 0.2 个百分点。对于这一看似矛盾的数据，我们姑且不论其统计的真实性，但可以肯定的是，如果收入增速持续低于 GDP 增速，那么当前还比较稳定的消费必然会受影响，并继而成为影响工业经济运行的又一不确定性因素。

（三）企业债务风险不断积累

各地为了"保增长"，放松了对高耗能、高污染以及产能过剩产业的监管，导致部分过剩产能继续扩张，加大了企业的债务风险。2013 年前三季度，工业企业负债同比增幅超过 10%，负债率居高不下。从新增不良贷款的结构上看，新增不良贷款进一步向重化工等产能过剩领域集中。中国银监会公告显示，2012 年银行不良贷款余额最多的是制造业，达到 1770.7 亿元，不良率为 1.6%。在制造业企业效益下滑、去产能前景不明朗的背景下，"三角债"问题进一步浮出水面，银行贷款趋于谨慎。

（四）要素成本不断上升

一是劳动力、土地等要素成本价格上升。据测算，2008～2012 年，我国城镇制造业单位就业人员平均工资年均增速达 15%，劳动力成本优势在逐步丧失。东南亚等新兴国家利用劳动力成本低、节能减排压力小等优势，与我国工业抢夺海外市场，给我国制造业出口带来挑战；同时，国务院新近通过的《土地管理法修正案》提高了土地整体补偿数额标准，我国工业用地成本也有所提高。二是中小工业企业融资成本上升。从中国人民银行公布的社会融资结

构可以看出，人民币贷款规模占比下降，而属于影子银行范畴的委托贷款和企业债券占比却呈上升趋势。根据中国信托业协会的统计，信托贷款中有25%以上的资金投向中小工商企业，企业通过信托贷款、债券融资所付出的代价已经超出全社会的资金使用成本，致使越来越多的制造企业开始"脱实入虚"，从而危及工业发展的基础。

三　2014年工业运行走势展望

2014年，我国工业化、信息化、城镇化、农业现代化的深入推进，将为扩大内需、发展实体经济提供市场空间，同时财政、金融及国有企业等关键领域的改革将进一步释放"改革红利"，从而为我国工业运行和实体经济的发展提供政策支撑，但在全球经济转型和我国调结构的大背景下，我国工业运行仍将面临国内、国外需求偏弱的不利局面，整个工业去库存、去产能的压力仍然很大。

从国内经济环境看，当前我国短期经济下行压力增大，中长期潜在经济增速持续下滑。通过HP滤波方法测算，发现我国潜在经济增长速度自2008年开始逐步下降，目前大约在8%左右。而弹性分析测算结果显示，支撑我国潜在增长率的投资增速理论上应为13%～15%，超过这个区间的投资增速则在理论上被视为过度投资，容易引发产能过剩。因此，在促改革、调结构的背景下，寄希望于过去那种依靠投资来拉动工业增长，已然不太可能。政府投资能力和投资规模的下降，将加剧部分工业品供求失衡的程度，部分依赖于政府基础设施投资的行业将受到较大的影响。

从国际环境看，国际金融危机使全球供求格局发生重大变化。国际金融危机发生前，全球形成了三极分工格局，即西方发达国家是全球主要市场、资源富集国家提供资源、中国等新兴国家是全球制造中心，三级之间形成全球供求大循环。国际金融危机发生以来，西方发达国家普遍陷入债务泥潭，用财政、货币等政策刺激需求的做法已到极致，新兴国家市场容量增加也十分有限，全球总需求持续低迷的状况很难在短期内得到好转。同时，人民币的持续升值导致我国出口产品传统竞争优势明显减弱。因此，我国已经不能指望通过外部市场来提振工业增长，内需特别是消费需求才是决定我国工业发展的主要动力。

从全球产业转移趋势看，2008 年金融危机后，全球产业转移出现新动向：一是劳动密集型的、以出口或代工为主的中小制造企业由中国向越南、缅甸、印度、印度尼西亚等劳动力和资源等更低廉的新兴发展中国家转移，或者由中国沿海地区向中国中西部地区转移；二是一部分高端制造业在美国、欧洲等发达国家"再工业化"战略的引导下回流。在这次产业转移中，中国制造业成了受冲击最大的行业。近年来，耐克、阿迪达斯相继将在中国的自有生产工厂"外迁"到越南或缅甸，星巴克、佳顿、福特汽车将全部或部分产能"回巢"美国本土。这预示着中国外贸加工型企业的好日子已渐行渐远。

综合各种因素预测，2014 年我国仍具备保持总体平稳的基本条件，但工业增速将稳中趋缓，预计规模以上工业增加值增速实际增长 9.3% 左右，继续运行在合理增长区间。钢铁、机械、建材、有色金属、化工等重化工业仍将持续低位运行，而信息消费、生物医药等战略性新兴产业将在结构调整中获得更多的政策支持和发展机会。

四　促进工业经济持续健康发展的建议

（一）调整优化产业空间布局

积极推动以产业链为纽带的资源要素集中的产业集聚区建设，集中力量建设一批具有国际先进水平的工业园区和产业基地。调整优化重大生产力布局，依托当地能源和矿产资源的重大项目，优先在中西部资源地布局。利用进口资源的重大项目，优先在沿海、沿江、沿边地区布局，减少资源、产品跨区域大规模调运。引导产业有序转移，支持中西部地区加强产业配套能力建设，增强其承接产业转移的能力。

（二）促进企业兼并重组

一是鼓励企业利用市场竞争机制进行兼并重组，特别是按照市场化原则，鼓励有实力的大型企业集团以资产、资源、品牌和市场为纽带促进跨地区、跨

行业的兼并重组，提升产业的集中度。二是要超越按企业进行国有资产监督管理的层次，考虑按行业进行国有资产管理，在部分竞争性行业进行合并重组或退出部分国有资本。三是在财税分配方面，探索建立跨地区并购的税收分成、产值分开统计制度，增值税和所得税实行"统一计算、分级管理、就地预交、集中结算"。

（三）创造公平竞争的市场环境

创造条件让民企与国企更加公平地竞争，相互促进，共同发展。在充分发挥国有经济作用的同时，着力消除部分行业限制民间资本进入的各种壁垒，放开私人投资服务业限制，打破银行、电信、电力垄断，最大限度地调动民间投资的积极性，促进不同所有制企业之间要素加快流动，为企业做大做强提供支撑。加紧对行政事业收费进行清理整顿，对涉及企业经营的不合理、巧立名目的收费进行清理，切实减轻企业负担。

（四）加强和完善供给端管理

一方面，要加强对过剩行业的供给管理，针对新增、在建违规、建成违规的过剩产能项目制定更为严格的分类管理措施；另一方面，要积极培育新能源、新材料、生物医药、新一代电子信息等战略性新兴产业，为市场释放新供给创造条件，引导新供给创造新需求，最终通过供给结构的调整，让经济回到"供给自动创造需求"的理想运行轨道。

2013 年农业发展形势分析
与 2014 年展望

陈伟忠*

摘　要：

2013 年以来，我国农业继续保持良好发展势头，粮食总产量连续十年增产，农业科技与物质装备的支撑能力明显提升，农产品市场运行基本稳定，农民增收形势喜人。2014 年是全国现代农业发展"十二五"规划实施的第四年，也是能否完成"十二五"现代农业发展目标的关键之年，现代农业发展具有许多有利条件和积极因素，农业农村经济发展将会保持良好的势头，现代农业建设将取得明显进展。

关键词：

农业　农村　2014 年展望

一　2013 年农业发展分析

2013 年以来，在党中央、国务院的坚强领导下，各级农业部门锐意改革，真抓实干，各地区、各部门全力支持，合力推动，亿万农民群众辛勤劳作，悉心经营，有力地克服了纷繁复杂的国内外经济形势和东北低温春涝、南方持续干旱等气候因素带来的不利影响，农业取得了较快发展。

---

* 陈伟忠，农业经济硕士，农业部规划设计研究院投资所所长，总工程师，长期从事农业政策、规划研究。

（一）农业综合生产能力稳步提升

我国夏季粮油再获丰收，冬小麦实现"十连增"，畜牧业生产企稳回升，渔业稳定发展，主要"菜篮子"产品供应充足。

粮食总产量连续十年增产已成定局。从夏粮总产量来看，2013 年全国夏粮总产量达到 13189 万吨（2638 亿斤），比 2012 年增加 196 万吨（39 亿斤），增长 1.5%，其中，冬小麦产量 11567 万吨（2313 亿斤），比上年增加 148 万吨（30 亿斤），增长 1.3%；早稻总产量达到 3407.3 万吨（681.5 亿斤），比 2012 年增产 78.3 万吨（15.7 亿斤），增长 2.4%。夏粮播种面积与 2012 年基本持平，增产主要因素是单产提高，2013 年夏粮单产达到 4781 公斤/公顷，比上年增加 71 公斤/公顷，提高 1.5%，其中，冬小麦单产达 5154 公斤/公顷，比上年增加 76 公斤/公顷，提高 1.5%；早稻单产为 5882.9 公斤/公顷，比上年增加 108.2 公斤/公顷，提高 1.9%。由于天气条件有利，全国大部分地区秋粮长势良好，目前秋收已基本结束，总体上看，实现"十连丰"已成定局。

经济作物、养殖业稳定发展。全年油料预计增产将超过 2%，夏收油菜籽实现种植面积、单产、总产三增，分别比上年增加 101 万亩、3 公斤/公顷和 9 亿斤。蔬菜生产基础较好，设施蔬菜和南菜北运基地规模继续扩大，棉花和糖料产量略有下降。上半年肉、蛋、奶产量分别为 3916 万吨、1285 万吨、1475 万吨，同比均小幅下降，但完全能够满足市场供应。水产品产量 2530 万吨，增长 5.3%。

（二）农业科技与物质装备水平持续提高

2013 年，超级稻四期、旱作农业、畜禽良种和海洋渔业等创新重点工作取得重要进展，现代农业产业技术体系、农业部重点实验室体系、基层农技推广体系建设取得积极成效。农机装备总量保持快速增长，装备结构持续优化。截至 2013 年 6 月 30 日，全国农业机械总动力预计达 10.46 亿千瓦，同比增长 5.8%；大中型拖拉机和配套农具预计分别达 508 万台、790 万部，同比分别增长 9.4%、8.7%；水稻插秧机和联合收获机预计分别达 57.7 万台、135 万部，同比分别增长 15.5% 和 16.8%。大中型拖拉机增幅远高于小型拖拉机增幅，拖拉机配套农具增幅高于拖拉机的增幅，拖拉机大型化、动力机械配套化的趋势逐步显现。全年农机装备总量预计持续增长，全国农机总动力将超过 10.6 亿千瓦。

（三）农产品市场运行基本稳定

农产品供应充足，市场运行总体平稳，个别农产品价格稳中有增。据农业部监测，2013 年 9 月，全国农产品批发市场价格指数为 210.4，同比增长 13.5%。由于供给充足，粮食价格延续 2012 年以来涨幅趋缓的走势，稻谷、玉米保持基本平稳，仅小麦涨幅较高。2013 年 1 ~ 9 月，平均三种粮食市场价同比涨 2.9%，涨幅比近五年平均低 6.5 个百分点。在临时收储政策支撑下，棉花价格保持了基本稳定，1 ~ 8 月基本稳定在每吨 19300 元左右，8 月 328 级棉花月均价每吨为 19191 元，比 1 月跌 0.4%，同比涨 4.3%。食用油和食糖价格则在国际市场影响下呈持续下降态势，9 月价格同比分别跌 26.3% 和 6.9%。在经历"黄浦江死猪漂浮"和"人感染 H7N9 禽流感"事件的严重冲击后，消费者信心逐步恢复，生猪和禽类价格企稳回升，2013 年 8 月，集贸市场猪肉价格为每公斤 24.72 元，同比涨 7.8%；白条鸡价格为每公斤 16.89 元，环比涨 3.0%；鸡蛋价格为每公斤 9.78 元，环比涨 6.4%。

（四）农产品贸易继续保持增长

2013 年以来，我国农产品贸易总体继续保持增长，农产品进口额增速回落，2012 年出现的进口激增态势得到缓解。2013 年 1 ~ 8 月，我国农产品进出口总额达到 1199.6 亿美元，同比增长 5.5%，其中，出口同比增长 7.8%，增幅提高 4 个百分点；进口同比增长 4.2%，增幅回落 21 个百分点。在贸易结构上，谷物、棉花、食糖进出额均下降，食用油籽及棕榈油、菜籽油等食用植物油进口增加明显。1 ~ 8 月，农产品贸易逆差 339.6 亿美元，与上年同期持平。预计全年农产品贸易额将突破 1800 亿美元，增幅比上年有所回落。经过 2010 年、2011 年两年的高速发展和 2012 年的平稳发展后，2013 年我国农产品贸易进入调整期。

（五）农产品质量安全状况稳定向好

各地始终把努力确保重大农产品质量、安全事故作为重要工作目标，全力

保证粮食、肉禽、蔬菜等农产品质量，加强安全监管工作，大力开展农产品质量安全专项整治、例行监测，以及"三品一标"建设，农产品质量安全形势总体稳定向好。上半年，蔬菜、水果、茶叶、畜禽产品和水产品样品检验合格率分别为95.9%、95.6%、99.0%、99.7%和94.2%，保持较高水平。农业标准化示范工作取得新进展，新定农业标准103项，完成无公害产品类标准的清理，大力发展"三品一标"，新认证登记"三品一标"产品共计6643种，在全国开展农产品地理标志资源普查工作，启动编制《全国地域特色农产品普查备案名录》，推动创建蔬菜、水果、茶叶标准园和畜禽养殖标准示范场、水产健康养殖场，支持创建农业标准化示范县48个。

（六）农民增收形势喜人

农民收入水平继续呈现良好的增长态势，工资性收入增速和比重持续上升，而家庭经营性收入重要性有所减弱，外出务工数量和收入也保持增长态势。2013年前三季度，我国农村居民人均现金收入7627元，同比实际增长（扣除价格因素）9.6%，城镇居民人均可支配收入20169元，同比实际增长6.8%，农民收入增速继续快于城镇居民。在农民人均现金收入中，工资性收入达到2958元，同比名义增长17.1%，成为农民增收的最大动力来源，增收的贡献率高达52%左右，农民家庭经营收入达到3829元，同比增长8.0%；转移性收入635元，同比增长17.4%；财产性收入205元，同比增长23.2%。农民外出就业数量持续增长，2013年第三季度末，农村外出农民工17392万人，同比增长3.1%；外出农民工月均收入2542元，同比增长13.0%。从全年来看，农民人均纯收入增长有望实现7.5%以上的目标，有望延续城乡居民收入之比缩小的好势头。

（七）农垦、乡企平稳发展

农垦经济趋势持续良好，2013年1~9月预计实现农垦生产总值2600亿元，比上年同期增加400亿元，增幅基本持平；热作产业稳步发展，其中天然橡胶产量21.8万吨，比上年同期增长10%。乡镇企业发展总体平稳，预计2013年前三季度全国乡镇企业累计完成总产值490480亿元，同比增长

9.18%；完成营业收入 477390 亿元，同比增长 9.29%；实现利润 28815 亿元，同比增长 9.56%。预计全年农垦生产总值增幅将达到 9% 以上，乡镇企业累计完成总产值将达到 65 万亿元，增长 8% 左右。

二　2014 年农业发展展望

2014 年是全国现代农业发展"十二五"规划实施的第四年，也是能否完成"十二五"现代农业发展目标的关键之年，现代农业发展具有许多有利条件和积极因素，中央将继续把农业农村经济发展作为全部工作的重中之重，在统筹城乡发展中加大强农惠农富农政策力度。2013 年中央财政"三农"支出 13799 亿元，在此基础上，2014 年中央财政"三农"支出有望超过 1.5 万亿元。2013 年，在国家一系列强农惠农富农政策的推动下，粮食生产稳定增长，农民收入增速较快，食品稳定供给。稳定的农业农村经济形势为宏观经济的结构调整以及过剩产能的消化提供了一个基本支撑，2014 年农业农村经济发展将会保持良好势头，现代农业建设将取得明显进展。在发展趋势总体向好的同时，也存在一些不可避免的问题和许多不确定性因素，农业发展依然面临复杂的形势，挑战依然严峻。展望 2014 年农业发展，主要有以下几个重要趋势。

一是农业综合生产力稳中有升。粮食综合生产能力稳定在 5.4 亿吨以上，棉花、油料、糖料生产能力稳步提高，老百姓的"米袋子""菜篮子""油瓶子"充盈、丰富、安全，农产品加工业和流通业稳步发展。

二是农业科技进步加快推进。2014 年，我国将按照"高产、优质、高效、生态、安全"的要求，不断深化农业科技管理体制和机制的创新，不断完善农业生产技术体系，改善农业科技的基础条件，提高农业科技的自主创新能力，力争在具有重大应用价值和自主知识产权的品种培育上取得重大进展，初步建立以产业为主导、以企业为主体、以基地为依托、产学研相结合、育繁推一体化的现代化的种业体系。2014 年，我国农业科技成果转化应用水平将显著提高，农业科技进步贡献率将在 55% 以上，对粮食等主要农产品供应的保障能力、对农民增收的支撑能力、对农业发展方式的引领能力将进一步增强。

三是农业物质装备大步发展。国家将继续增加中央财政小型农田水利设施

建设补助专项资金，进一步推进高效节水农业灌溉工程，全面提升耕地持续增产能力和旱涝保收高标准农田比重，农业灌溉用水有效利用系数将在0.52以上，农业"靠天吃饭"的局面将明显改观。养殖业生产条件将明显改善，现代化养殖场提供的产品比重将进一步提高。农业机械总量继续增长，农机作业领域不断拓展，农机服务水平不断提高，农机总动力可能达到11亿千瓦，耕种收综合机械化水平在60%以上。农业生产经营管理信息化水平将进一步提高，先进信息技术的应用领域进一步拓展，信息技术对农业发展的支撑作用明显增强。农业防灾减灾能力进一步增强，应对自然灾害的能力显著提高。

四是农业生产经营方式将加快转变。种植和养殖大户、家庭农（牧）场、农民专业合作社等新型农业经营组织快速发展，将成为现代农业发展的主力军，农业产业化龙头企业不断发展壮大，农业组织化和产业化程度将显著提高。农业规模化生产、产业化经营、社会化服务的格局基本形成，预计农业产业化组织带动的农户数量将达到1.3亿户以上。

五是农业资源和生态环境显著改善。耕地保护制度更加严格，耕地保有量稳定在18亿亩以上，水资源利用合理，水生生物资源、畜禽遗传资源和农业野生植物资源保护力度不断加大。土地的持续生产力大幅度提高，草原沙化、盐渍化、退化的状况将得到有效遏制。渔业资源环境明显改善，循环农业的生产方式将基本形成。生物农药、高效低毒低残留农药和有机肥料的利用率将显著提高，农业面源污染受到有效控制，农业可持续发展能力显著增强。农村秸秆综合利用率将超过80%，农户沼气普及率将超过50%。

六是农民收入不断提高。随着国家惠农政策的进一步落实，农民增收渠道进一步拓宽，务农收益将有所增加，外出务工收入进一步提高。初步预计，2014年我国农村居民人均纯收入将超过8500元，农民生活水平会进一步改善。

G.23
2013 年房地产市场分析
与 2014 年展望

刘青　高聚辉　杨颖　赵阳*

一　2013 年房地产市场的主要调控政策

2013 年的房地产调控政策主要围绕两条主线展开：一个是国务院办公厅出台的"国五条"，另一个是"新型城镇化"。其中，"国五条"进一步加大了房地产调控的力度，限购政策更加严厉，二手房交易成本明显提高，对房地产市场的投机需求起到了一定的抑制作用。"新型城镇化"政策则更加强调城镇化进程中人的因素，更加注重城镇人口生活质量的改善和生活水平的提高，这对房地产市场来说是中性偏利好。自第二季度起，"不放松、不加码"成为房地产调控政策的基调，但随着市场对调控政策效果信心的减弱，商品房销售自 6 月起出现明显回暖。

（一）主要政策回顾

1. 综合政策：推进新型城镇化，促进房地产市场平稳健康发展

2013 年 2 月 26 日，国务院办公厅发出《关于继续做好房地产市场调控工作的通知》，被称为"国五条"，主要内容如下：①完善稳定房价工作责任制，对各地执行住房限购和差别化住房信贷、税收等政策措施不到位、房价上涨过快的，要进行约谈和问责。②坚决抑制投机投资性购房，继续严格执行限购措

---

* 刘青，国家信息中心信息资源开发部首席经济师，高级经济师，研究方向为计量经济、宏观经济、房地产市场；高聚辉、杨颖，国家信息中心信息资源开发部高级经济师；赵阳，国家信息中心信息资源开发部经济师。

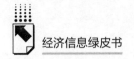

施，继续严格实施差别化住房信贷政策，对出售自有住房的，按转让所得的 20% 计征所得税。③增加普通商品住房及用地供应，2013 年住房用地供应总量应不低于过去 5 年平均实际供应量。④加快保障性安居工程规划建设。⑤加强市场监管和预期管理。

2013 年 5 月 6 日，国务院常务会议提出，要围绕提高城镇化质量推进人的城镇化，研究新型城镇化中长期发展规划，分类推进户籍制度改革。

2013 年 5 月 18 日，国务院转发国家发改委《关于 2013 年深化经济体制改革重点工作的意见》。该意见指出，扩大个人住房房产税改革试点范围；健全保障性住房分配制度，有序推进公租房、廉租房并轨；研究制定城镇化发展规划。

2013 年 7 月 30 日，中央政治局召开会议，要求积极稳妥推进以人为核心的新型城镇化，促进房地产市场平稳健康发展。

2. 土地：增加住宅用地供应

2013 年 1 月 11 日，全国国土资源工作会议召开，研究部署 2013 年的工作。其中，与房地产有关的工作是，坚持控总量、稳增量、挤存量、放流量，进一步拓展建设用地新空间，保障经济社会发展合理用地需求，促进房地产健康发展。

2013 年 1 月 28 日，国土资源部公布国务院批准的《全国国土规划纲要（2011～2030 年）》，明确了未来 20 年我国国土空间开发的总体方针、基本原则和战略目标。该规划提出，到 2020 年，要形成以陇海、沿江和沿海、京哈—京广、包昆为主体的"两横三纵"城市化战略格局。到 2030 年，基本形成以"三级中心"为支撑、以"四横四纵"轴带为主干的多中心网络型国土空间开发格局，推进工业化和城镇化加快发展。

2013 年 2 月 22 日，国土资源部召开全国房地产用地管理和调控工作汇报会。国土资源部副部长胡存智指出，2013 年要努力保持土地供应总量基本稳定。一要保证充足的增量；二要快速释放存量；三要继续加大盘活闲置地力度；四要运用多种手段均衡供地。

3. 金融：个人住房贷款利率浮动区间暂不做调整

2013 年 7 月 19 日，中国人民银行宣布，自 2013 年 7 月 20 日，取消金融机构贷款利率 0.7 倍的下限，同时，个人住房贷款利率浮动区间暂不做调整，继续严格执行差别化的住房信贷政策。

（二）政策影响

2013 年初，房地产调控政策进一步收紧，对热点城市投资投机需求的抑制再度升级，随后，北京、上海等城市配套细则陆续出台。受"国五条"政策影响，多数城市成交量在 3~4 月飙升，随后出现明显回落，但在经历了 2~3 个月的沉寂期后，市场再度活跃，部分城市供求关系紧张，房价上涨压力巨大。

进入第三季度，房地产调控政策延续"不放松、不加码"的基本方针，但市场对楼市调控的信心明显减弱，购房群体集中入市，市场销售回暖，住房价格持续上涨。多个城市对地方调控细则进行微调，在房地产市场及宏观经济形势的影响下，调整方向或紧或松。

从未来政策走向来看，虽然"国五条"及地方调控政策出台短期内对市场起到了一定的抑制作用，但热点城市的旺盛需求及持续升温的土地市场仍在推动房价的上涨预期。由于城市间市场现状的差异，二、三线城市房价出现两极分化，各地落实调控的手段将更为灵活，部分城市已显露出松绑限购的迹象。

二 全国房地产市场运行情况

（一）房地产开发投资

2013 年 1~9 月，全国共完成房地产开发投资 61120 亿元，比上年同期增加 10074 亿元，同比增长 19.7%，增幅比上年同期加快 4.3 个百分点，比上年全年加快 3.5 个百分点。从近年房地产开发投资的季度走势来看，2010~2012 年，投资同比增速整体呈震荡下滑趋势，2010 年第二季度增速最快，为 39.7%；2012 年第二季度达到最低值 13.1%，第三季度开始增速逐步趋稳；2013 年以来，投资增速不断加快，回升趋势明显（见图 1）。

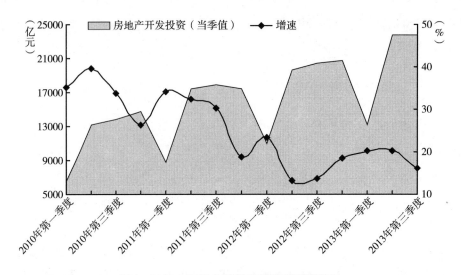

图1 2010~2013年房地产投资及增长情况

分物业类型看，2013年1~9月办公楼投资增长最快，共完成投资3262亿元，同比增长37.6%；其次是商业营业用房，完成投资8425亿元，同比增长27.9%；商品住宅完成投资41979亿元，同比增长19.5%，增速最慢。

（二）资金来源结构

2013年1~9月，全国房地产开发企业到位资金总计87828亿元，同比增长28.7%，增幅同比上升18.6个百分点。从资金来源分类情况看，国内贷款14568亿元，增长32.3%；外资391亿元，增长23.4%；自筹资金33674亿元，增长18.4%；其他资金39195亿元，增长37.7%。在其他资金中，定金及预收款24281亿元，增长36.1%；个人按揭贷款10297亿元，增长45.8%。

从结构上看，其他资金来源所占比重最大，为44.6%，其中，定金及预收款比重为27.6%，个人按揭贷款比重为11.7%；其次是自筹资金，占比为38.3%，其中企业自有资金比重为17%；然后是国内贷款，比重为16.7%（见图2）。

与上年同期各资金来源的比重相比，其他资金来源和国内贷款比重有所上升，自筹资金比重回落，外资比重变化不大。具体来看，其他资金来源比重上

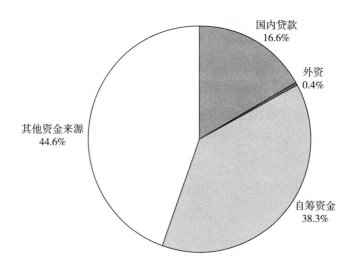

图 2　房地产开发资金来源结构

升了 2.9 个百分点，其中定金及预收款比重上升 1.5 个百分点，个人按揭贷款比重上升了 1.4 个百分点；国内贷款比重上升 0.5 个百分点；自筹资金比重下降了 3.3 个百分点。

（三）房屋销售

2013 年 1～9 月，全国商品房销售面积达 84383 万平方米，比上年同期增加 15942 万平方米，同比增长 23.3%，增幅比上年同期加快 27.3 个百分点，比上年全年加快 21.5 个百分点。商品房销售额达 54028 亿元，同比增长 33.9%，增速比上年同期加快 31.2 个百分点。

从近年商品房销售面积的季度走势来看，2010 年前三季度，商品房销售面积同比增长快速下滑，第四季度回升后走势较为平稳。2011 年第四季度，销售面积大幅回落，2012 年第一季度增速跌至近年最低值 -13.6%，第二季度开始，商品房交易市场迅速回暖，销售增速不断加快。2013 年第一季度，增速攀升至三年来新高 37.1%。受"国五条"政策调控措施全面落地的影响，第二、第三季度房地产市场逐步降温，销售增速连续回落，但仍处在三年来的高位（见图 3）。

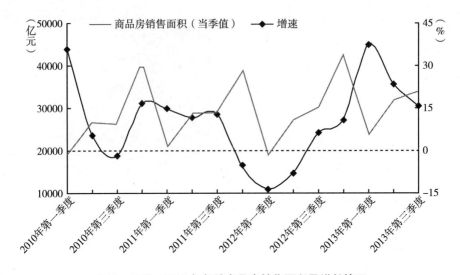

图 3 2010～2013 年各季商品房销售面积及增长情况

（四）价格走势

从新建商品住宅（不含保障性住房）同比价格指数来看，2013 年 9 月，70 个大中城市同比涨幅再创新高，其中有 69 个城市的商品住宅价格上涨，只有 1 个城市下跌（见表 1）。9 月本月涨幅较高的城市主要集中在一线城市和个别二、三线城市，分城市看，北京、上海、广州、深圳等一线城市新建商品住宅价格同比上涨均超过 20%，天津等 31 个二线城市同比上涨在 8%～15%，唐山等 35 个三线城市同比平均上涨 6% 左右。商品住宅同比价格涨幅较大的城市有北京（20.6%）、上海（20.4%）、广州（20.2%）、深圳（20.1%）、厦门（16.5%）等，同比价格指数下跌的城市只有温州，下跌 1.8%。

（五）部分城市市场出现调整

从 2013 年房地产市场的走势情况来看，全国楼市开始出现较大规模的分化，一方面，一线城市楼市成交活跃，商品住宅价格居高不下，北京、上海、深圳等多地频现"日光"盘，购房者心理进一步变化；另一方面，越来越多的二、三线城市出现调整，温州、宁波、石家庄、兰州等城市面临房价停涨甚

表 1　2012 年 9 月至 2013 年 9 月新建商品住宅价格指数走势情况

指标		2012 年				2013 年								
		9 月	10 月	11 月	12 月	1 月	2 月	3 月	4 月	5 月	6 月	7 月	8 月	9 月
环比价格指数	平均涨幅	100.0	100.1	100.3	100.3	100.6	101.1	101.1	101.0	100.9	100.8	100.7	100.8	100.7
	下跌个数	24	17	10	8	10	1	1	2	3	5	4	2	2
	持平个数	15	18	7	8	7	3	1	1	2	2	4	2	3
	上涨个数	31	35	53	54	53	66	68	67	65	63	62	66	65
	涨幅超过 0.2% 城市个数	7	9	37	42	51	64	65	66	65	60	61	63	62
同比价格指数	平均涨幅	98.7	99.0	99.4	99.9	100.7	101.9	103.3	104.5	105.7	106.5	107.1	107.9	108.7
	同比下降城市个数	55	56	41	26	16	8	2	2	1	1	1	1	1
	上涨城市个数	12	12	25	40	53	62	67	68	69	69	69	69	69
	涨幅超过 5% 城市个数	0	0	0	0	0	4	12	24	38	47	42	59	62

至下跌的状况。2013 年 8 月，温州对住宅限购政策进行了微调，成为中国首个放宽楼市限购令的城市。温州限购松绑政策的出台，间接释放出了地方政府松动调控的信号。

三　房地产市场与宏观经济

（一）房地产与国民经济的关系

表 2 是利用 1997～2007 年的投入产出表计算的房地产业对国民经济影响力系数和感应度系数，房地产业均在各行业中处于较低的位置，低于全社会行业平均水平。2007 年，房地产业的影响力系数为 0.5361，在 42 个行业中排在第 41 位；房地产业的感应度系数为 0.5068，排在第 29 位。

表 2 的计算结果显示，房地产业对国民经济的拉动作用并没有人们想象的那么大。造成这种情况的原因是多方面的，这里不做过多的解释，仅做两点简单说明：第一，房地产行业与其他行业的关联度较低。根据 2007 年投入产出表计算的房地产业的中间投入比（中间投入/总投入）仅为 0.1662，排在 42 个行业的倒数第一。这与现实中土地转让收入没有完全纳入国民经济核算体系有

表2　房地产业带动效应、影响力系数和感应度系数变化情况

年份	带动效应	影响力系数	排名	感应度系数	排名
1997	1.6262	0.6289	39	0.5039	33
2002	1.6580	0.6569	41	0.6176	28
2005	1.5588	0.4521	41	0.4935	36
2007	1.4873	0.5361	41	0.5068	29

一定关系，但并不能推翻房地产行业与其他行业关联度较低的结论。第二，人们普遍认为房地产业与建筑业关联强的结论与实际情况是有偏差的。排在前三名的与房地产业关联强的行业依次是金融业、租赁和商务服务业、建筑业，房地产业对它们的直接消耗系数分别为0.0248、0.0219和0.0122。这三个值都很低，也可以在一定程度上解释房地产业对国民经济影响力偏低的结论。

（二）房地产与地方税费收入的关系

从房地产业所带来的财政收入来看，房地产业已成为地方政府的重要收入来源。从税收方面看，2012年，与房地产有关的税收（房产税、城镇土地使用税、土地增值税、契税）总额达8500亿元，占同期地方政府财政收入的13.9%，占同期地方政府税收收入的18.0%。

从税收外的收入来看，土地出让金收入已成为地方政府的重要收入来源。表3是2000年以来土地出让金收入与地方政府财政收入的增长情况。从土地出让金占地方政府财政收入的比值来看，整体呈上升趋势，尤其是2003年以来更为明显，2003～2012年土地出让收入占同期地方财政收入的比值平均为55.7%，其中2010年高达71.68%，2010年后，该比值有所回落，但仍处于较高水平。

表3　土地出让金收入与地方财政收入比例关系

单位：亿元，%

年份	土地出让金收入	地方财政收入	土地出让收入与财政收入的比值
2000年	596	6406	9.30
2001年	1296	7803	16.61
2002年	2417	8515	28.38
2003年	5421	9850	55.04

续表

年份	土地出让金收入	地方财政收入	土地出让收入与财政收入的比值
2004 年	6412	11893	53.91
2005 年	5884	15101	38.96
2006 年	8078	18304	44.13
2007 年	10260	23573	43.52
2008 年	17180	28650	59.96
2009 年	15910	32603	48.80
2010 年	29110	40613	71.68
2011 年	31500	52547	59.95
2012 年	26900	61078	44.04

房地产业的兴衰与地价和土地出让金收入的关系十分密切。一旦房地产形势出现明显下滑，就会直接影响到地方政府的土地出让收入。受金融危机影响，2009 年土地出让金收入首次出现负增长，同比下降 7.4%，而同期房地产开发投资增速为 16.1%，较上年下降 7.2 个百分点；2012 年，受全国限购政策的影响，房地产投资增速再次出现大幅下滑，增速较上年回落 11.9 个百分点，同年土地出让金收入再次出现下滑，同比下降 14.6%。

（三）城镇住房存量与人均住房面积

对于我国的城镇住宅存量面积，由于有关部门自 2006 年不再发布城镇住宅存量面积，下面计算中所用的数据，是根据相关历史数据推算的。测算结果如下：在不考虑拆迁和城镇扩区的情况下，2012 年底，全国城镇住宅存量面积为 164.86 亿平方米，人均住房面积达到 23.16 平方米；考虑到拆迁和城镇扩区因素，并设定调整系数为 2%，2012 年底城镇住宅存量达到 184.06 亿平方米，人均住房面积达到 25.86 平方米（见表 4）。

从推算数据来看，2005~2012 年，调整后的城镇居民人均住房面积提高了 6.7 平方米左右，平均每年提高 0.96 平方米。按照 2020 年全面实现小康社会的目标，届时我国城镇人均住房面积将达到 30 平方米，目前尚有 4.14 个平方米的差距。在未来 7 年时间，平均每年人均住宅面积增长 0.6 平方米即可达到目标。如果按简单的算术推算，未来几年，城镇住宅的竣工

表4 2005~2013年城镇住宅存量面积与人均住房指标

年份	城镇常住人口(亿人)	城镇新增住宅面积(平方米)	城镇住宅存量面积(亿平方米,年底数,不考虑拆迁和城镇扩区)	人均住房建筑面积(平方米,以常住人口计算)	城镇住宅存量面积(亿平方米,考虑拆迁和城镇扩区,2%的调整系数)	调整后人均面积(平方米,以常住人口计算)	人均住房建筑面积(平方米,城镇住户抽样调查数据,不含集体户)
2005	56212	6.61	107.69	19.16	107.69	19.16	27.8
2006	58288	6.30	113.99	19.56	116.15	19.93	28.5
2007	60633	6.88	120.88	19.94	125.35	20.67	30.1
2008	62403	7.60	128.47	20.59	135.46	21.71	30.6
2009	64512	8.21	136.68	21.19	146.38	22.69	31.3
2010	66978	8.69	145.37	21.70	157.99	23.59	31.6
2011	69079	9.49	154.86	22.42	170.64	24.70	32.7
2012	71182	10.00	164.86	23.16	184.06	25.86	32.9

面积每年只需增长 2% 即可达到目标,远低于 2000~2012 年 5.75% 的住宅平均增长率。

(四)小结

第一,从投入产出分析来看,房地产业对国民经济的影响力和感应度在主要行业中都处于较低水平。

第二,房地产业已成为地方政府收入来源的重要渠道和媒介,与房地产有关的税费以及土地出让金收入已超过地方政府财政收入的 50%,如果房地产业下滑幅度过大,会对地方政府的财政安全产生影响。

第三,实现 2020 年人均住房 30 平方米的小康目标,未来几年只要每年城镇住宅竣工面积增速达到 2% 即可,远低于 2000~2012 年的 5.75%。

四 2014 年房地产市场展望

(一)房地产调控政策目标

2014 年是新一届领导集体执政后的第二年,2013 年 11 月召开的十八届三中全会将会对 2014 年乃至未来几年的执政思路和大政方针做出一个明确规划。从目前的舆论来看，"全面深化改革"将是此届会议的主题，改革的重点将涉及行政、财税、金融、价格、土地、户籍、国企等多个方面，调整经济增长方式、推动经济结构升级仍将是未来工作的重点。预计未来国民经济运行将以稳为主，但经济增速会略有回落。

由于房地产业与 GDP 的关系特别是与地方政府土地出让收入关系密切，保持房地产投资的平稳增长是稳定经济的需要。另外，由于房价水平在较高位置继续上涨，风险积累较为集中，未来必须继续抑制房价上涨，并逐步降低地方政府对土地财政和房地产业的过度依赖。"不放松、不加码"预计仍是未来一段时期的主基调，但持续改进房地产调控手段、加快建立长效机制将是未来房地产调控的重点，短期内保持市场的平稳运行将是政府房地产调控的首要选择。在这一背景下，预计房产税试点范围将进一步扩大，并和财税体制改革结合在一起，继续探索利用房产税来缓解地方政府对土地收入过度依赖的局面。房地产市场整体将保持小幅增长，预计全年房价的涨幅在 5% 左右，考虑到 2013 年的翘尾因素，2014 年上半年的房价指数可能会在 8% 以上。同时，也不排除出现由于地方债务处理不当导致资金短缺，进而引起房地产市场需求和价格快速下滑的可能性。

（二）政策建议

第一，在保持国民经济平稳增长的前提下，适度降低房地产投资的增速，避免地方政府对房地产业过度依赖。

第二，严格执行住房差别化信贷政策。

第三，加快房产税试点的扩大，但在征收方式上应以打击遏制房地产投机为政策目标，保护住房合理需求。

（三）主要指标预测

根据 ARIMA 模型，利用 2000 年至 2013 年 9 月的历史统计数据，对 2013 年全年及 2014 年的房地产主要指标进行预测，预测结果如表 5 所示。2014 年，房地产市场继续保持平稳运行，房地产开发投资、商品房施工面积、商品

房新开工面积、商品房竣工面积、商品房销售面积、土地购置面积等指标增幅均高于 2013 年的增速水平。房地产开发资金来源增速将有所回落，其中，国内贷款和个人按揭贷款增速回落较为明显，新建商品住宅价格指数（同比）涨幅将回落。

表5　2010～2014 年房地产主要指标及预测情况

单位：亿元，%

统计指标	2010 年		2011 年		2012 年		2013 年预测		2014 年预测	
	绝对值	增速	绝对值	增速	绝对值	增速	绝对值	增速	绝对值	增速
固定资产投资	241431	24.5	302396	25.3	363087	20.6	434143	19.6	520993	20.0
房地产开发投资	48259	33.2	61797	28.1	71314	16.3	85077	19.3	104343	22.6
其中:商品住宅投资	34026	32.8	44320	30.3	49576	11.4	58475	18.0	72222	23.5
房地产开发资金来源	72944	26.2	85689	17.5	96383	12.7	119987	24.5	145748	21.5
其中:国内贷款	12564	10.6	13057	3.9	14778	13.2	19513	32.0	22783	16.8
其中:个人按揭贷款	9211	9.6	8360	-9.2	10524	25.9	13839	31.5	15980	15.5
商品房施工面积	405356	26.5	506776	25.0	567690	13.2	650970	14.7	755548	16.1
其中:住宅	314760	25.2	387706	23.2	427330	10.6	483053	13.0	565172	17.0
商品房新开工面积	163647	40.6	191237	16.9	179514	-7.3	192996	7.5	229501	18.9
其中:住宅	129359	38.7	147163	13.8	133889	-11.2	149634	11.8	180781	20.8
商品房竣工面积	78744	8.3	92620	17.6	96816	7.3	97813	1.0	105638	8.0
其中:住宅	63443	6.4	74319	17.1	79128	6.4	79784	0.8	87324	9.5
商品房销售面积	104765	10.6	109367	4.4	107333	1.8	118259	10.2	130930	10.7
其中:住宅	93377	8.3	96528	3.4	95843	2.0	104900	9.5	116151	10.7
商品房销售额	52721	18.9	58589	11.1	61712	10.0	69123	12.0	84949	22.9
其中:住宅	44121	14.8	58589	32.8	62444	10.9	68470	9.7	85300	24.6
土地购置面积	39953	25.2	44327	10.9	38547	-19.5	39183	1.6	40108	2.4
新建商品住宅价格指数(同比)	107.6	7.6	101.6	1.6	99.9	-0.1	108.8	8.8	104.8	4.8

G.24
2013 年汽车行业形势分析
与 2014 年展望

祁京梅*

摘　要：

2013 年以来，我国经济呈现稳中向好的增长态势，特别是进入
第三季度以后，经济运行出现积极变化，实体经济稳中有升，
推动整体经济触底反弹。受益于消费结构升级和城镇化推进的
有利环境，1～9 月汽车行业呈现产销两旺、经济效益改善、竞
争力增强的良好发展势头。在实体经济普遍面临产能过剩压力
的情况下，汽车行业通过技术创新、开发新产品、扩延市场份
额实现了平稳较快增长，为经济增速"保下限"发挥了重要作
用。展望 2014 年，汽车行业仍将延续稳中趋快的发展态势，并
在现代制造业结构升级、科技创新和提高产品附加值等方面发
挥龙头行业的引领作用。

关键词：

汽车行业　汽车产销

一　2013 年 1～9 月汽车行业发展呈现良好态势

汽车行业在经历了 2011～2012 年的低迷调整后，2013 年以来，随着政策
推动和新增消费不断释放，前三季度行业发展呈现良好势头，产销增速大幅提

---

* 祁京梅，国家信息中心经济预测部三级研究员，主要从事宏观经济、消费需求和产业经济等领
域的研究。

高，生产形势明显好于其他行业。在我国经济增速和工业增速回稳的大环境中，汽车工业产销增速提高格外引人注目，也成为提振信心、稳定增长的重要因素。

（一）汽车行业生产明显加快，增速高于工业平均水平

2013 年以来，我国汽车工业生产呈现稳步上扬的增长态势，汽车行业无论价值量还是实物量，增速均明显快于上年同期，并且高于工业平均增速，成为实体经济健康发展的有生力量。

从价值量看，1 ~ 9 月汽车制造业增加值增长 12.9%，比上年同期加快 3.2 个百分点，比工业平均增速高出 3.3 个百分点。特别是第三季度，汽车制造业增长 15.2%，大大高于工业增速。过去两年汽车制造业增速一直低于工业平均增速，但 2013 年连续 9 个月增速超过工业增速，且增速差距不断扩大，显示出强劲的增长动力（见图 1）。

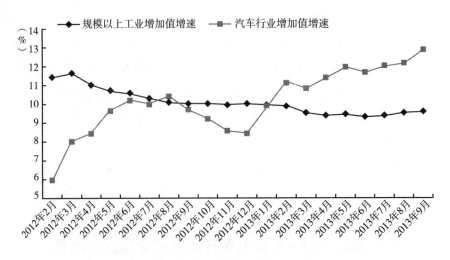

图1　2012 ~ 2013 年工业和汽车制造业增加值增速比较

从实物量看，根据中国汽车行业协会的统计，2013 年 1 ~ 9 月，汽车产量达 1594 万辆，同比增长 12.8%，增速比前 8 个月提高 0.4 个百分点，比上年同期提高 7.8 个百分点。其中，9 月汽车产量达到 193 万辆，同比增长 15.9%，为年内次高月份，呈现明显的旺季特征。

（二）汽车销售显著回升，对消费增速下滑有所抑制

2013 年以来，在消费升级和鼓励新能源汽车等政策作用下，汽车月销量明显增加，除 2 月以外，2013 年所有月份汽车销售都明显多于前两年（见图2）。根据中国汽车行业协会的数据，2013 年 1~9 月，汽车销售 1588.3 万辆，同比增长 12.7%，增幅较前 8 个月提升 0.89 个百分点，比上年同期提升 9.3 个百分点。其中，乘用车销售 1284.9 万辆，增长 14.0%，比前 8 个月提高 0.9 个百分点；商用车销售 303.4 万辆，增长 7.5%，比前 8 个月提高 0.7 个百分点，经济形势稳中趋好促进了商用车产销的增长。

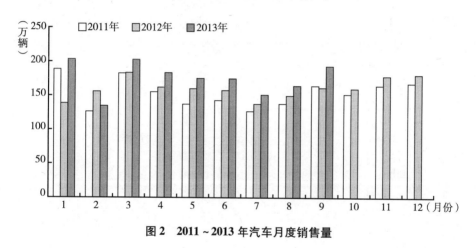

图2　2011~2013 年汽车月度销售量

受多种因素的影响，2013 年以来消费品零售额增速有所减缓，但是汽车销售保持较快增长，对消费增速下滑有所抑制。根据国家统计局的统计，2013 年 1~9 月限额以上企业完成汽车销售额 20396 亿元，同比增长 9.3%，增幅比上年同期高出 1 个百分点。初步测算，由于汽车消费增长较快，上拉消费品零售额增速约 0.3 个百分点。

（三）经济效益有所改善，赢利水平位居前列

随着汽车行业生产规模持续扩大、市场销售明显增加，汽车行业企业经济效益不断改善，赢利水平位居制造业的前列。2013 年 1~8 月，汽车制造业累计实现主营业务收入 37757.5 亿元，同比增长 15.0%，比上年同期加快 5.1 个

百分点，增速在 28 个制造业行业中排第七位；实现利润总额 3099.4 亿元，增长 20.4%，比上年同期加快 9.6 个百分点，增速在 28 个制造业行业中排第八位（见表 1）。

表 1　2013 年 1~8 月主要制造业经济效益指标排序

单位：%

序号	行业	主营业务收入增速	行业	实现利润增速
1	医药制造	18.7	石油加工	超高增长
2	木材加工	18.3	黑色金属加工	69.4
3	食品制造	16.7	计算机通信	29.2
4	仪器仪表	16.4	木材加工	27.1
5	文教等制造	16.1	化学纤维	22.0
6	非金属矿物	15.5	非金属矿物	21.2
7	汽车制造	15.0	橡胶和塑料	20.8
8	农副食品	14.4	汽车制造	20.4
9	印刷	13.6	食品制造	19.5
10	金属制品	13.3	纺织	18.9
11	有色金属加工	13.0	金属制品	18.4
12	纺织	13.0	医药制造	17.7
13	化学原料	12.6	家具制造	16.7
14	家具制造	12.4	造纸	14.3
15	电气机械	12.4	文教等制造	13.0
16	橡胶和塑料	12.3	烟草制品	12.9
17	皮革制品	11.9	皮革制品	12.8
18	饮料制造	11.9	电气机械	12.8
19	通用设备制造	10.9	印刷	12.7
20	计算机通信	10.9	通用设备制造	12.3

（四）排名前十企业销量保持较快增长，行业集中度不断提高

汽车行业属于资金和技术密集型的现代制造业，随着汽车生产技术不断创新和售后服务水平不断提高，大型企业、优势企业的核心竞争力日趋增强，市场占有份额明显扩大，行业集中度不断提高。2013 年 1~9 月，国产汽车销量排前十位的企业分别为上海大众、东风日产、一汽大众、长安福特、北汽福

田、广汽本田、华晨、长城、江淮、吉利（见图 3），上述企业汽车销量合计为 1406.4 万辆，同比增长 14.2%，比全行业增速高 1.5 个百分点（见表 2），占汽车销售总量的 88.5%，比上年同期提高 1.1 个百分点。

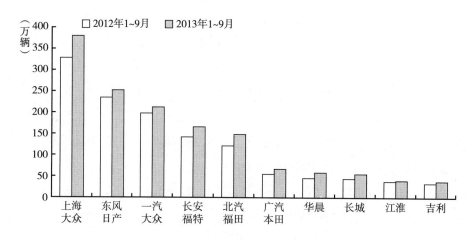

图 3 2013 年 1～9 月排名前十企业汽车销量排名

表 2 2013 年 1～9 月国产汽车销量排名前十企业集中度情况

企业家数	销量（万辆）	同比增长（%）	集中度（%）	集中度同比变化（个百分点）
前十家	1406.4	14.2	88.5	1.1
前五家	1149.3	12.7	72.4	0.0
前三家	838.3	12.3	52.8	-1.1

二 行业发展面临的主要问题

受世界经济复苏艰难、外需大幅萎缩、国内经济减速、实体经济产能过剩严重等因素的影响，汽车行业在发展中面临一定的困难和问题。

（一）国际市场需求不足，汽车出口增速连续下降

2013 年以来，我国汽车产品出口形势不尽如人意，各类汽车出口数量均比上年同期明显下降。2013 年 5 月以来，我国汽车出口已经连续五个月同比下滑，与国内销售持续攀升截然不同。1～9 月汽车出口 71.67 万辆，同比下

降 8.8%，降幅比前 8 个月扩大 3.3 个百分点，其中，乘用车出口 43.40 万辆，同比下降 10.8%；商用车出口 28.27 万辆，同比下降 5.4%。汽车出口表现出持续低迷的发展态势。

汽车出口增速下降主要受三方面因素的影响：一是 2013 年世界经济缓慢脆弱复苏，国际市场需求不足，导致我国出口需求增长乏力。二是汽车主要出口国的市场和当地政局不稳。国际汽车品牌纷纷布局全球市场，俄罗斯、南美和中东等中国汽车主要出口市场受到极大影响。截至 2013 年 8 月，出口俄罗斯的汽车出口量已下滑 4%。而外需疲软也导致贸易壁垒增多，如在巴西、厄瓜多尔、乌克兰等提高关税的国家，我国汽车出口均遭到重创。三是人民币升值过快对汽车出口造成一定的负面影响。2013 年 1～8 月，人民币实际有效汇率上升 6.29%。在海外市场需求不足、其他国家货币大幅贬值的情况下，人民币汇率大幅上升导致我国汽车出口价格优势不复存在，不利于汽车出口量增加。

（二）科技创新能力不强，自主品牌乘用车市场占有率降低

2013 年前三季度，我国汽车市场销量前十位的国内企业仅有吉利和比亚迪两个自主品牌入围，其余都是合资品牌。由于国产自主品牌汽车在工艺技术创新、品种质量、多功能性以及性价比等方面缺乏创新和突破，中国品牌乘用车市场占有率呈现不断下降的局面。2013 年 1～9 月，中国品牌乘用车销售 512.50 万辆，同比增长 12.1%，比乘用车总体增长速度低 1.9 个百分点，占乘用车销售总量的 39.9%，比上年同期下降 0.7 个百分点。

我国自主品牌乘用车市场占有率持续下降的主要原因有三个：一是自主品牌乘用车由于缺乏核心技术，处于价值链的低端环节，缺乏持续上升的内在动力和市场竞争力；二是自主品牌汽车产品在技术性能、质量和可靠性等方面与国际品牌相比仍有一定差距，缺乏吸引力；三是自主品牌整车出口以中低端车型为主，难以进入发达国家市场。2012 年，乘用车出口数量排名前十位的国家依次为俄罗斯、伊拉克、伊朗、阿尔及利亚、智利、乌克兰、哥伦比亚、秘鲁、委内瑞拉、埃及，前十位国家的出口量占乘用车出口的 73%。2013 年以来，新兴经济和发展中国家经济下行压力较大，汽车进口减少在所难免。

（三）限购、限行城市增多，对汽车行业发展产生冲击

随着居民消费升级在更多城市扩延，个人购车上涨势头较为强劲。但是，受到城市道路交通拥堵、汽车尾气排放超标、城市承载力限制和油气资源短缺等因素的影响，继北京、上海、广州和贵阳四个城市出台汽车限购政策后，天津、深圳、杭州、石家庄、重庆、青岛、武汉八个城市也将出台汽车限购政策。初步估算，限购政策一旦实施，将造成当地汽车销量 25% 左右的下降，如果每个城市销量都下降 25%，对全年全国汽车销量的影响不可小觑。

此外，限购还将对中低端国产品牌乘用车形成打压。以北京为例，实施限购政策前后，销售车辆的平均单价提高了 88%，1.6 升及以下排量的轿车占有率下降了 17%，限购和各种牌号限制使消费者更加趋向于买大尺寸车、大排量车、高价车、进口车。

三 2014 年汽车行业发展环境分析及趋势展望

2014 年，结构调整和制度改革的步伐将进一步加大，企业技术创新、产业结构优化升级、大力压缩过剩产能、鼓励战略性新兴产业发展、积极推动清洁生产绿色生产将成为行业发展的重点。与此同时，2013 年国家出台的一系列"稳增长、保下限"的政策效应也将在 2014 年进一步显现，有市场、有效益的实体经济仍有较大发展空间。汽车行业发展既面临机遇动力，又存在挑战和压力。

（一）推动行业发展的积极因素

1. 宏观经济持续平稳增长，有赖于汽车支柱产业的较快发展

要顺利实现"十二五"规划经济社会发展的各项目标，"十二五"期间我国经济增速以不低于 7.5% 为宜，2012 ~ 2013 年 GDP 增长基本维持在 7.7% 左右，这一速度对现阶段企业发展、社会稳定和就业增加起到了有效的支撑作用，属于不可跌破的增长下限。根据多家研究机构的预测，2014 年我国经济将实现 7.5% 或更快一点的增长，国民经济持续平稳增长在很大程度上有赖于

国民经济主要支柱产业的适度较快发展。汽车行业产业链条长，既可作为生产投入，又与最终消费相连接，产品需求动力较强，而且新能源汽车作为战略新兴产业，发展势头良好。得益于宏观经济平稳增长，汽车行业有望保持较快增长。

2. 新型城镇化建设，将为行业发展拓宽空间

十八届三中全会之后，新型城镇化建设正式方案有望出台，2014年新型城镇化建设将进入实质性推进阶段，为汽车工业发展创造良好机遇。一方面，我国的一线城市因交通拥堵和尾气污染等问题开始推行限购等政策，但在广大的三、四线城市和新建城镇中，汽车保有量还很低，在人均道路面积较大、公共交通设施不断完善的情况下，汽车消费的需求将持续增加。另一方面，新型城镇化建设促使城市数量增多、城市覆盖地域更广、城市生活方式形成、城市道路等基础设施建设更完善，人们追求速度、在更大范围内更便捷活动的需要增加，势必为汽车消费创造充分条件和大量新增需求。可以说，城镇化建设是拉动汽车产业持续发展的一个巨大商机。

3. 新能源汽车鼓励新政出台，有助于汽车产业转型升级

2013年9月，四部委联合发布了《关于继续开展新能源汽车推广应用工作的通知》，新一轮新能源汽车推广应用补贴政策正式出台。新补贴政策有以下几大亮点：一是提升消费者购买新能源汽车的积极性。新政策补贴改用续航里程作为确定补贴的新标准，不像原来按车型来划分，更便于消费者在购车时进行比较，也间接引导汽车企业开发出续航更长的产品。二是汽车企业更容易获得补贴。新政策不再强制要求地方政府给予补贴，而是由中央财政统一发放补贴款，补贴范围扩大到全国，且标准统一，竞争更加公平。三是新的补贴政策将延续到2015年。持续明确的新能源汽车鼓励政策对汽车产业转型升级具有积极的引导作用。

4. 大气污染防治计划实行，将为汽车业发展带来利好

2013年10月国务院公布的《大气污染防治行动计划》实施，有利于汽车行业长远发展。一是可提升燃油品质。计划要求，2015年底京津冀、长三角、珠三角等区域内重点城市供应国五车用汽柴油，到2017年前全国供应国五汽柴油，这是对石油行业下达的加速技术质量进步的死命令，保护了汽车用户的核心利益，如果计划能够严格落实，将解决目前油品环保标准升级严重滞后于汽车的问题。二是大气污染防治计划要求"加快淘汰黄标车和老旧车辆"：到 2015 年，基本淘汰京津冀、长三角、珠三角等区域内的 500 万辆黄标车；到 2017 年，基本淘汰全国范围内的黄标车。黄标车得到淘汰，将加快车辆技术质量的更新。

5. 高级商务用车国产化，将提升自主品牌增长

为了扶持国内自主汽车品牌发展并节约政府公共开支，2013 年国家指定红旗轿车作为政府采购的高级公务车，这将激发国内汽车集团投入重金和人才打造"真正属于中国人自己的高档品牌"。红旗轿车通过独立自主研发、产品生产和升级换代向消费者证实自身品质和竞争力的同时，也将带动整个行业景气上行和持续发展。

（二）制约行业发展的不利因素

1. 行业快速发展受到政策法规的约束

围绕节能环保和转变发展方式，国家和地方政府出台了多项政策措施。从短期看，这些政策对汽车行业的发展有抑制作用。一是大气污染治理将对机动车保有量增加有所限制。国务院在《大气污染防治行动计划》中提出，要根据城市发展规划，合理控制机动车保有量，北京、上海、广州等特大城市要严格限制机动车保有量，"治污"成为抑制汽车快速增长的一个负面因素。二是北京、上海汽车限购措施更为严厉，购车难度和成本大幅提高，不利于汽车销售的增长。为完成 2017 年底全市机动车保有量控制在 600 万辆以内的目标，2014 年，北京将减少每年汽车摇号数量 9 万辆，降幅达 37.5%。上海汽车牌照拍卖成交价格不断提高，2013 年 10 月，平均成交价达 83723 元，环比增幅超过 6%。三是为推动汽车市场的规范化发展，工业和信息化部取消了 48 家企业的新产品申报要求。根据工业和信息化部出台的《关于建立汽车行业退出机制的通知》，工业和信息化部对准入条件或考核不合格的 48 家汽车企业进行了为期两年的公示，其间，停止这些企业的新产品申报和生产，该措施将对部分汽车企业产生一定影响。

2. 产能过剩的问题不容忽视和回避

2003~2007 年，我国汽车工业规模和产能持续快速扩张。2008 年，为应对金融危机带来的经济下滑，4 万亿元投资中的一部分又投向汽车领域，新的工厂、生产线以及车型研发短期内迅速增加。与此同时，世界知名汽车品牌捕捉到中国市场的巨大潜力，纷纷入驻中国市场，置身于国内外汽车品牌的激烈竞争中。目前，全国汽车行业平均产能利用率在 70% 以下，生产线满负荷运行的汽车企业寥寥无几，超过 90% 的企业实际产量仅为产能的 60%~80%。由于进口车市场销量不断扩大，自主品牌汽车的市场占有率逐步降低，导致国内企业产能过剩的问题日趋显现，汽车行业面临提升产品竞争力、消化传统产能的艰巨任务。

3. 汽车行业满意度下降，对产业发展形成潜在冲击

2013 年，全国汽车用户满意度测评结果显示，我国汽车行业用户满意度指数为 79 分（满分 100 分），同比下降 1 分，这是 2002 年实施测评以来中国汽车满意度水平首次出现同比下降。测评显示，影响满意度水平的四大要素（品牌形象、预期质量、感知质量、感知价值）的得分均有所下降，分别下降 2%、1.7%、1.6% 和 1.2%。汽车行业满意度 12 年来首次出现下降，说明汽车企业在提升质量、品牌形象以及售后服务效率和水平方面有所欠缺，不利于行业长远发展。生产商、销售商亟须按照"三包"责任提升汽车行业整体的服务水平和用户满意度，通过质量效益提升，为行业持续发展创造条件。

（三）2014 年汽车行业发展的基本趋势

2014 年，随着各种"稳增长、保下限"政策效应不断显现，加之制度改革的增长红利逐渐释放，汽车工业将在"稳增长、调结构和促改革"的政策氛围中保持稳中求进、稳中有为的健康发展态势。对 2014 年汽车行业发展趋势可做如下展望。

第一，汽车产销继续呈现稳步上扬的增长态势，增速有望快于 2013 年。经济适度平稳增长、城市家庭对 MPV/SUV 等私家车需求不断增加，随着农民收入增加引致农用汽车需求量快速增长，以及"汽车三包"文明规定开始实施，均将促使汽车生产和销售持续快速增长。预计 2014 年汽车产量增长

13.5%，汽车销售量增长 13.2%，增速分别比 2013 年高 0.7 个和 0.5 个百分点。

第二，二、三线城市汽车市场销售份额将不断提高。一是得益于城镇化的持续推进和居民生活水平的提升，购车需求重心将从沿海地区逐步转向中西部地区和二、三线城市。二是一线城市受汽车保有量较大、城市拥堵日益严重、汽车尾气严重污染城市空气等因素的影响，汽车市场的份额将不断下降。二、三线市场人口基数庞大，人均汽车保有量低，有望成为国内未来汽车市场主要的增量市场。业内专家预测，2020 年三线市场占全国市场的份额将提升到55%，一线城市可能会下降到 15%。根据统计，2010 年二、三线城市的汽车市场份额为 29.3%，2011 年超过 30%，在 2012~2013 年市场份额进一步增加的基础上，2014 年有望提高到 40% 左右。

第三，节能和新能源汽车将加快发展。为了解决出行方便和节能环保的矛盾，并促进汽车产业技术升级、强化企业在技术创新中的主体地位，国家大力扶持节能汽车和新能源汽车发展，2013 年进一步出台了后续鼓励政策：一是新一轮的汽车节能补贴标准在 9 月出台，补贴标准强调环保和节油理念；二是新能源汽车补贴新政出台，广大汽车企业可以更及时、更公平地拿到补贴，有助于激发汽车企业的积极性。在国家政策引导下，越来越多的汽车厂家涉猎节能和新能源汽车的科技研发和品牌创新，节能和新能源汽车市场份额和消费者关注度将不断提高，这将成为汽车工业新的增长点和赢利点。

此外，2014 年世界经济形势可能与 2013 年持平或略好于 2013 年，世界经济好转有望推动汽车进出口增速小幅回升。商务车和客车的销售有望受到基本面和政策面的双重支撑，产销前景看好。而自主品牌汽车在经历了 2013 年的低迷调整后，2014 年有望实现恢复性增长。

2013 年战略性新兴产业发展形势与 2014 年展望

叶立润　王硕*

摘　要:

2013 年以来，我国战略性新兴产业整体实现了平稳较快增长，为稳增长、调结构、促转型做出了积极贡献。政策大力扶持、产业需求扩张及消费结构升级都为战略性新兴产业提供了较强的增长动力，但世界经济低迷、劳动力成本上升、资金供应偏紧等因素也使得部分行业出口下滑、经济效益增长缓慢，战略性新兴产业仍需加强自主创新能力建设，提升创新对经济增长的贡献，增强核心竞争能力。在世界经济平稳回暖、政策支持逐渐落地实施、重点产业项目陆续推进等积极因素的推动下，战略性新兴产业将保持较快的增长势头，产业结构升级步伐也将进一步加快。

关键词:

战略性新兴产业　经济增长方式转变　产业经济

一　2013 年战略性新兴产业发展形势

(一) 产业增加值实现平稳较快增长

面对经济下行压力较大、世界经济回暖乏力等不利因素的影响，战略性新

---

* 叶立润，甘肃农业大学经济管理学院副教授，主要从事行业分析、企业管理研究。王硕，经济学硕士，国家信息中心经济预测部高级经济师，主要从事产业经济分析与预测、行业景气研究。

兴产业抓住政策机遇，积极顺应经济增长方式转变的要求，实现了相对较快的增长，支撑了工业的平稳增长，有力地促进了工业结构的转型升级。根据国家发改委的数据，2013 年 1~7 月我国高新技术产业增加值同比增长 11.5%，比同期工业增速高 2.0 个百分点；在战略性新兴产业中，计算机及通信设备制造业、仪器仪表制造业和电器机械及器材制造业增加值分别同比增长 11.1%、13% 和 10.4%，均高于同期工业增加值增速；生物医药业和航空航天制造业增加值也均实现了 13% 以上的较快增长；在节能环保产业方面，1~7 月废弃资源综合利用业增加值同比增速达到 17.4%，比同期工业增速快 7.9 个百分点，呈现出加快发展的态势。与上年同期相比，在工业增加值增速回落了 0.6 个百分点的情况下，计算机及通信设备制造业和废弃资源综合利用业增速分别比上年同期提高了 1.0 个和 0.4 个百分点，上升势头显著。整体上，电子信息技术、高端装备制造、生物制药、节能环保等战略性新兴产业增加值增速较快，增长态势良好。

（二）产业经济效益表现分化

受稳增长、调结构这一政策主线的影响，2013 年以来经济增速有所下行，经济增长的结构性矛盾突出，增长影响因素日益复杂化，战略性新兴产业经济效益也受到不同程度的影响。

得益于政策扶持、消费结构升级等利好因素的促进作用，电子信息、生物、风能设备、锂电池等行业经济效益呈现了较快的增长，利润增速高于同期工业利润增速。2013 年 1~7 月，计算机及通信设备制造业主营业务收入同比增长 10.9%，实现利润同比增长 29.2%；软件业主营业务收入同比增长 24.1%，电子信息产业经济效益表现良好；生物、生化制品制造业主营业务收入和利润分别同比增长 18.5% 和 14.4%，增势快速平稳；风能原动设备制造业主营业务收入同比增长 28.5%，利润同比增速更是达到 49.0%，增势显著；锂电池制造业也表现出良好的经济效益，主营业务收入和利润分别同比增长 12.5% 和 14.9%。

受投资增速下降、产能过剩、劳动力及融资成本上升等不利因素影响，高端装备制造、节能环保、光伏等行业经济效益的增长受到较大抑制，利润增速

出现不同程度下滑。2013 年 1 ~ 7 月，铁路、船舶、航空航天及其他运输设备
制造业利润同比小幅下降 2.8%，其中，铁路机车车辆及动车组制造业利润同
比下降 13.58%，高铁投资一度受阻的影响明显显现；海洋工程专用设备制造
业利润同比大幅下降 29.0%，下滑幅度明显；废弃资源综合利用业收入实现
了平稳增长，但利润同比下降 8.4%，成本上升压力较大；光伏设备及元器件
制造业受产能过剩及贸易保护主义的影响，整体出现亏损 6.98 亿元，经济效
益下滑严重。

环境保护专用设备行业经济效益表现平稳，2013 年 1 ~ 7 月，环境保护专
用设备制造业和水资源专用设备制造业主营业务收入增长较快，利润增速分别
同比增长 10.0% 和 10.2%，增速平稳（见表 1）。

表 1　2013 年 1 ~ 7 月部分战略性新兴产业收入、利润及增长

单位：亿元，%

产业	主营业务收入	同比增长	利润总额	同比增长
计算机及通信设备制造	47748.00	10.9	1527.70	29.2
铁路、船舶、航空航天及其他运输设备制造	8448.01	0.9	391.79	-2.8
铁路机车车辆及动车组制造	560.07	-26.8	38.59	-13.58
海洋工程专用设备制造	345.15	4.2	10.26	-29.0
废弃资源综合利用	1760.25	10.2	42.08	-8.4
环境保护专用设备制造	1090.42	19.2	67.72	10.0
水资源专用机械制造	86.49	15.6	4.76	10.2
生物、生化制品的制造	1266.68	18.5	152.19	14.4
风能原动设备制造	64.65	28.5	4.02	49.0
光伏设备及元器件制造	1825.66	4.2	-6.98	—
锂电池制造	794.35	12.5	23.11	14.9

（三）行业出口增长不均

2013 年以来，世界经济整体依旧低迷，欧洲经济在债务危机中艰难复苏，
美国债务上限问题继续拖延，导致我国战略性新兴产业出口增长速度较慢，部
分产品出口增速出现较大下滑，国际贸易保护主义加剧进一步增大了部分行业
的出口困难。

高新技术产品出口表现较好。2013 年 1～8 月，我国高新技术产品出口同比增长 15.2%，增速比上年同期回升 9.3 个百分点，比同期出口总额增速高 6.0 个百分点。其中，生物技术产品和电子技术产品出口额分别同比增长 34.2% 和 62.1%，分别比上年同期提高 20.5 个和 57.1 个百分点；新材料技术产品和航空航天技术产品出口增速分别为 8.9% 和 20.8%，改变了上年同期大幅下降的局面，出口回升态势明显。光电技术产品、计算机与通信技术产品和计算机集成制造技术产品出口分别同比增长 5.6%、5.5% 和 4.6%，维持了小幅增长态势。

在高端装备制造业中，铁路、船舶、航空航天和其他运输设备制造产品出口交货值同比下降 14.01%，其中，铁路机车车辆及动车组制造产品出口交货值同比大幅下降 42.96%。环境保护专用设备和水资源专用设备制造产品出口表现较好，出口交货值分别同比增长 18.07% 和 13.33%，与上年同期的下降局面形成鲜明对比。

风能和光伏产业出口下滑幅度较大。2013 年 1～7 月风能原动设备制造产品出口交货值同比大幅下降 37.59%，没能保持上年同期大幅增长势头，风力发电设备出口量同比大幅下降 30%。2013 年上半年，我国光伏电池组件出口量为 7.5GW，同比增长 17%，但由于出口价格下跌，导致出口金额同比大幅下降 31%。

二 战略性新兴产业发展的影响因素

（一）政策扶持力度增大促进了战略性新兴产业增长

根据《关于加快培育和发展战略性新兴产业的决定》和《"十二五"国家战略性新兴产业发展规划》的要求，各部委和各级地方政府持续加大对战略性新兴产业的政策扶持力度，有力地促进了战略性新兴产业的平稳较快增长。2013 年以来，国家发改委会同有关部委陆续出台了《战略性新兴产业发展专项资金管理暂行办法》《战略性新兴产业重点产品和服务指导目录》等文件，给予战略性新兴产业有利的宏观指导。同时，针对各细分行业的发展，国家先

后出台了《国家生物产业发展规划》《国家卫星导航产业中长期发展规划》《关于继续开展新能源汽车推广应用工作的通知》《关于促进光伏产业健康发展的若干意见》《关于印发"宽带中国"战略及实施方案的通知》《关于加快发展节能环保产业的意见》《关于推进物联网有序健康发展的指导意见》《关于促进信息消费扩大内需的若干意见》等一系列政策，推动了战略性新兴产业各细分行业的健康发展。

政府补贴力度增大则直接促进了战略性新兴产业的增长，如2013年上半年财政部共预拨148亿元可再生能源补贴款，使得风力发电、太阳能发电行业经济效益大幅改善，2013年1～7月，风力发电行业主营业务收入和利润分别同比增长31.18%和8.93%，比上年同期大幅上升；太阳能发电行业主营业务收入和利润分别同比增长0.44%和261.73%，继续保持高速增长态势。新能源汽车补贴政策对推动新能源汽车推广和消费起到了明显的刺激效应，2013年上半年我国纯电动和插电式混合动力汽车销量同比大幅增长42.7%，普通混合动力汽车和天然气汽车销量分别同比增长1.7倍和1.0倍。

（二）居民消费结构升级拉动了战略性新兴产业发展

2013年以来，我国信息消费增长快速，对经济增长的拉动作用明显增强，成为消费领域新的增长点。2013年上半年，全国信息消费规模突破2万亿元，同比增长20.7%，其中，通信业务收入同比增长8.9%，软件技术服务消费同比增长24.5%，信息终端产品消费同比增长28.7%。同时，网络购物市场交易额达到8559亿元，同比增长60.2%，占社会消费品零售总额的7.7%。智能化、网络化的技术升级趋势推动了信息消费的快速增长，已经成为我国消费需求增长的重要拉动力量，同时带动了网络和信息基础设施投资的增长，上半年互联网及数据通信投资增幅达到43.8%。信息消费规模不断扩大，产业带动能力日益增强，有力地促进了电子信息产业及锂电池行业的较快发展。

随着收入水平的增长，居民健康保健意识越来越强，同时，国家养老、医疗社会保障水平不断提高，使得生物制药产品市场需求保持较快的增长，2013年1～9月，社会消费品零售总额中药品类消费额同比增长16%，高出平均水平3.1个百分点，带动了生物医药产业继续保持较快增长水平。

（三）经济增长方式转变增大了对战略性新兴产业的产业需求

资源环境压力不断增大加剧了我国转变经济增长方式的迫切性，传统产业加快了向节能、低碳、智能化、信息化的方式转型，使得信息化领域和节能环保领域的投资增长快速。2013 年 1~8 月，全国生态保护与环境治理领域的投资同比增长 33.4%，比全社会固定资产投资增速高 13.1 个百分点，这有力地拉动了节能环保产业的较快增长，同时带动了环保专业设备的市场需求。

传统产业的信息化转型使得物联网、云计算、卫星导航等产业展现了良好的市场前景，新一代电子信息技术催生了商业模式的创新，2013 年上半年全国电子商务交易额达到 4.98 万亿元，同比增长 45.3%；网络广告市场规模同比增长 44%。这些都展示出传统产业正在快速转型升级，战略性新兴产业的市场需求在不断扩大。

（四）投资增速下降和产能过剩抑制了部分行业的增长

受偏紧的货币政策影响，全国固定资产投资增速有所回落，特别是高铁建设投资自 2011 年持续回落，直到 2013 年第二季度才出现明显回升。2011 年我国铁路运输业投资下降 22.5%，2012 年仅小幅增长 2.39%，2013 年 1~9 月仍没有恢复到 2011 年的同期水平，这直接导致高铁行业经济效益大幅回落。

在风电和光伏产业方面，由于产能快速扩张，在出口受阻、国内市场启动缓慢的情况下，已经出现了较为严重的产能过剩局面。目前，风机产能利用率不到 70%，光伏产能利用率不到 60%。受政策扶持，我国风电装机容量保持了较高的新增水平，使得风电设备行业保持了较快增长，但光伏产业仍受产能过剩的困扰，行业出现整体性亏损，特别是在欧盟对我国光伏产品实施反倾销调查后，光伏产品出口价格下跌，进一步增大了行业的经营困难。

三 战略性新兴产业发展展望

加快发展战略性新兴产业是我国转变经济增长方式、促进产业结构调整的重要举措，在政府投入、融资条件、政策规划等方面，各级政府均给予了大力

的支持。战略性新兴产业的发展既符合我国扩大内需的需要，又顺应了我国传统产业转型升级的要求，市场潜力十分巨大。考虑到国内经济增速主动下调、世界经济回升依旧困难，初步预计 2014 年战略性新兴产业增加值平均增速为10%左右。

（一）政策鼓励效应仍将发挥重要的促进作用

为促进经济结构调整，2013 年国务院办公厅先后出台了《关于金融支持经济结构调整和转型升级的指导意见》和《关于促进进出口稳增长、调结构的若干意见》等宏观调控政策，在税收、金融、投资等方面提出了更多的政策措施，这将使战略性新兴产业继续受益于政策的支持。新近公布的促进信息消费政策、新能源汽车补贴政策以及将要出台的促进风电发展的意见等政策，都将进一步增强战略性新兴产业的增长动力。十八届三中全会后，深化改革将在投融资体制、土地政策等方面释放更多的政策红利，体制机制的创新将进一步激发市场活力，从而给战略性新兴产业的发展提供更为有利的环境，使得产业发展向创新驱动、市场主导、质量改善的方向持续迈进。

（二）行业赢利改善将增强内部扩张动力

2013 年以来，电子信息产业、生物产业、风能设备产业和锂电池产业均实现了良好的经济效益增长，行业赢利能力稳步提升，这将明显增强行业内部的扩张动力，推动行业加强创新能力建设和商业模式创新，促进行业保持平稳较快增长。国内居民消费水平保持稳步提高，信息消费和健康消费持续增长，将继续支撑电子信息、生物医药等行业的发展，增强行业增长的可持续性。可再生能源补贴政策将进一步拉动风电行业的投资增长，风电设备行业需求将在2013 年的基础上继续回升。

（三）国内投资将拉动高铁、光伏、节能环保等产业发展

2013 年以来，国内高铁建设已经重新启动。2013 年 4 月，国内铁路建设投资同比增速上升到 24.59%，前 9 个月的投资增速比上年同期上升了 20 多个百分点。作为稳增长的重要措施，高铁投资项目陆续开工将带动铁路机车车

辆及动车组制造业增速从低谷中逐渐回升。

光伏方面，欧盟对中国光伏产品发起反倾销调查后，国家已经明确提出要加快国内光伏发电的建设力度，2020 年国内光伏发电装机容量要达到 50GW，预示着我国光伏发电装机容量将平均增长 30% 以上。同时，国家已经出台了《分布式光伏发电管理办法》，并制定了光伏发电补贴政策，这些将弥补出口受阻给光伏产业带来的不利影响，逐渐消化光伏过剩产能，使行业增速逐渐回升。

节能环保方面，为推进结构调整、解决产能过剩问题，国家已经出台《关于化解产能严重过剩矛盾的指导意见》，并提出要推进资源税改革和环境保护税立法，理顺资源、要素价格的市场形成机制，完善差别化价格政策，提高产业准入的能耗、物耗、水耗和生态环保标准，以资源环境承载力上限倒逼超标产能退出、节能减排达标和自然环境改善。通过政策调控和市场机制的调节作用，将促进国内节能环保投资力度进一步增强，保持节能环保产业较快发展。

G.26

2013 年服务业发展形势
与 2014 年展望

耿德伟*

摘　要：

2013 年，我国服务业总体保持平稳较快发展势头，服务业固定资产投资维持在较高水平，内部结构继续改善，企业对行业未来发展总体持乐观态度。服务业快速发展对整体经济形成较强支撑作用，对经济发展的贡献不断加大，并有望在 2013 年底取代第二产业，成为国民经济第一大产业。展望 2014 年，我国服务业仍处于快速发展的重要机遇期，营改增、服务业综合改革试点、上海自贸区建设，以及稳增长、调结构等各项利好政策将推动服务业保持稳步较快发展势头，预计服务业全年增速将达 8.2% 左右。

关键词：

服务业　营改增

一　2013 年服务业总体发展情况

2013 年，我国营业税改增值税试点范围进一步扩大，服务业综合改革试点工作稳步推进，同时，上海自贸区也在 9 月正式挂牌运营。受一系列利好政策推动，我国服务业在 2013 年保持了平稳较快的增长势头，服务业发展对整

---

* 耿德伟，经济学博士，国家信息中心经济预测部助理研究员，主要研究领域为产业经济学、收入分配、劳动经济学。

体经济的带动能力进一步增强，并将在 2013 年底取代第二产业，成为国民经济第一大产业。

（一）服务业保持平稳较快发展势头

2013 年以来，国内外经济环境十分复杂，我国经济发展出现一定波动，前三季度国内生产总值累计同比增长 7.7%，增速与上年同期持平。在此背景下，我国服务业总体保持了平稳较快发展势头，前三季度服务业累计同比增长 8.4%，较整体经济增速高 0.7 个百分点，比第二产业高 0.6 个百分点。服务业平稳较快发展对整体经济发展形成了有力的支撑。第四季度是服务业的旺季，预计该季度服务业总体仍将保持较快扩张势头，服务业全年增速有望达到 8.3%（见图 1）。

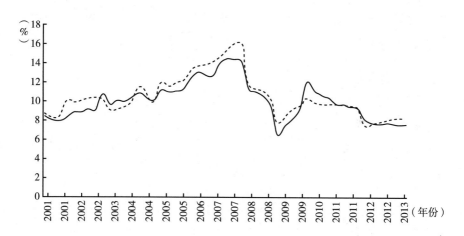

图 1　2001~2013 年服务业增加值累计增长速度和 GDP 增速比较

资料来源：Wind 资讯。

（二）服务业对经济发展的贡献稳步提高

2013 年前三季度，服务业增加值占 GDP 的比重达到 45.5%，较上年同期提高 1.6 个百分点。第二产业增加值占 GDP 比重则从上年同期的 46.8% 下降至 45.3%，下降 1.5 个百分点。由于第四季度服务业的发展速度通常会加快，按照目前的发展趋势，服务业将在 2013 年底超越第二产业，正式成为国民经

济第一大产业。

2013 年服务业对经济发展的贡献也在稳步提升。根据我们测算，2013 年前三季度服务业拉动经济增长达 3.69 个百分点，对经济增长的拉动能力较上年同期提高 0.32 个百分点；对经济增长的贡献率达 47.87%，较上年同期提高 4.07 个百分点。2013 年前三季度第二产业拉动经济增长 3.65 个百分点，较上年同期下降 0.23 个百分点；对经济增长的贡献率为 47.38%，较上年同期下降了 3.06 个百分点。

（三）服务业固定资产投资增速有所放缓

2013 年 1～9 月，服务业固定资产投资累计同比增长 22.3%，较 2013 年初的 25.0% 下滑了 2.7 个百分点，但比第二产业固定资产投资增速高 5.2 个百分点，比总体固定资产投资增速高 2.1 个百分点（见图 2）。服务业固定资产投资保持较快增长对提高服务业发展质量、缓解经济下行压力起到了重要作用。

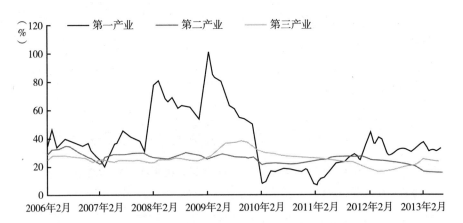

图 2　2006～2013 年我国三次产业固定资产投资累计增速

资料来源：Wind 资讯。

分领域看，在稳增长政策带动下，基础设施固定资产投资总体保持较快增长速度，2013 年 1～9 月累计同比增长 24.21%，较上年同期大幅提高 11.66 个百分点。在住房需求特别是一线城市住房需求总体旺盛的推动下，2013 年

1～9 月房地产固定资产投资累计同比增长 19.70%，增速较上年同期提高了 4.3 个百分点。此外，受营改增以及政府加大环境污染治理等因素影响，交通、运输、仓储和邮政业，租赁和商务服务业，水利、环境和公共设施管理业的固定资产投资增速分别较上年同期大幅提高 22.92 个、11.83 个和 14.80 个百分点。信息传输、软件和信息技术服务业和金融业固定资产投资增速则因上年基数相对较高分别下滑了 27.57 个和 113.43 个百分点。公共管理、社会保障和社会组织固定资产投资也较上年同期下降了 19.02 个百分点。

（四）新型服务业态发展迅猛

目前，电子商务、互联网购物等新型服务业态正迅速崛起，成为我国服务业发展中的新亮点。Wind 咨询统计数据显示，2013 年 1～6 月，我国电子商务市场规模已达 25000 亿元，较上年同期增长了 6000 亿元，增长幅度为 31.6%。同时，2013 年上半年我国网络购物市场规模已达 7892.1 亿元，较上年同期增长 41.24%。目前，网络购物占社会消费品零售总额的比重已达 7.9%，较上年同期提高了 1.75 个百分点（见图 3）。从目前趋势看，2013 年我国网络购物规模极有可能超越美国，位列全球首位。

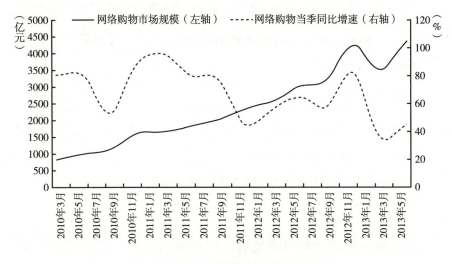

图 3　2010 年以来我国网络购物发展情况

资料来源：Wind 资讯。

（五）服务业企业信心仍保持较高水平

2013 年 9 月，国家统计局服务业调查中心、中国物流与采购联合会联合发布的数据显示，我国非制造业采购经理人指数（PMI）为 55.4%，较 8 月的 53.9% 提高了 1.5 个百分点，较上年同期提高 1.7 个百分点。其中，9 月服务业新订单指数为 52.8%，较上月提高 2.9 个百分点（见图 4）。这说明在宏观经济复苏的带动下，我国服务业扩张势头进一步增强。

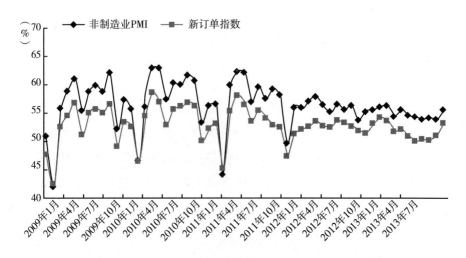

图 4　2009 年以来我国非制造业 PMI 和新订单指数走势

资料来源：国家统计局。

分行业看，零售业、水上运输业、邮政业、住宿业、电信广播电视和卫星传输服务业、互联网及软件信息技术服务业等行业商务活动指数位于 50% 的临界点以上，企业业务活动持续扩张；航空运输业，生态保护、环境治理及公共设施管理业、道路运输业，居民服务及修理业商务活动指数低于临界点，企业业务活动有所收缩。

（六）营改增促进服务业发展取得成效

2013 年 8 月 1 日，国务院决定营改增试点工作在全国范围内推开，同时将试点行业从原来的交通运输业和部分现代服务业扩展到广播影视作品的制作、播映、发行等更多的服务业领域。随着营改增试点工作逐步深入，营改增在减轻服务业企业财税负担、促进服务业发展方面取得积极成效。国家税务总局测算，截至 2013 年 6 月，在已纳入试点的 134 万户纳税人中，超过95% 的纳税人税负实现了不同程度下降，平均减税幅度近 30%，试点以来的减税总规模已超过 900 亿元，2013 年营改增将在全国范围内实现减税 1200亿元。

二　服务业发展中存在的主要问题

（一）服务业发展水平总体滞后

世界银行统计数据显示，与我国经济发展水平相近的 20 个国家或地区的服务业占 GDP 比重平均约为 58.2%，我国目前仅为 45.5%，低 12.7 个百分点。在金砖五国中，除我国外的其余四国服务业占 GDP 比重在 2012 年平均达到 63.3%，我国比这些国家的平均水平低 17.8 个百分点。美国、德国、法国、英国、日本等发达国家在我国目前经济发展阶段服务业占 GDP 比重一般在 50% ~ 64%，我国目前与之相比也有较大差距。服务业发展总体滞后使得服务业需求与服务业供给之间的矛盾日益凸显，教育、医疗、养老、住房等重要民生服务领域的供需矛盾尤其明显。

（二）服务业创新能力有待增强

受创新人才缺乏、知识产权保护体系薄弱、创新意识不足、创新经济风险较大等因素影响，我国服务业创新投入总体较低。统计调查数据显示，目前我国服务业企业研发支出占全部研发支出的比重不足 10%，远低于服务业较为发达的美国、澳大利亚、加拿大等 30% ~ 40% 的比重。服务业创新投入低导致我国服务业整体创新能力较弱，服务业发展对住宿餐饮、批发零售、房地产等传统服务业依赖性较大，产品研发、设计、营销、跨国金融服务等知识密集型的高端服务业国际竞争力不强，在国际服务贸易中整体处于逆差状态，制约了服务业以及整体国民经济的发展。

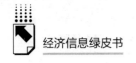

（三）部分地区对发展服务业重要性认识不够

1978 年，我国服务业占 GDP 的比重仅为 23.9%，远低于当时经济发展阶段所应达到的正常水平。改革开放之后，这种局面有了较大改善，在各种利好因素推动下，服务业获得了比整体国民经济更快的发展速度。不过，由于不少地方政府仍把工业尤其是制造业等作为推动地方经济发展的主导力量，对发展服务业的重要性认识不够，土地、资金等资源向工业部门过度倾斜，挤压了服务业的发展空间。

（四）营改增试点工作有待进一步完善

一是营改增对不同行业、企业的影响程度不一。虽然营改增降低了 95% 左右纳税企业的财税负担，但部分行业、企业的税收负担在改革实施后有所增加。二是我国增值税的链条还不够完善，不少行业无法开具增值税专用发票，影响营改增避免重复征税的效果。三是营改增使得地方政府失去一个重要的财政收入来源。虽然试点过程中规定原归属于试点地区的营业税收入，改征增值税后收入仍归属于试点地区，但这仅是权宜之计，未来地方和中央政府的税收分配还有待调整。

三　2014 年服务业发展展望

（一）发展机遇

1. 服务业发展空间巨大

1978～2012 年，按可比价计算，我国服务业规模扩大了 32 倍之多，相当于年均增长 10.8%，较整体经济增速快 1 个百分点。服务业占 GDP 比重也从 1978 年的 23.9% 提高到目前的 45.5%，几乎翻了一倍。不过，与经济同水平国家相比，我国服务业发展整体仍较滞后，还有较大的发展空间，未来服务业占 GDP 的比重需要在目前的基础上再提高 10 个百分点以上。

2. 服务业发展环境逐步改善

党和政府高度重视服务业发展，党的十七大以来，已经出台了多项服务业发展促进政策。目前，服务业综合改革试点、营改增等服务业发展利好政策正在深入推进。上海自贸区在 2013 年 9 月正式挂牌，未来在促进金融等服务领域开放、加大服务业竞争力度、提高服务业发展水平等方面将起到重要作用。总体来看，我国服务业发展环境正日益改善，有望给服务业发展提供新的助力。

3. 服务业需求日益旺盛

随着我国经济、社会发展水平的提高，我国经济对各类服务产品的需求将不断增强。在生活性服务业方面，收入水平提高将促进消费结构升级，从而给教育、卫生、医疗、养老、娱乐等行业的发展创造更多机遇；在生产性服务业方面，产业结构转型升级以及产业分工不断细化将给产品研发、设计、营销、咨询、信息服务等高端服务业的发展带来广阔空间。

（二）面临的挑战

1. 国际经济形势整体仍复杂多变

由于美国经济复苏进程不及预期，美联储 2013 年 9 月没像大部分经济学家预期的那样缩减第三轮量化宽松规模，从而将政策调整时间推迟到 2013 年底或 2014 年，届时必然会引发国际金融市场的新一轮动荡，并导致新兴市场资本外流，影响整体经济稳定。欧洲方面虽然在摆脱债务危机的影响，但经济整体仍处于衰退状态。日本经济在安倍经济学刺激下实现复苏，但仍面临如何消减政府债务规模以及提高消费税的问题，这都可能给日本经济带来负面影响。

2. 国内生产要素价格进一步上升

经过几十年的高速发展，我国土地、劳动力等生产要素价格正处于快速上升期，资源、环境约束日益增强。这种变化虽然有助于调结构，但也会加大服务业企业运行成本。特别是在劳动力方面，预计 2014 年我国将迎来劳动力供需关系的转折点，劳动力供应紧张局面将逐步加剧。与第二产业相比，服务业发展对劳动力的依赖程度更强，劳动力供应紧张将给服务业发展带来较大挑战。

（三）趋势预测

目前，我国经济正在企稳，调结构也取得积极成效，改革不断释放经济发展动力。展望 2014 年，在服务业综合改革试点不断深化、营改增试点不断扩容和上海自贸区建设加快推进等利好政策带动下，我国服务业将继续保持稳步较快发展势头，预计服务业全年增速将在 8.2% 左右。

四　促进服务业发展的政策建议

（一）进一步做好营改增试点工作

一是要进一步扩大营改增试点领域，把更多的服务业纳入试点，形成完整的增值税链条，切实减轻服务业企业重复征税情况，降低企业的财税负担；二是要针对交通运输业等试点过程中财税负担有所加重的行业重新确定科学、合理的税负水平；三是要做好营改增试点企业的窗口指导，保证企业实现从营业税向增值税的顺利转换；四是要加强调研评估工作，及时发现试点过程中存在的问题，在科学研究的基础上尽快给予解决。

（二）努力提高服务业市场化程度

一是要以上海自贸区建设为契机，进一步加快金融等服务业对外开放步伐，加大国外竞争对手引进力度，积极汲取国外服务业发展经验，提高我国服务业企业竞争力和发展质量；二是要加快铁路、民航、通信、文化、教育、金融等领域的市场准入制度改革，加大这些领域对民营资本的开放力度，打造公平合理的市场竞争环境，为服务业发展注入新的动力和活力；三是要加大垄断性国有服务业企业改革力度，减少行政垄断色彩，提高市场竞争力度；四是要加快重要服务领域的定价机制改革，赋予企业更多的定价权，通过定价机制改革激发企业的发展活力和动力。

（三）增强服务业企业创新能力

一是要加强知识产权保护力度，完善知识产权保护体系，形成良好的知识产权保护环境；二是要加大对服务业企业技术创新支出税费减免力度，重点安排服务业发展专项资金和服务业发展引导资金用于技术密集型服务业的关键技术研发，提高服务业自主创新能力；三是要重视对服务业人才特别是创新人才的培养，完善创新人才激励机制，优化人才发展环境，通过实施人才战略为服务业创新能力的提升提供更多助力。

（四）进一步完善服务业发展支撑体系

一是要加快服务业标准体系建设，支持行业协会、服务业龙头企业参与标准制定工作，提高物流、电信、邮政、快递、运输、旅游、体育、商贸、餐饮、社区服务等领域标准化水平，通过标准化促进服务业规范、有序发展；二是要加快推进信用体系建设，完善信用体系法律法规，增强信用信息共享机制，规范信用服务机构发展，实施有效的信用奖惩机制，切实提高信用体系发展水平，降低服务业企业交易成本，提高发展质量；三是要进一步完善服务业行业统计工作，加强服务业统计调查方法和指标体系的研究，建立科学、统一、全面的服务业统计调查制度和信息管理制度，提高服务业统计数据的综合分析、利用能力。

G.27

产能过剩形势分析与政策展望

魏琪嘉*

摘　要:

为应对国际金融危机造成的国际、国内市场需求低迷而推出的一揽子刺激政策,使我国部分行业的产能过剩问题进一步加剧,成为近期经济运行的主要矛盾之一。当前,我国钢铁、水泥、电解铝、平板玻璃、船舶产能利用率明显低于国际通常水平,行业利润大幅下滑,企业普遍经营困难,产能过剩呈加剧之势。展望 2014 年,化解产能过剩的重点在于建立长效机制,"四个一批"的思路将通过财政、金融、税收政策逐步细化,政策导向、市场运作、财政兜底将成为建立化解产能过剩长效机制的关键环节,预计产能过剩加重的趋势在 2014 年将得到初步遏制。

关键词:

产能过剩　结构调整

一　产能过剩形势分析

(一)重化工行业产能过剩现象严重

通过梳理有关部门发布的关于治理产能过剩的政策发现,钢铁、有色金

---

* 魏琪嘉,经济学博士,国家信息中心经济预测部助理研究员,主要研究领域为产能过剩相关治理政策研究、产业经济预测与分析。

属、建材、船舶等重化工行业产能过剩较为严重（见表1）。官方最新发布的数据显示，2012年底，钢铁、水泥、电解铝、平板玻璃、船舶五个行业的产能利用率分别为72%、73.7%、71.9%、73.1%和75%，明显低于国际正常水平。此外，行业间产能过剩差异度逐步加大。据测算，2012年，重化工行业之间产能利用率标准差为2.2，比2003年提高了46%。

表1　有关部门公布的有关行业产能过剩情况

年份	政策文件	产能过剩行业
2013	《关于坚决遏制产能过剩行业盲目扩张的通知》	明确钢铁、水泥、电解铝、平板玻璃、船舶五个行业为产能过剩行业
2009	《国务院批转发改委等部门关于抑制部分行业产能过剩和重复建设引导产业健康发展若干意见的通知》	钢铁、水泥、平板玻璃、煤化工、风电设备、多晶硅、船舶六个行业纳入产能过剩行业
2005	《关于加快推进产能过剩行业结构调整的通知》	钢铁、电解铝、汽车、焦炭、铜冶炼
2003	《制止钢铁电解铝水泥行业盲目投资若干意见的通知》	钢铁、电解铝、水泥、汽车等

资料来源：根据政府信息公开内容整理。

（二）部分战略性新兴产业也出现产能过剩

在传统产业产能过剩的同时，部分战略性新兴产业出现产能过剩。太阳能光伏电池产能从2008年的20GW攀升至2012年的700GW，总产能占全世界的69%，光伏电池行业产能利用率仅为60%，产能过剩严重。据有关行业协会粗略估算，在新材料领域中，在建碳纤维产能是已建成碳纤维产能的近6倍，计划建设的碳纤维产能则更大。中国石油、中国石化、中国化工、中国建材等大型央企都已介入，而且都是"大手笔"，如果预期的海外需求不能在短期内回暖，行业将面临产能过剩的风险。

（三）结构性产能过剩问题突出

同一行业"产能过剩"与"产能不足"并存。以钢铁为例，粗钢产量明显过剩，但是一些高端钢材如纯度大于99.94%的海绵铁、大H型钢、高标准

钢材、汽车用特种钢材仍然依赖进口。高端钢材进口持续增长，同时低附加值钢材在生产、出口中占主体，折射出目前我国一些产能过剩的行业在中低端产品上重复投资，产品结构失衡，产能过剩与低水平重复建设相伴。

（四）产能过剩行业经营状况不佳

产能过剩问题已导致这些行业产品价格加速下滑，整体经营状况恶化。从产品价格看，截至 2013 年 9 月，原材料行业工业品出厂价格指数增速已经连续 17 个月为负，产能过剩导致销售困难，生产者因此被迫降价促销。从销售利润率看，除建材行业外，2013 年 1 ~ 9 月，钢铁、有色金属、化工行业的销售利润率在 2% ~ 3%，低于工业利润率平均 5% 的水平。从负债水平看，钢铁、有色金属、建材、化工在 2013 年的资产负债率呈上升趋势，其中钢铁、有色金属行业的资产负债率已经超过 65%，行业发展缺乏内生动力。

（五）新增不良贷款向产能过剩领域集中

从不良贷款的增长趋势上看，中国银行业不良贷款余额近年来呈持续上升趋势：从 2011 年第四季度的 4279 亿元攀升到 2013 年第二季度的 5395 亿元，增幅达 26%。中国银监会公告显示，2012 年银行不良贷款余额最多的是制造业，达到 1770.7 亿元，不良贷款率为 1.6%。以重化工为代表的制造业不良贷款余额占整个工业不良贷款余额的 83%。除通过传统银行渠道新增不良贷款可能引致的风险外，影子银行的风险是金融风险积聚的另一个特征。目前，影子银行的主要融资对象包括房地产开发商、地方融资平台和制造业企业，在制造业企业效益下滑、去产能化前景不明朗的背景下，企业能否按时偿还本息，成为金融体系面临的严峻考验。

二 产能过剩的原因

（一）过度投资是产能过剩的最直接因素

潜在经济增速下降和固定资产投资增速过快为产能过剩加重埋下了隐患。

周期性产能过剩是随着宏观经济波动而在经济的衰退期形成的产能过剩。由于人口红利逐渐消失,资源环境约束强化,资本边际效率降低,我国潜在经济增长速度自 2008 年开始逐步下降,目前已经逼近 8%。通过 HP 滤波方法测算可知,支撑我国潜在增长率的投资增速在理论上应为 13% ~ 15%,超过这个区间的投资增速则在理论上被视为过度投资,容易引发产能过剩。根据林毅夫提出的"潮涌理论",众多企业因政策、市场、行业发展程度等各种不确定的因素而做出进入某一相同行业的决策,当行业中进入企业的数目达到一定程度时,行业就会发生投资过度,出现投资的潮涌现象,等到每个企业的投资完成后,不可避免地将会出现产能的严重过剩。

以四大高耗能行业为例,通过模型测算发现,固定资产投资对行业的产能过剩率具有显著影响,而且弹性系数超过 1,化学原料、非金属矿物制品、黑色金属、有色金属四个行业的投资弹性系数估计分别为 1.07、1.65、1.02、1.56。

从经济实际发展情况看,2003 年以来,全社会固定资产投资保持快速增长,平均增速超过 20%。经济增长和固定资产投资的拉动引发了各类资本对资源、原材料工业的投资热潮,工业领域的投资规模逐渐加大,投资增速偏高,超过了需求的增长速度,从而诱发严重的产能过剩。

(二)周期内的货币环境整体宽松成为加重产能过剩的金融推手

2009 年以来,我国资金供给相对充裕,助推了本轮产能的快速扩张。从社会融资规模看,2009 年以后的社会融资总量较 2008 年增长幅度较大。2009 ~ 2012 年社会融资总量分别为 13.9 万亿元、14.1 万亿元、12.8 万亿元、15.7 万亿元,分别是 2008 年的 1.99 倍、2.01 倍、1.84 倍、2.26 倍。从货币供应量上看,2012 年底,广义货币(M2)供应量余额接近 100 万亿元,M2 与 GDP 的比值创历史新高,达 1.88 倍,远高于美国、巴西、俄罗斯、印度等国家的水平。从固定资产投资的来源看,2010 ~ 2012 年银行固定资产投资贷款额分别为 4.72 万亿元、4.63 万亿元、50.2 万亿元,分别是 2008 年的 1.78 倍、1.75 倍、1.89 倍。在较为充裕的资金环境中,钢铁、水泥、平板玻璃、船舶、有色金属、建材等重化工业很容易获得银行贷款,为产能过剩的加剧埋下隐患。

（三）地方政府干预微观主体投资加重产能过剩

地方政府民生发展任务繁重，为了有效提高民生、促进就业，对大型投资项目较为热衷，容易干预微观主体的经营活动。一方面，财政分权和以考核经济增长为核心的政府官员晋升体制，使得地方政府具有强烈的干预投资和利用各种优惠政策招商引资的动机，特别是对于具有高投入、高产出的行业，无论从政绩还是从财政收入、就业等方面考虑，各级地方政府都有非常强的动机推动这些行业在本地的投资。另一方面，土地所有权的地方垄断和金融体系的软预算约束，使得为企业提供低价土地、减免税收等补贴措施、帮助企业获取金融资源成为地方政府竞争资本流入的主要方式，并成为地区之间竞争的具体形式和核心内容。企业的投资行为被扭曲，进而导致产能过剩。为了规避监管，在具体项目实施过程中，将大型项目拆分成小项目，将中央核准项目变成地方核准项目，诸多因素合力加剧了产能过剩。

三　2014 年治理产能过剩的政策环境分析

进入 2014 年，随着指导意见的进一步贯彻，过剩产能有望在 2014 年进一步消化，产能过剩问题有望得到一定缓解。但是也应清醒地看到，全球因素不确定性依然存在，通过外需消化产能效果有限，政策在落地过程中面临多重困难，2014 年化解产能过剩矛盾的任务仍然繁重。

（一）国务院下发文件为化解产能过剩矛盾指明方向

2013 年 10 月，国务院印发《关于化解产能严重过剩矛盾的指导意见》，旨在遏制产能过剩蔓延趋势，建立化解产能过剩的长效机制。该方案的出台总结了多年来在治理产能过剩中的经验和教训，力图通过市场、政策两种手段相结合化解产能过剩。该意见对硬化银行预算约束、强化地方政府责任方面有了新的规定，对 2014 年继续淘汰落后产能、化解过剩产能提供了政策保障。如果文件执行到位，2014 年产能过剩情况有望得到初步缓解。

（二）基础设施建设有望加速推进

随着保障房、棚户区改造、西部铁路建设升级步伐的加快，基础设施建设在 2014 年将有望推进，基础设施领域是钢铁、建材、有色金属等产能过剩行业产业链的下游，对消化过剩产能具有积极意义。

（三）政策在执行层面面临诸多"两难"

一是财政刚性支出与财政收入增速下降的矛盾。如果化解产能过剩的政策全面铺开，财政资金的角色至关重要，安置下岗职工再就业的支出、社保兜底的支出都是必不可少的方面，但是财政收入增速不及以往，如何灵活运用财政存量资金支持化解产能过剩工作的开展成为重要命题。二是银行执行国家政策与不良贷款增多的矛盾。化解产能过剩的一个手段是银行停止对产能过剩的相关项目进行贷款，目前仍有一些过剩行业的项目在建，已投入的贷款也相当可观，如果银行简单地撤出贷款，将面临坏账增加的风险。三是地方政府发展经济与执行政策之间的矛盾。短期内发展经济、改善民生的任务繁重，而产能过剩行业多是地方支柱产业，总希望压别人的，保自己的，消化的过程中势必产生阵痛。

（四）全球经济不稳定、不确定的因素仍然较多

2013 年 9 月，美联储退出量化宽松政策再度推迟，一方面说明海外经济环境瞬息万变，另一方面又提醒我们对未来复苏态势的不确定性应保持高度警惕。实际上，美国量化宽松政策退出延迟，凸显出美国经济走势与政策决策的困境，而这也给未来中国的出口带来影响，依靠外需消化过剩产能可以说举步维艰。

展望 2014 年，钢铁、水泥、电解铝、平板玻璃、船舶产能过剩有望得到一定程度的化解，五行业的产能利用率将提升至 75% 左右。

四　化解产能过剩的对策建议

（一）建立产能利用率定期发布制度

一是要建立和完善产能过剩的判断和评价体系，在产能利用率的基础上，

综合其他微观经营指标建立产能过剩的监测预警系统，提高信息服务的质量和效率。具体操作中，可以从程度指标和效应指标两个方面评价和衡量产能过剩：程度指标包括产能利用水平，效应指标则可以细分为赢利指标、市场价格、银行呆坏账、三废排放等，运用加权平均法计算出衡量产能过剩程度的指数。这方面可以借鉴美联储、美国普查局在企业生产能力利用率调查方面的经验。二是定期进行产能信息发布，按月及时把握最新变化，合理引导企业投资，实现资源的优化配置。三是扩大产能监测系统的覆盖面，逐步将产能监测系统覆盖到非国有企业特别是中小企业，可以以区域为单位，充分发挥地方发改、工信系统的信息上报功能和优势，提高信息的准确程度和代表性。该措施可操作性较强，只要行业指标统计及时、准确就可以实现，但在操作中也面临着如何加强与地方、行业协会、企业的协调沟通以保证产能信息及时发布的问题。

（二）充分发挥金融政策在治理产能过剩中的作用

一是优化调整信贷结构，对于新增贷款要提高贷款评估的水平，既要评估企业微观经营指标，又要对未来行业走势做出科学判断，严控对落后产能的信贷支持；设置行业融资限额，防止风险过度集中，建立和完善贷款的风险退出机制。二是继续加强对钢铁、光伏等重点领域贷款的风险管控，借助银行的优势帮助企业积极拓展销售市场，疏通销售环节，帮助企业进行技术改造和经营转型。三是充分发挥并购市场的作用。并购重组是企业加快结构调整、优化资源配置的有效手段。应规范企业估值，做好资产评估工作，由第三方独立机构客观、公正地做好并购企业的资产评估工作，让资产真正反映价值。同时，支持并购基金的发展，支持发行高收益债券，拓宽并购融资的渠道，支持有条件的企业进行海外并购，转移部分产能。

（三）财政资金要发挥政策兜底的作用

淘汰落后产能是化解产能严重过剩矛盾的重要环节，也是难度最大的环节。不仅涉及企业在市场中的去留问题，而且涉及人员安置、社会保障等多方面的问题，如果处理不当，很容易激化矛盾，诱发不稳定因素。财政资金应发挥政策兜底作用，一是按照规定落实好下岗职工的社会保障待遇；二是对下岗职工再就业提供资金补贴和支持，对免费的职业介绍、职业指导等中介提供财政资金补贴，将化解产能严重过剩矛盾的企业下岗失业人员纳入就业扶持政策体系，切实做好下岗失业人员社会保险关系接续和转移，按规定落实好其社会保障待遇，依法妥善处理职工劳动关系。

（四）真正改革政绩考核体系

一是要将考核指标多元化，将环保、民生、资源节约等指标纳入考核体系，弱化地方政府投资动机。二是落实淘汰落后产能问责制，对已经上马的过剩产能项目要及时叫停，对新增产能项目实施"谁核准，谁负责"，对通过拆分等违规手段上马的项目要及时制止。三是加强对国家产业政策和产业规划落实情况的监督检查，加强国家规划的约束力、执行力。用政绩考核来化解产能过剩，推行起来困难较大，关键是防止政府干预造成新的重复建设和产能过剩。

（五）完善"淘汰、兼并、转移"的相关政策

从税收角度看，通过税收政策鼓励生产要素流动，对被兼并重组的企业因出售生产资料而产生的收入免征所得税，鼓励产能过剩行业的小企业主动参与兼并重组。

从政府职能角度看，一是要进一步减少行政审批，减少对企业投资和经营的行政干预。二是提高产业准入的环保和产品质量标准，严格落实资源环境的要求，加强环保和质量执法监督工作，完善环保问责制，加强地方人大的监督作用。三是要营造公平竞争的市场环境，做好信息引导和服务工作，落实和强化规范政策标准，从源头上遏制产能无序扩张。

从"走出去"角度看，可以利用全球经济不景气的时机，把一些国内消化不了的产能转移到潜在需求较大的非洲和拉丁美洲地区，特别是利用开发性金融支持工业企业"走出去"，在境外拓展过剩产能的下游应用领域，以此帮助消化国内的过剩产能。

（六）国有资本在化解产能过剩中应起带头作用

国有资本从传统产能过剩领域中退出，将赎回的资金注入战略性新兴产

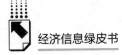

业。通过国有资本的注入，一方面可解决战略性新兴产业面临的困难，另一方面可保护和延续产业的核心能力。实施这一政策有两方面难点：一是目前一些战略新兴产业如光伏行业已经产能过剩，注入国有资本会加重产能过剩；二是对一些产能过剩行业的资本减持可能会遇到来自原有企业的阻力。克服上述两个难点，关键是使国有资本进入战略性新兴产业的高端生产环节，掌握核心技术。一方面，淘汰原有的过剩产能，另一方面，利用资金和技术优势进入产业链的高端环节，避免产业低端化、同质化发展，同时形成引领和示范作用，让更多的国有企业愿意通过资本结构调整的方式进入高端产业领域。

区域经济篇

Reports on Regional Economics

G.28

2013 年中国区域经济形势分析
与 2014 年展望

胡少维*

摘 要：

2013 年，中国各区域经济增长平稳，区域经济增长出现了一些
新的变化，东部沿海地区经济增幅开始企稳，中西部经济增幅
回落比较大。展望 2014 年，东部发达地区转型将继续加快，中
西部地区经济回升压力仍比较大，各区域经济协调发展的良好
态势将得以延续。为更好地促进区域经济协调发展，应完善主
体功能区战略，将主体功能区战略置于更加重要的位置，加大
制度创新力度，提升中心城市的集聚辐射能力，以都市圈形态
组织优化国土空间布局，淡化优惠政策色彩，创造公平竞争环
境。以居民享受基本均等的公共服务为区域协调发展第一目标，

* 胡少维，国家信息中心经济预测部高级经济师，主要研究宏观经济、区域经济等问题。

淡化各地区经济增长指标，强调各地区的经济特色。

关键词：

区域　经济　主体功能区　区域协调发展

2013 年以来，地区经济发展总体平稳，中部、西部和东北地区主要经济指标增速仍快于东部地区，大部分地区可以实现年初确定的经济增长目标。2014 年，中部、西部和东北地区经济增幅回升的困难仍比较大，与东部经济增幅差距可能会有所缩小。在经济转型期，关注地区经济发展的视角应有所变化，不应将关注重点放在经济增长上，而应突出地区特色，以实现公共服务基本均等化为目标，在制度创新的基础上，促进区域经济协调发展和整体效益提高。

一　2013 年区域经济发展特点

（一）政府间合作增多，区域合作发展有新突破

2013 年以来，以主体功能区战略为指引，一系列更为具体、针对性更强的区域规划及政策密集出台，对区域发展实行统筹规划、分类指导，正推动区域合作持续深化。长三角、环渤海、东北四省区、泛珠三角等区域合作的广度和深度持续推进，中原经济区政府层面的合作也正式启动。

2013 年 4 月 13～14 日召开的长江三角洲城市经济协调会第十三次市长联席会议，以"长三角城市群一体化发展的'新红利'——创新、绿色、融合"为主题，签署了《长三角城市环境保护合作（合肥）宣言》和《长三角城市实施创新驱动推进产学研合作（合肥）宣言》。

2013 年 7 月 18～19 日，环渤海区域合作市长联席会召开，审议通过了《推进环渤海区域新型城镇化建设》和《加强环渤海区域口岸物流合作》两项工作议案。

2013 年 8 月 17 日，东北四省区合作行政首长联席会议在鄂尔多斯召开。

会议以"扩大对外开放、实现合作共赢"为主题，共同签署了《内蒙古自治区东部与东北三省西部合作协议》《东北四省区沿边开放合作框架协议》《东北四省区农牧业产业化经营合作协议》，进一步推动东北四省区在更大范围、更深层次、更宽领域开展交流合作。

2013 年 9 月 9～12 日，第九届泛珠三角区域合作与发展论坛暨经贸洽谈会在贵州贵阳举办。各方行政首长签署了《2013 年泛珠三角区域合作行政首长联席会议纪要》和《贵州共识》。

2013 年 9 月 11 日，中原经济区 5 省 30 市及"两县一区"在河南郑州召开首届市长联席会议，共同审议通过了中原经济区市长联席会议制度，签署了《共同推进中原城市群建设战略合作框架协议》。

区域合作的持续推进，对降低行政壁垒、推动区域经济一体化发展有着重要的意义。

（二）区域经济发展进一步协调，经济增长态势出现新变化

2013 年前三季度，按照分类指导的要求，各区域不断深化改革开放，释放经济发展潜力，区域经济协调发展有新进展。中西部地区工业经济增速"领跑"全国，表明我国经济发展已经结束了"东部快速增长、中西部滞后发展"的阶段，体现出区域经济结构的新变化：一方面，中西部地区在发展速度上快于东部；另一方面，东部沿海地区转型升级引领作用更加突出，东中西部相互配合、协调分工的格局正在逐步形成。

不过从 2013 年上半年地区经济增长态势看，区域经济发展出现了新的变化，即东部地区经济增长企稳，中部、西部和东北地区经济均有不同程度的回落。从经济增长速度看，东部地区 2013 年上半年增长 9.14%，尽管比上年全年增速低 0.14 个百分点，但较上年同期提高 0.21 个百分点，其中上海、浙江、广东、海南四个省份不仅同比增幅提高，而且比上年全年增幅有所提高，北京则与上年全年增幅持平。中部地区同比增长 9.57%，较上年同期回落 1.46 个百分点，较上年全年回落 1.37 个百分点，中部六省呈现同样态势。西部地区同比增长 10.74%，较上年同期回落 1.78 个百分点，较上年全年回落 1.74 个百分点，仅有云南和西藏同比增幅出现回升。东北地区同比增长

8.92%，较上年同期回落 0.87 个百分点，较上年全年回落 1.3 个百分点，其中吉林回落 3 个百分点（见图1）。

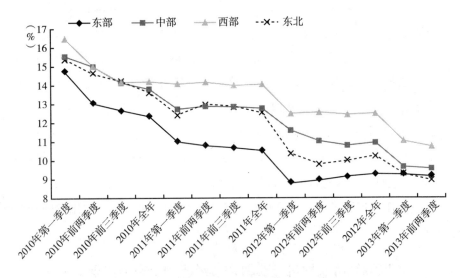

图1　2010～2013 年各区域季度 GDP 累计增长

从工业增加值看，2013 年 1～8 月，增幅简单平均，东部地区同比增长 9.85%，增速比上年同期高 0.5 个百分点，其中北京、上海、浙江、广东、海南五个省份同比增幅提高，上海更是同比提高 3.6 个百分点，为增幅全国之最。中部地区同比增长 11.8%，增幅回落 2.62 个百分点，且中部六省增速同比均回落。西部地区同比增长 12.5%，增幅回落 2.23 个百分点，仅新疆同比提高 0.7 个百分点，四川同比降幅达 5.2 个百分点，降幅为全国之最。东北地区工业增长也趋缓，东北三省规模以上工业增加值除辽宁同比增幅提高 0.4 个百分点外，吉林、黑龙江增幅同比分别下降 3.4 个和 1.7 个百分点。

分析地区经济形势变化的原因，主要是不同地区、不同省份在资源禀赋、发展基础、产业体系等方面存在比较大的差异，在新形势下受到的冲击与影响不同，自身应对能力也强弱不一。中西部地区多以资源、能源输出为主，产业结构相对单一，且大多数处于产业链的上游，自我调节能力不强，承受经济波动的能力明显偏弱，中西部地区的这种产业特点使其更易受外部因素的影响。而随着国际金融危机影响由东部向中西部和东北地区传导，区域间的时间错位更凸显了不同区域经济增长态势变化的差异。另外，东部地区在新形势下转型相对较快，适应市场的能力也比较强，更加注重内需市场的开拓，这样，东部地区工业品出口转内销就挤占了中西部地区的发展空间，对中西部地区产业发展和企业经营带来较大冲击，一定程度上也抑制了中西部地区的发展速度。

二　2014 年区域发展形势分析

鉴于本轮国际金融危机已延续多年，各地在促进经济发展过程中已逐步积累了一定的应对经验，自我调整能力有所增强，在一定程度上能够保障经济的相对平稳运行，加上国家改革开放力度的加大，预计各区域经济 2014 年将保持平稳发展态势，经济增长质量将有所提高，具体分析如下。

（一）东部地区有望继续保持良好态势

2014 年，东部沿海地区经济增长有不少有利因素，具体如下。

我国东部沿海发达地区向来是体制创新的"试验田"和改革开放的先行区。2013 年 7 月 3 日，《中国（上海）自由贸易试验区总体方案》获批，中国将以上海自由贸易试验区的设立为契机，深化东部沿海地区的开放和改革，加快东部地区的转型发展，有望形成通过扩大开放释放改革红利的局面，促进东部发达地区平稳发展、转型。

东部地区服务业发展态势良好。从 1992 年开始，服务业开始加速向东部沿海地区集聚，虽然 2008 年美国次贷危机引发的全球金融危机对东部地区的现代服务业产生了一定的冲击，但也没有改变服务业整体向东部地区集聚的趋势。服务业已经取代工业成为东部沿海地区经济发展的新增长极，预计 2014 年这一态势不会改变，甚至会有所强化。

近几年，在国家政策支持下，随着科技不断创新，中国沿海地区强化经济发展中的海洋成分，海洋资源利用效率有所提高，海洋经济已成为经济可持续发展的新增长点，对东部沿海地区经济的贡献率稳步上升。

在国家区域发展规划的大背景下，京津冀都市圈发展潜力巨大，特别是渤海湾临港区域建设，更加速了京津冀区域的飞速发展。加强环渤海区域建设，

充分利用临港区位优势，创建新的增长极，打造环渤海经济圈，势必带动京津冀区域的发展。

产业体系完善、产业层次较高、民营经济活跃和内贸市场迅速开拓等因素，使东部地区的综合竞争力、抵御风险能力和自我恢复能力增强。由全国工商联发布的"2013中国民企500强"显示，在500强企业中，有307家集中在浙江、江苏、山东、广东四个东部沿海省份，超过500强总数的六成。民营经济的活跃将带动东部地区经济的向好。

但近期东部地区经济增长也不大可能大幅攀升，原因在于以下三方面。一是政府发展理念发生变化。如北京主动申请降低GDP增速，为落实中央关于"实现有质量、有效益、可持续发展"的要求，坚定不移地走质量效益型发展之路，为转方式、调结构留出更大的空间和余地，调整更多的要素和资源投到大气污染治理、交通拥堵改善、绿色空间营造、民生福祉提高等方面，相关政府部门建议将北京市"十二五"规划纲要中GDP增速8%的目标调整为7.5%。地方政府发展理念的变化将会影响GDP的增幅。二是带动东部经济消费增长的两大动力——汽车和住房，近年受国家政策和地方环境政策影响，增速放缓，估计2014年这一情形仍将延续。三是尽管东部地区将加快促进资本投向高、精、尖领域，使经济发展向依靠创新驱动转型，提升产业结构层次和发展水平，带动投资平稳增长，但随着东部地区经济结构的优化，经济发展对大规模投资的依赖程度将有所降低，投资增速进一步提高的可能性不大。综合判断，2014年东部地区经济增长有望保持目前的良好态势，增幅略高于2013年。

（二）中西部地区经济增长有望企稳

中西部地区经济基础薄弱，产业结构单一，与东部地区相比抗风险能力明显偏低，本轮经济下行的滞后效应在中西部地区比较明显，特别是随着财政收入增幅趋缓，中西部地区面临比东部地区更为严峻的形势和挑战。但在国家区域政策的支持下，加上产业转移和国际形势的逐步稳定，预计中西部地区经济增长有望企稳，增幅与2013年基本相当，理由如下。

2012年，国务院出台了《关于大力实施促进中部地区崛起战略的若干意见》；2013 年，国家发展和改革委员会下发了《2013 年促进中部地区崛起工作要点》，文件提出了到 2020 年的崛起目标，其中，最重要的是这个时期中部地区的经济增长速度要继续快于全国平均水平，经济总量占全国的比重要进一步提高，而且这个时期，城乡居民收入的增速要达到或超过经济增速。城镇化率要力争达到全国平均水平，基本公共服务的主要指标要接近东部地区，和全国同步实现小康。为此，国家将加大在粮食主产区发展、节约集约用地、财税金融、投资和产业引导、完善生态补偿机制等方面的政策支持力度。

中央财政将持续不断地加大对中西部地区特别是贫困地区的支持力度。中央财政将通过盘活存量资金持续支持欠发达地区发展，特别是重点基础设施建设将更多地向西部倾斜，加快构建完整的铁路、公路骨架网络。固定资产投资有望继续保持较高增速，带动中西部经济增长。2013 年 1~8 月，西部施工项目增加个数占全国 68.3%，新开工项目增加个数占全国的 78.8%，为西部2014 年投资增长奠定了基础。

"动脉"的疏通，为中西部地区主动承接东部地区产业转移、发展特色优势产业、实施产业结构调整创造了条件。从发展趋势看，劳动密集型产业从东部向中西部转移的态势越来越明显，能源密集型产业西移规模会更大，资本密集型产业转移也将增多。一些著名的企业现在已落户中部，像富士康落户湖南，京东方、格力落户安徽，通用汽车在湖北建设第四个生产基地，欧姆龙电子落户湖南，统一食品落户江西，另外，山西也承接了一些新能源项目等。产业转移的规模在持续扩大，承接的层次不断提升，合作的方式也在不断创新。

同时，"新丝绸之路经济带"的提出，有助于中亚经济的整合以及中亚市场一体化的进程，有助于西部地区区位优势的发挥，为新疆沿边经济带、内蒙古沿边经济带、云南沿边经济带的建设注入新的活力，将促进西部地区的经济发展。

对外贸易逐步活跃，2013 年 1~8 月，中部、西部地区对外贸易顺差分别比上年同期增加 94 亿美元和 75 亿美元，对经济增长的贡献增大（见表1）。随着国际形势的稳定、中西部地区产业竞争力的提高，对外贸易对中西部地区经济拉动力将有所增强。

表1 2013年1~8月各区域投资、进出口情况

单位：%，亿美元

地区	固定资产投资增长率	进出口增长率	出口增长率	进口增长率	比上年同期顺差增加
合计	21.2	8.29	9.23	7.31	339
东部	18.6	7.89	8.12	7.69	95
中部	23.4	13.91	17.40	8.16	94
西部	22.9	11.70	13.36	8.91	75
东北	22.5	5.38	13.41	-1.34	76

（三）东北地区经济发展保持平稳

东北地区自2012年第一季度以来经济增速逐季回落，在四大板块中滑落最快。2013年上半年，经济增速为四大板块最低，显示东北地区当前经济运行面临的困难较多，经济下行压力较大，2014年，估计东北地区经济增幅回升的压力仍比较大。原因在于以下几方面。

第一，东北地区工业主体为重工业，特别是以能源原材料工业为主体的高耗能行业增加值占全部规模以上工业比重高，因而，要淘汰的落后产能、过剩产能相对较多，在结构调整力度加大、有效需求不足的情况下，钢铁、水泥、有色金属、造纸等行业产能过剩问题较为凸显。

第二，东北地区工业行业产业链短，产品附加值低，主要产品仍以初级工业制品为主，农副食品加工业、黑色和有色金属冶炼及压延加工业等主要行业产品结构单一，生产粗放，初级产品多、精深加工产品少，低端产品多、高端产品少，大众化产品多、知名品牌少，企业利润空间较窄，经营收益主要依赖于薄利多销，抵御市场风险能力不强（见图2）。

第三，在调结构、转方式过程中，虽然一些符合东北工业经济发展方向的新兴领域发展势头良好，但规模尚小，对经济增长还难以形成明显的带动力量。

不过，考虑到国家相关政策的支持，如2013年4月2日国务院批复的《全国老工业基地调整改造规划（2013~2022年)》，描绘了全国95个地级老工业城市和25个直辖市、计划单列市、省会城市的市辖区未来10年的发展蓝

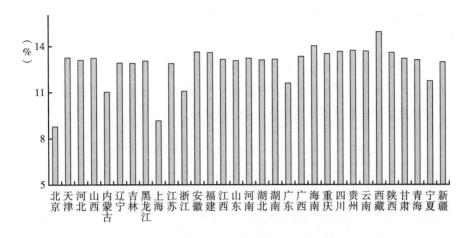

图 2　2013 年上半年各地区社会商品零售额增长

图；2013 年 7 月 17 日，国家发展和改革委员会下发《关于印发 2012 年振兴东北地区等老工业基地工作进展情况和 2013 年工作要点的通知》，明确提出制定新 10 年全面振兴政策文件，将对东北未来 10 年的发展提供正能量。加上2013 年东北地区经济增幅回落幅度较大、基数较低等因素，预计 2014 年东北地区经济增长将回稳。

三　促进区域协调发展的建议

（一）完善主体功能区战略，将主体功能区战略作为区域协调发展的首位战略

主体功能区的提出及在国家级、省级层面的实施是当今中国区域发展的理论创新和重要实践，试图通过规范区域人地相互作用的理念、方式与手段，引导区域人地关系和谐及在国家财政转移支付支撑下实现区域空间管治。不足之处是重视区域发展中生态环境保护和经济增长两个重要维度，但对人的发展认知不够充分，尤其是在资源富集区和生态环境脆弱区如何保障当地居民脱贫能力及基本公共服务需求的供给，在国家相关行政体制改革未到位、各类政策实施时机尚未成熟的情况下，主体功能区战略还无法顾及区域三维发展目标下的

人居环境改善、区域福祉提升以及区际福祉均衡。同时，主体功能区侧重于空间秩序的合理安排，但对空间秩序的生产机理，即隐含在空间开发秩序之后的社会空间结构、社会利益结构的研究不够深入，使主体功能区在规划制订及实践中一定程度上不利于区域综合利益的均衡。为此，有必要进一步完善、丰富主体功能区战略，配套相关政策，使其变得更科学完善。

（二）加大制度创新力度，为区域协调发展奠定基础

制度变迁具有路径依赖性，一国或一个地区的经济发展一旦走上某一轨道，它的既定方向会在其后的发展中得到自我强化，人们过去做出的选择会决定他们今后如何选择。当一种制度安排与区域资源禀赋相符合时，该区域的经济将沿着正确的路径发展下去，形成良性循环；而当制度安排与区域资源禀赋不相容时，原有的发展模式则会将区域经济锁定在低效率状态中，形成恶性循环。制度变迁的这一路径依赖性特征往往使一个区域的经济发展模式在形成之后便固化下来。一种新的制度安排在制度变迁初期往往是与该区域的区情相适应的，在此基础上形成的发展模式也是高效率的。而随着时间的推移，区域内外的各种要素都在发生变化，原有的与区域资源禀赋和经济环境相适应的制度安排也将逐渐变得不再适应区域基本情况，甚至成为区域经济进一步发展的障碍。这就需要在发展中突破路径依赖，不断进行制度创新和结构调整，使地区经济始终保持良性循环。

（三）提升中心城市的集聚辐射能力，以都市圈形态组织优化国土空间布局

都市圈由中心城市和周边经济联系紧密的城市群组成，其范围不受行政区划的局限，主要取决于中心城市的辐射范围。以都市圈形态组织优化国土空间布局，可以施展的舞台相对较大，产业和人口可以在整个都市圈范围内得到合理配置。比如，通过培育中心城市周边的卫星城作为次级增长中心，可以部分疏解中心城市的承载压力；有的规划建设成为工业强镇，可以承接从中心城市转移出来的制造业和产业工人；有的打造成"慢生活"宜居小城镇，通过便捷的交通和良好的环境吸引大城市人口移居。至于中心城市本身，可通过减负

腾出空间资源重点用于发展高端服务业和高技术产业。这样可以相得益彰，既提升了区域整体竞争力和城市化水平，又可缓解乃至逐步根治中心城市的大城市病。

发展都市经济圈，中心城市是关键。因此，发展都市圈经济，首要任务是提升中心城市的功能。要花大力气优化中心城市的发展环境，使之成为高端要素、高端产业的集聚高地。强化其在金融、教育和科技等方面的跨区域服务水平，大力发展高技术产业、现代服务业和总部经济，进一步提升中心城市产业层级，确立其在区域产业链中的高端地位。其次要下决心消除行政区划壁垒，使中心城市的辐射影响力能比较顺畅地向周边区域渗透扩散。研究探索跨行政区域的联合协调机制，在不断提高市场化程度的基础上，促进生产要素在不同行政区之间自由流动。

（四）淡化优惠政策色彩，创造公平竞争环境

在中国改革开放三十多年的进程中，区域经济的突飞猛进是推动中国经济发展的重要动力。通过推进社会主义市场经济建设，我国实现了经济利益的最大化以及社会福利的最大化，实现的手段就是各种利益主体之间的竞争。其中，当初创立的以经济特区、高新区、经济技术开发区等为特点的园区模式，是一个重要的突破口。通过中央政府以及地方政府为园区模式提供的优惠政策，推动了区域成为市场经济的竞争主体，并让园区模式成为各地追求利益最大化的动力和条件。但这种以政策差异为特征的园区发展模式在很大程度上引发了地方之间的恶性竞争，已经导致区域经济结构不平衡、不协调的突出问题产生。譬如，近年来屡屡出现的产能过剩问题，在很大程度上就是由此引发。因此，有必要探索中国区域发展的新模式，采用实现区域一体化和全国统一市场的方式进行公平竞争，促进各个地区更加公平地发展。

（五）产业发展要因地制宜，大力发展特色经济

在产业选择方面，无论是东部发达地区，还是西部欠发达地区，无不把战略性新兴产业作为未来区域经济升级的战略支撑点。但是这些产业在各个地区的资源禀赋和技术积累并不均衡，各有各的产业优势和参与市场竞争的模式。

不可能每个省市甚至每个县域都适合发展这些战略性新兴产业。其实，如休闲旅游业、现代服务业、文化创意产业、中医药业、康体保健业、民间手工业、生物有机农业、职业培训业等未来的发展空间也相当大，有较大的市场容量。各区域应该根据当地的要素禀赋大力发展适合当地的特色产业，切忌盲目攀比、低水平重复建设。对经济发达地区来说，要正视土地资源逐步稀缺、环境容量难以承受等劣势，利用已经建立起来的经济优势、产业基础、发展理念等，一方面，加快产业结构、产品结构调整和升级，用先进制造业、现代服务业等提升地区经济发展水平；另一方面，有计划、有步骤地将已不具备竞争优势的产业转移出去。对经济欠发达地区来说，既要充分利用发达地区产业转移的机会，承接好产业转移工作，又要在充分调查研究的基础上，提出产业发展的目标和重点。如西部地区不仅煤炭、石油、天然气和水资源等传统能源丰富，同时还有许多独具特色的农业资源、自然景观和历史文化名胜古迹，蕴涵着巨大的发展潜力。可以积极发展特色农牧产品及其深加工业，利用自然人文资源大力发展旅游业，形成新的经济增长点。

参考文献

张世贤：《区域协调发展是经济升级的基础》，《中国经济周刊》2013 年第 34 期。

车文辉：《中国经济转型升级的区域动力》，《中国经济时报》2013 年 8 月 30 日。

王辉：《我国新一轮区域产业转移呈四大趋势》，《经济参考报》2013 年 6 月 27 日。

叶海燕：《以"三集"推动区域经济转型发展》，《人民日报》2013 年 7 月 5 日。

孙久文：《中国区域经济发展的新趋势》，《光明日报》2013 年 4 月 5 日。

任寿根：《中国需要解决地区和产业过度极化问题》，《经济参考报》2013 年 9 月 26 日。

2013年长三角地区经济形势分析
与2014年展望

刘伟良　王　旭*

摘　要：

2013年以来，面对错综复杂的发展环境，长三角地区牢牢把握"稳中求进"总基调，以提高经济增长质量和效益为中心，努力保持经济持续健康发展，经济总体呈现"稳中有进"的发展态势。2014年，长三角经济发展的利多因素更多，政策层面上上海自由贸易区的批准设立、合作层面上沪昆地铁的开通运营，标志着该地区的发展进入新的战略机遇期。但目前国际国内环境还没有根本改善，长三角经济增长明显回升的难度仍然较大。

关键词：

长三角　经济增长

2013年，面对复杂多变的国际环境和国内经济发展中的新情况、新问题，长三角地区采取积极的政策举措，经济发展"稳中有进"，转型升级步伐坚实，主要经济指标运行在合理区间。展望2014年，全球经济短期内难以走出低迷运行态势，发展环境中存在较多不稳定、不确定的因素，长三角经济发展将依然面临严峻挑战，亟待加快转变发展方式，培育形成新的增长动力和领先优势。

---

* 刘伟良，经济学硕士，江苏省信息中心副主任，研究员，主要研究领域为数量经济、区域经济；王旭，管理学硕士，江苏省信息中心副处长，经济师，主要研究领域为数量经济、产业经济。

一 2013 年长三角经济运行总体情况和特征

2013 年长三角地区经济运行总体走势与全国基本相同，增速放缓，处于缓慢复苏阶段，在全球经济整体不景气、国内调控力度加大、地区比较优势弱化、结构调整和转型升级要求突出等多重压力之下，2013 年长三角地区经济仍在较好区间实现了"稳中有进"的发展。

（一）经济增速中位运行，在预期目标内实现平稳发展

2013 年前三季度，长三角经济增速持续中位运行，相对于 2013 年初制定的目标，上海、江苏、浙江全年增长进度均已接近甚至超过预期。预计前三季度，上海、江苏、浙江生产总值增长 7.7%、9.7%、8.3%，与上半年基本持平。总量上看，前三季度长三角经济规模占全国经济总量的 22.1%，与上年基本持平，高于珠三角、京津唐、成渝等经济圈。长三角地区仍以占全国约 2.2% 的土地面积贡献全国 1/5 以上的经济总量，在全国经济发展中占举足轻重的地位。

从经济结构变化来看，2013 年，不仅上海，江苏和浙江两省也都加大了对现代服务业的推动力度，2013 年前三季度，上海、江苏、浙江服务业占GDP 比重较上年同期均有所提升。工业生产回暖，与 2012 年同期相比，1~8 月工业增速除江苏下降 0.6 个百分点外，上海、浙江分别提升了 2.8 个、2.9 个百分点。战略性新兴产业总体保持较快发展势头，高耗能行业增速有所减缓，经济结构趋向优化。

（二）投资增速低于全国，总体走势差异较大

受宏观调控政策偏紧、信贷资金压力增大等因素影响，长三角地区投资增长总体慢于全国，运行走势差异较大。上海投资出现较快增长，为推动经济回升起了很大作用。2013 年前 8 个月，投资总体保持两位数增长，且有震荡上升趋势；1~8 月，投资增速达 12.7%，比 2012 年同期高出 7.2 个百分点，是近年来少见的较快增长。但工业投资仍处于较低状态，自 2009 年起，上海工

业投资增速已连续多年位于 0～2% 的微弱增长区间，2013 年更是出现连续负增长，且下降幅度较大。同期，江苏投资增速为 20.0%，仅比 2012 年同期低 0.6 个百分点，但受新开工项目减少、资金趋紧建设进程放缓、投资基数较大等影响，继续保持这样的高增长压力较大。浙江投资增速在长三角最高，但由于信贷政策不断收紧，资金日趋紧张，投资增速"高开下行"，1～8 月增长 21.0%，比上年同期低 2.8 个百分点。1～8 月，两省一市共实现固定资产投资总额（不含农户）约 3.62 万亿元，占全国的 14.6%，略低于上年水平（15.2%）。

（三）国内贸易平稳发展，但增速不同程度回落

在扩内需政策的推动下，长三角消费市场运行总体呈现持续、稳定、较快增长的良好态势。近几年，受国际金融危机、经济下行压力加大等影响，居民消费信心和消费预期均受到影响，长三角消费市场伴随着经济运行调整进入平稳中速增长期。2013 年前三季度，上海社会消费品零售总额同比增长 9.0%，与 2012 年同期基本持平。江苏消费总量继续扩大，消费规模低于广东、山东，列全国第三位；1～8 月江苏限上消费同比增长 10.8%，比 2012 年同期下降 3.3 个百分点。浙江消费走势稳中趋缓，1～8 月，浙江实现社会消费品零售总额 9522 亿元，同比增长 11.1%，增速比 2012 年同期回落 1.9 个百分点。

（四）对外贸易持续低迷，增速小幅波动

在全球经济复苏减缓、贸易摩擦和贸易保护升级、外需市场降温等造成出口空间缩小，以及区域内成本、政策等传统优势弱化等多重压力背景下，长三角对外贸易增速继续处于低位。作为我国最主要和最活跃的对外经济贸易区域，长三角两省一市外贸增长水平仍低于全国，2013 年 1～8 月，两省一市进出口总额为 8617.5 亿美元，增长 1.7%，低于全国总水平（7.1%）；占全国出口总额的比重为 31.9%，较上年同期下降 2.0 个百分点。上海外贸延续了 2012 年的下降态势，1～8 月，进出口同比增长 -2.0%，从 2012 年 10 月以来已连续 11 个月出现负增长。从受外部环境影响程度看，高新技术产品和一般贸易相对较小，相比而言加工贸易受影响较大。2013 年江苏对外贸易出现回

暖迹象，1~7月进出口增速为0.6%，高于上半年增速（-0.1%），增速由负转正，1~8月升至1.1%。私营企业外贸活动旺盛，1~8月，出口、进口增速分别达到24.1%和26.3%。与上海相似，加工贸易受到的影响大于一般贸易。浙江外贸情况平稳，1~8月进出口总额同比增长8.2%，比全国总水平高1.1个百分点，对东盟和俄罗斯出口增长较快，对欧美出口回暖。

（五）财政收支总体平衡，人民生活持续改善

虽然受经济环境偏紧、生产活动不活跃等因素影响，两省一市财政收支增速下降，但仍保持收支平衡。2013年1~8月，上海实现地方财政一般预算收入3051.9亿元，同比增长9.0%，一般预算支出为2428.8亿元，同比增长为3.1%。同期，江苏地方财政一般预算收入、支出分别为4354.3亿元、4323.8亿元，同比分别增长11.8%和10.6%。浙江地方财政一般预算收入增长亦快于支出，收入增速为10.7%，高于支出2.3个百分点。从两省一市财政支出方向看，科技、社会保障和就业、医疗卫生等领域投入较多，增长较快。在人民生活方面，2013年前三季度江苏城镇居民人均可支配收入、农村人均现金收入同比分别增长9.0%、11.0%，增速均高于上海、浙江。浙江城乡居民人均收入同比分别增长8.8%和9.9%，居住和医疗保健支出增长较快。

二 2013年长三角经济发展中存在的问题

（一）经济增长放缓，发展动力不足

一是出口低位徘徊。世界经济整体复苏艰难、国际贸易摩擦升级，导致外贸需求持续疲软。2013年第一季度，长三角出口增速仅为5.3%，第二季度略有提高，第三季度虽保持稳定，但仍处于低位。二是消费总体不旺。2013年1~8月，长三角限额以上社会消费品零售总额增长10.5%，比2012年同期回落2.1个百分点，为近两年的新低。特别是住宿餐饮业零售额下降明显，限上住宿餐饮业零售额降幅有所增大。受中央"八条规定"影响，高档餐饮、住宿业转型压力加大。三是投资增速减缓。虽然2013年以来投资一直保持在高

位运行，但增速有所减缓，随着国家对政府投融资平台的监控加强和当前"钱荒"的影响，投资资金到位情况受到一定压力，部分基础设施建设融资到位难度加大。

（二）部分行业投资较快，节能减排压力加大

当前，长三角正加强推进生态文明建设，对资源与环境约束力进一步增强，对节能减排要求进一步提高。但部分高能耗、高排放行业投资增长较快，加大了节能减排压力。如 2013 年 1~8 月，江苏石油加工、炼焦及核燃料加工业和有色金属冶炼及压延加工业投资增速分别为 102.3% 和 59.4%，远高于平均增速。从行业产值上看，长三角石油加工、炼焦及核燃料加工业、化学原料及化学制品制造业增速也明显高于平均增速。同时，随着长三角城镇化进程稳步推进，煤炭、电力和油气等主要能源产品消费量也在快速增长，给环境造成较大压力。

（三）部分行业经营困难，短期难以明显改善

2013 年 1~7 月，上海、江苏、浙江亏损企业数量同比分别增长 3.4%、3.4% 和 6.2%，负债总量也有不同程度的增加。具体看来，煤炭开采和洗选业、石油和天然气开采业、有色金属矿采选业产值下降幅度较大。近五成主要工业品产量增速出现不同程度的同比下降，其中，空调、彩电、移动通信设备下降幅度较大。同时，短期内，国际环境明显好转，国内市场明显活跃的可能性较小，部分行业经营困难的情况仍将持续。

（四）地方债务规模较大，缺乏风险预警机制

地方政府债务表现形式的多样化及隐蔽性，使得地方政府债务总体规模仍未可知，从已披露的部分数据看，长三角债务规模较大，且各级政府均有不同形式的举债行为，越往下，相比于财政收入，负债规模越大。以江苏为例，目前仅城投债总额就达 3253.5 亿元。其中，南京、苏州发行的城投债总额都逼近 500 亿元；浙江超过半数的市县政府偿债率超过警戒线。而且，由于缺乏针对地方政府债务数额的统计数据，各级政府的真实债务规模很难统计，债务负担率、债务

依存度等监控指标也无法运用，很难控制还款时间安排，债务预警机制无法建立。虽然这些地区经济基础较好、债务风险可控，但仍必须引起高度重视。

（五）产能过剩问题突出，破解难度较大

近年来，长三角地区一直受到产能过剩问题的困扰，几乎所有劳动密集型行业都处于市场饱和状态，甚至一些新兴产业也出现产能过剩。企业普遍反映销售不畅、价格持续低位、市场难以拓展。在江苏，新增不良贷款约占全国的40%，主要集中在光伏、钢贸、造船等产能过剩行业；除纺织业情况较好外，其他六大主要支柱产业均出现产能过剩。浙江产能过剩行业主要集中在纺织、光伏、化纤、钢铁等行业，如纺织业库存积压严重。上海钢铁、汽配、船舶等行业过剩较为突出，出现全行业微利、无利，甚至亏损状态。由于国际市场需求大幅减少、国内市场培育尚需时日，同时，产品缺乏技术含量、附加值低等问题短期内很难解决，破解产能过剩问题难度较大。

三 2014 年长三角经济发展展望

从世界经济来看，2014 年，国际环境不稳定因素较多，贸易摩擦频繁，金融市场震荡起伏，稳步复苏的基础仍不够牢固。但世界经济平稳增长态势已见端倪，美国、欧盟、日本等发达经济体出现向好苗头，新兴市场基本面仍然较好，世界贸易出现大幅波动的可能性较小。从有利因素来看，金融市场趋于稳定，全球信心增强，主要经济体大多可能将延续刺激政策，直至经济增长基础稳固。从不利因素来看，贸易保护主义风潮或将加剧，对外贸出口的恢复增长不利。全球面临通胀压力，大量流动性注入资本市场，有可能会造成生产资料价格上涨，给长三角企业生产带来影响。

从国内经济看，虽然存在有效需求不足、产能过剩突出等问题，但宏观政策保持连续性和稳定性，调控效果依然较好，随着改革不断深入，国内经济形势将保持稳定。2014 年，预计我国宏观经济政策导向不会轻易改变，且众所期待的十八届三中全会的召开，肯定会给制度改革继续加力。由于社会保障体制建设的加快，城乡居民的消费预期将有所改善。但 2014 年我国经济社会发展面临的

困难仍然较大。部分制造行业产能过剩，这种产能过剩、供求失衡、同质化竞争情况将对长三角产业振兴带来影响。受世界经济环境影响，企业生产经营中出现的困难加大、经济效益持续减少、亏损增加等问题短期内难以得到有效解决。

从长三角内部来看，长三角经济发展进入转型关键期，经济减速慢行的趋势还将持续，但区域一体化优势更加明显。一是长三角区域融合发展更趋紧密。沪昆同城地铁的开通，标志着近年来长三角区域合作程度进一步加深，一系列推动长三角走向深入合作的大动作走向前台，《长三角发展规划》上升为国家层面后，交通、产业、服务等领域合作正取得长足发展。未来，长三角深入融合将在体制与机制上有重大突破，从而有利于加快市场开放，破除市场壁垒。二是上海自由贸易区为长三角经济发展带来新的机遇与活力。2013 年 8 月 23 日，国务院正式批准设立上海自由贸易区，将进一步强化上海的金融中心作用，对长三角金融业发展及金融对产业发展的服务和支撑能力都将起到积极的作用；同时，也会在一定程度上促进消费，减少发展成本，倒逼经济转型升级。但长三角地区发展仍面临突出问题：传统优势减弱，发展难度增大。在传统优势弱化的同时，新的优势尚未形成，长三角地区尤其是核心经济区商务成本不断攀升，企业吸引力减弱，中西部地区土地、政策和成本优势愈发明显，长三角企业向外转移仍不可避免。从产业来看，战略性新兴产业在国家政策推动下发展势头良好，也涌现出一些国际知名企业，但关键性的核心技术缺失，主要布局在产业链的中低端环节，国际竞争力不强，经济贡献率还很低，产业培育并非短期可以实现。

综合来看，长三角经济将继续保持平稳较好发展，预计 2013 年上海、江苏、浙江 GDP 增速分别为 7.7%、9.8% 和 8.3%；2014 年将略好于 2013 年，增速分别为 7.8%、10.0% 和 8.5% 左右。

四 促进长三角经济健康发展的政策建议

（一）扩大区域内深度合作，发挥上海自由贸易区引领作用

一是加强沪苏浙多层次区域合作机制的衔接。目前，在沪苏浙范围内形成

了四个层次的合作机制，但四个层次之间，特别是其中三个政府间合作机制并没有有效衔接，长三角区域合作今后的一项重要工作应是形成较为完善的多层次区域合作机制。按不同层级的行政管辖职责赋予决策、协调、落实、操作功能。二是推动区域合作向广度和深度发展。继续深化已有合作专题研究的领域和层次，按照《长三角发展规划》要求，加快区域重大项目的建设，加大政策、法规、制度等层面的沟通、协调和对接；结合当前形势和经济社会发展的热点、难点，及时调整长三角区域合作的重点和范围；以长三角合作为基础，继续探索泛长三角合作，深化安徽在交通、能源、科技、金融等方面与长三角地区的合作。三是充分发挥上海自由贸易区的引领作用。对上海而言，自由贸易试验区获批推行，获得机会的不仅是贸易领域，对航运、金融等方面均有"牵一发而动全身"的作用；免税和自由港将有利于吸引高端制造业，而上海自由贸易区将有利于吸引更多的加工、制造、贸易和仓储物流企业集聚，促进长三角乃至中国的产业升级。对江苏、浙江来讲，应继续加强与上海的对接，在政策配套、合作机制、产业衔接等多个方面紧密合作，深入推动长三角一体化发展。

（二）把握地区居民消费特点，培育壮大消费热点

一是积极培育壮大消费热点。要把培育消费热点与居民消费升级步伐协调起来，带动居民消费升级和扩大。要从满足不同群体的多层次需求出发，结合长三角实际，有针对性、有特色、有亮点、有重点地培育和壮大新的消费增长点，吸引更多消费者愿意消费、乐于消费，吸引更多外地消费者乐于来长三角消费或在外地购买长三角生产的商品。根据社会消费发展趋势，重点发展汽车、家电、家装、旅游、教育、文化娱乐等消费，推动这些市场不断完善；积极培育保健、美容、体育健身、智能电子产品等新的消费热点，引导市场发展壮大；持续发展服装、汽车、旅游、教育、娱乐类长期消费，使其不断升温、升级。二是发展壮大新型消费业态。要充分重视网络消费的迅猛发展，打造一批实力强、知名度高的电子商务营销企业。要像实体市场一样制定网络市场规则，加强网络法制建设，加快规范网上购物市场。积极打造消费的低碳、绿色、健康、文化概念，支持引导环保建材、节水洁具、节能汽车等绿色消费，

鼓励发展有机农产品、生态产品、保健疗养服务等健康消费。三是培育壮大服务性消费市场。要及早顺应这一消费趋势，推动市场由偏重实物产品供给转为实物和服务产品供给并重，进一步增加服务性产品供给。尽快制定和完善服务性消费领域的产业政策，鼓励社会资金进入服务业，提高服务消费的质量，促进居民服务性消费的结构升级。

（三）扶持提升民营经济发展，激发经济增长的内生动力

一是要规范落实各项市场准入制度，改进政府服务质量，维护公平竞争的市场经济环境，积极引导民营经济加快转型升级。二是以国家推进经济结构调整和实施有利的创新发展环境为契机，积极引导有实力的民营企业向战略性新兴产业、现代服务业发展，推进民营企业在项目研发、创新平台建设过程中实现新突破。通过各种方式促使民营企业以技术改造、创新、品牌战略来加快提升传统产业部门的转型升级。三是鼓励民营企业"走出去"，支持民营企业利用自有品牌、自主知识产权和自主营销，开拓国际市场，加快培育跨国企业和国际知名品牌。支持民营企业之间、民营企业与国有企业之间组成联合体，发挥各自优势，共同开展多种形式的境外投资。

（四）努力化解产能过剩，推动经济平稳发展

2013 年 10 月 6 日，国务院发布《关于化解产能严重过剩矛盾的指导意见》，对长三角来讲，要坚定不移地贯彻中央政策，既要全面落实，又要注重方式。具体说来，一是化解产能过剩要和技术进步与产业升级相结合，应引导企业积极进行技术改造，调节资源配置，以市场需求为导向，投向中高端产能。二是要和生产布局优化相结合，长三角生产力布局还不甚合理，一些资源密集型产业过于集中，远远突破了环境容量和资源承载力。三是要和产业组织结构优化相结合。要通过市场手段、兼并重组、淘汰落后产能等方式，逐步优化产业结构组织。政府要减少经济援助，减少直接干预，转变监管方式，加大信息服务，用充分、准确、及时的信息引导投资者的投资行为。

（五）建立政府债务风险防范机制，规避地方债务风险

一是建立地方政府债务信息系统，加紧系统研发并推出债务统计系统，通过规范化的统计行为，全面覆盖各类型的债务，提高债务统计效率。二是建立信息披露制度，加大对财政收支、赤字等真实情况披露，增加地方财政透明度和规范性，减少随意负债、负债资金使用效率低下、负债资金去向不明等问题。三是建立风险预警机制。通过科学化、规范化和系统化的债务管理，通过量化指标监控，确保能够将财政危机化解在萌芽状态，将地方政府的损失降到最低。

G . 30

2013 年中部地区经济形势分析
与 2014 年展望

阮华彪　梁 瑞[*]

摘　要：

2013 年，中部六省经济总体走势和全国基本一致，呈逐季回落态势，至第三季度开始止跌回升，主要经济指标仍保持在较快增长区间，经济发展态势好于全国。展望 2014 年，国际、国内经济形势仍复杂多变，经济运行中仍然面临着很多不确定、不稳定因素，经济下行压力仍然较大，稳增长的基础还不牢固。但随着经济结构调整不断深入、稳增长的措施不断出台，经济发展将更加持续、健康。综合判断，中部六省 2014 年经济运行态势将和 2013 年基本保持一致。

关键词：

中部　经济运行　发展环境

一　2013 年中部地区经济运行基本态势

（一）经济运行缓中趋稳，总体保持较快增长

2013 年前三季度，中部六省经济运行态势与全国相似，主要经济指标增

---

* 阮华彪，经济学硕士，安徽省经济信息中心预测处副处长，高级经济师，主要研究宏观经济分析、区域经济、产业经济等问题；梁瑞，经济学硕士，安徽省经济信息中心预测处助理经济师，主要研究宏观经济分析与预测、区域经济等问题。

幅多处于回落状态：实现 GDP90094.8 亿元，总量突破 9 万亿元，占全国比重的 23.3%，较 2012 年同期回落了 0.2 个百分点；GDP 增速达 9.7%，较 2012 年同期放缓 1.1 个百分点，比全国同期高出 2 个百分点。从单省总量看，河南 GDP 总量达 23516.0 亿元，居中部首位。从走势看，中部六省经济整体呈现"缓中趋稳"态势，2013 年前三季度、上半年和第一季度经济增速基本保持稳定（见表 1）。

表 1　2012 年以来中部六省 GDP 增长情况

单位：%

地区	2012 年第一季度	2012 年上半年	2012 年前三季度	2012 年全年	2013 年第一季度	2013 年上半年	2013 年前三季度
全国	8.1	7.8	7.7	7.8	7.7	7.6	7.7
山西	10.3	10.1	10.0	10.1	9.5	9.0	9.0
安徽	12.3	12.0	12.0	12.1	10.1	10.9	10.7
江西	11.0	10.5	10.6	11.0	10.3	10.2	10.2
河南	11.3	10.3	10.0	10.1	8.4	8.4	8.7
湖北	12.4	11.7	11.2	11.3	10.0	9.7	10.0
湖南	11.9	11.5	11.2	11.3	10.1	10.0	10.2
中部平均	11.6	11.0	10.8	11.0	9.7	9.6	9.7

尽管中部经济呈现小幅放缓走势，但与全国相比，仍处于较高的增长区间。2013 年前三季度，中部各省经济增速除山西、河南外，均保持在 10% 及以上。其中，安徽增长 10.7%，居中部首位；江西、湖南增长 10.2%，并列中部第二位。和 2012 年同期相比，江西经济运行最为平稳，仅回落 0.4 个百分点。

（二）工业生产增速有所回落，企稳回升态势初步显现

2013 年以来，在世界经济复苏缓慢、发展中经济体下行压力较大、全国和中部六省经济增长放缓的背景下，中部六省工业增速有所回落，但已出现企稳回升态势。工业增长放缓的主要原因是国内外有效需求不足仍未改变、企业经营困难仍然较大、信贷投资结构有待优化等。2013 年前三季度，中部六省规模以上工业增速均高于全国平均水平，其中，河南、湖北、湖南三省在

2013 年第三季度出现了止跌回升的趋势。安徽 2013 年前三季度规模以上工业增长 13.7%，增幅居全国第三位、中部第一位。湖南回升趋势最为明显，2013 年前三季度分别比第一季度和上半年高 0.8 个和 1.1 个百分点（见表 2）。

表 2 中部六省规模以上工业增加值增速比较

单位：%

地区	2012 年前三季度	2012 年全年	2013 年第一季度	2013 年上半年	2013 年1~8 月	2013 年前三季度
山西	11.4	11.9	10.9	10.8	10.7	10.7
安徽	16.0	16.2	15.2	14.5	13.9	13.7
江西	14.0	14.7	12.5	12.7	12.4	12.3
河南	14.7	14.5	11.1	11.1	11.6	11.6
湖北	14.6	14.6	10.8	11.0	11.3	11.5
湖南	14.6	14.6	10.6	10.3	11.0	11.4
全国	10.0	10.0	9.5	9.3	9.5	9.6

虽然工业运行总体趋缓，但工业企业效益逐步改善，转型发展继续推进。2013 年前三季度，安徽省规模以上工业中装备制造业、高新技术产业增加值分别增长 16.6% 和 16.5%，增幅比全部规模以上工业分别高 2.9 个和 2.8 个百分点。江西全省十大战略性新兴产业实现工业增加值 1442.52 亿元，同比增长 12.1%，拉动全省规模以上工业增长 4.4 个百分点，贡献率为 35.9%；增加值总量占全省规模以上工业比重为 36.4%，比 2012 年同期提高 0.6 个百分点。湖南高技术产业增加值增长 30.3%，占规模工业的比重比上半年提高 0.4 个百分点；新产品产值增长 15.8%，占总产值的 12.7%，同比提高 0.1 个百分点。

（三）固定资产投资增速小幅回落，投资结构趋于优化

2013 年前三季度，中部六省固定资产投资增长 23.4%，增速比 2013 年上半年回落 1.1 个百分点，比 2013 年第一季度回落 1.3 个百分点，较全国同期增速快 3.2 个百分点（见图 1）。其中，湖北 2013 年前三季度完成固定资产投资 14418.8 亿元，增速达 27.0%，位居中部首位。

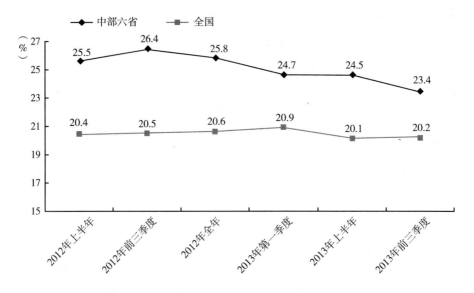

图1　2012年上半年以来中部六省投资增速与全国比较

投资增长的内生动力持续增强。一是民间投资保持较快增长。2013年前三季度，安徽民间投资8831.2亿元，增长25.7%，增幅比2013年一季度、上半年分别提高0.2个和1个百分点，比全部投资高4.1个百分点；民间投资占全部投资的66.3%，比2012年同期高2.1个百分点，对全部投资增长的贡献率为76.2%。河南民间投资增长24.9%，占全省投资的81.6%，同比提高0.9个百分点，对全省投资增长的贡献率达到85.5%。二是战略性新兴产业增势向好。2013年前三季度，在山西固定资产投资中，战略性新兴产业完成投资3404.6亿元，同比增长22.7%，占全省固定资产投资的49.6%，同比上升0.5个百分点。湖南战略性新兴产业投资增长35.1%，增速比上半年加快0.1个百分点。

（四）消费市场总体平稳，呈现趋升态势

居民消费增长速度整体呈现稳中趋升态势。2013年前三季度，中部六省消费增幅均超过13%，呈现逐季回升态势。其中，安徽社会消费品零售总额达4672.1亿元，增长13.7%，增幅比上年同期回落2.1个百分点，比2013年上半年回升0.1个百分点，比全国水平高出0.8个百分点，居中部第一位（见

表3）。与消费结构升级相关的商品保持较快增长，改善型、享受型消费继续升温。在安徽限额以上批发零售业零售额中，汽车增长 21.1%，家用电器和音像器材增长 19%，分别比上年同期提高 5.3 个和 8.7 个百分点。湖南汽车类和家电类零售额分别增长 21.5% 和 21.9%，同比提高 4 个和 9.4 个百分点。

表3　中部六省社会消费品零售总额累计增幅对比

单位：%

地区	2012 年前三季度	2012 年全年	2013 年第一季度	2013 年上半年	2013 年前三季度
山西	15.3	16.0	13.1	13.2	13.4
安徽	15.8	16.0	13.5	13.6	13.7
江西	15.6	15.9	13.0	13.1	13.3
河南	15.4	15.7	13.1	13.4	13.4
湖北	15.8	16.0	13.0	13.0	13.4
湖南	15.0	15.3	13.0	13.1	13.4
全国	14.1	14.3	12.4	12.7	12.9

（五）外贸总额增长明显放缓，出口降幅较大

2013 年前三季度，中部六省外贸进出口总额实现 1541.0 亿美元，增长 12.8%，增幅比 2012 年同期回落 13 个百分点；出口额 992.2 亿美元，增长 16.1%，增幅比 2012 年同期回落 25.5 个百分点。其中，河南进出口总额 387.3 亿美元，总量居中部首位，其中富士康集团就实现进出口 209.4 亿美元，增长 24.8%，占全省进出口总额的 54.1%，占全省进出口比重同比上升 4.6 个百分点。湖南完成进出口总额 171.2 亿美元，增长 18.3%，比上半年加快 8.3 个百分点，增幅居中部第一，其中机电产品出口额增长 14.6%，比上半年加快 10.6 个百分点（见表4）。

表4　2013 年前三季度中部六省对外贸易情况

单位：亿美元，%

地区	进出口	增幅	出口	增幅
山西	117.5	13.4	59.7	35.8
安徽	331.9	9.2	206.3	-2.2

经济信息绿皮书

续表

地区	进出口	增幅	出口	增幅
江西	286.4	12.7	226.4	18.3
河南	387.3	14.4	231.5	19.3
湖北	246.7	11.3	167.2	17.9
湖南	171.2	18.3	101.1	26.8
中部六省	1541.0	12.8	992.2	16.1
全国	30604	7.7	16149	8.0

总的看来，2013年中部经济整体继续呈小幅回落态势，但保持在合理的增长区间，与2012年预测的增长速度存在1个百分点左右的差距。

影响2013年中部地区经济持续回落的原因有以下几个方面。第一，当前世界经济总体上还在下滑。2013年以来，尽管美、日经济开始复苏，但欧元区经济仍然陷于萎缩僵局，新兴市场国家经济增速显著放缓，并且普遍出现了资本流出、货币贬值、通货膨胀加剧等现象。2013年10月，IMF对2013年世界经济和中国经济增速的预测从2013年初的3.5%和8.2%一路降至2.9%和7.6%，低于2012年同期3.2%和7.8%的预测数据。第二，当前的产能过剩已具普遍性，不仅在钢铁、水泥、汽车等传统行业存在，战略性新兴产业，如光伏、风电等领域也出现了较为严重的产能过剩问题。第三，国家对经济的主基调是"稳增长、调结构"，提高了对经济"上下限"波动的容忍度，没有盲目扩大投资刺激经济增长，强调要通过"改革红利"获取"实实在在、没有水分"的发展。但同时也要看到，中部地区的发展也出现了不少利好因素，外商直接投资仍然保持快速增长态势，大中型企业生产形势好转，民营经济发展势头良好，这些都对稳定经济增长起到了积极作用。

二　2014年中部地区发展环境分析

经过近几年的发展，中部地区的产业基础和发展环境有了很大的提升和改善，经济增长的内生动力不断增强。2014年，尽管国内外经济环境更加复杂、市场环境仍然趋紧、要素成本不断上升，但中部地区经济仍将保持相对较快的增长速度。

（一）国际经济复苏缓慢，分化趋势更为明显

根据 IMF 的预测，世界经济仍将继续保持回升态势，预计 2014 年世界经济增长达到 3.6%，较 2013 年加快 0.7 个百分点。但从各区域来看，发达经济体复苏势头明显。美国经济增长将达到 2.5%，较 2013 年提高 1 个百分点。欧元区经济也将逐步走出衰退，实现 1% 的增长。日本经济由于财政刺激与重建支出的逐步退出，经济增长较 2013 年有所放缓，但仍将超过 1%。对于新兴市场国家，IMF 认为在强劲内需、出口恢复，以及支持性财政、货币和金融条件的支持下，新兴市场和发展中国家的经济增长将保持强劲，多数国家的经济将比 2013 年有所加快。但世界经济增长的动力正在由发展中国家向发达国家转换。美国货币政策的正常化以及中国经济增速的持续放缓，对新兴市场国家的金融市场将产生较大影响。随着中部地区对新兴市场国家出口比重的提高，外部市场变化对中部地区产生的影响将越来越大。

（二）国内政策将更加注重稳定经济，为改革创造稳定环境

从 2013 年第三季度的数据来看，国内经济出现明显回升态势。但从经济增长贡献来看，投资仍然是主要动力，2013 年前三季度资本形成总额的贡献率达到 55.8%，比上半年提高了 1.9 个百分点，相当一部分是房地产投资和政府基础设施投资。经济企稳仍主要受益于投资动力，消费需求和改革红利的释放并无明显进展。受制于普遍存在的产能过剩和地方政府债务压力，投资保持持续增长的压力较大。考虑到政府推进改革、减少经济干预等相关因素，国内经济在短期内的下行压力仍然较大。

（三）市场环境整体偏紧，产能过剩压力大

经济增长持续放缓使产能过剩问题更加凸显，中部地区比重较高的钢铁、汽车、煤炭、有色金属等行业明显供大于求，市场竞争激烈，严重影响中部地区工业经济的整体增长。湖南规模以上工业增速降至近十年的低点，煤炭、有

色金属等传统支柱产业放缓是主要原因。安徽2013年前8个月煤炭行业净亏损20.5亿元，而上年同期赢利43.4亿元。湖北的钢铁行业利润在上年下滑的基础上，2013年上半年再次下降10%。随着国内经济增速的稳步回落，产能过剩对中部地区的影响仍将持续相当长一段时间。

（四）要素成本持续上升，成本优势逐渐缩小

随着国内整体工资水平的上升，中部地区农民工的月均收入已经达到2257元，较2008年上升了80%，与东部地区收入水平基本接近，企业招工难度越来越大。土地价格伴随城镇化进程的加快也在加速上涨，土地供给明显满足不了地方发展需求。尽管中部的工资和地价仍低于东部沿海，但这些已经无法成为招商引资的优势。中部地区的优势将逐渐从低成本向便捷的交通体系、广阔的市场辐射空间和完善的产业配套能力转变。

综合分析，中部地区面临的外部环境将会有所改善，整体经济仍将继续保持平稳运行。但同时，中部地区也正处在转变发展方式和转换经济增长动力的关键时期，主动加大产业结构调整力度，大力发展战略性新兴产业，培育自主创新能力，避免一味追求过快的经济增长，对中部地区的长期可持续发展至关重要。初步预计，中部地区的经济增速仍有望保持10%以上的增长。

三　保持中部地区经济健康发展的对策建议

（一）继续加大产业结构优化调整力度

解决产能过剩问题，需要进一步优化产业结构。首先，要积极探索淘汰落后产能的新模式和新机制。切实发挥法律法规的约束作用，制定更为严格的落后产能淘汰标准，实行新上项目与淘汰落后产能相衔接的审批机制，引导企业自主进行产业升级和转型发展。积极利用要素资源的价格调节手段，建立倒逼落后产能自动退出的市场机制。其次，利用政策引导企业增强创新能力。围绕电子信息、生物医药、新材料、光机电一体化、资源高效利用、环保、新能源等重点领域，加大政策支持力度，积极培育新兴产业加快发展，增强工业经济

可持续发展后劲。还要进一步加快现代服务业的发展，尤其是要加快发展生产性服务业，培育新型服务业态，以服务业发展提升制造业的市场竞争力。

（二）激发民营企业和中小企业发展活力

民营企业和小微企业在稳定经济增长和扩大就业方面的作用越来越突出。以安徽为例，2013 年前三季度全省民营工业和中小工业对全部规模以上工业增长贡献率达到 75.7%。目前，民营企业和中小企业发展仍然面临劳动力成本上升、原材料价格上涨、融资难度剧增等问题。近年来，中部各省陆续出台了一系列促进民营企业和中小企业发展的政策措施，关键是要将这些措施落到实处。因此，政府要加快建立公开透明、规范有序的市场准入制度，放宽创业条件，提高民间资本的创业积极性。设立民营经济扶持基金，降低小微企业税费负担，加强对民间创业的引导和帮扶，提高创业的成功率，逐步培育中部地区经济发展的内生动力。

（三）深入推进跨区域的经济交流合作

中部地区应继续加强与长三角、珠三角等地区的合作。充分利用中部地区部分省份参与长三角城市经济协调会、泛珠三角区域合作发展论坛的有利机遇，深入推进中东部间在市场开放、产业发展、基础设施对接等领域的合作。抓住国家建设中原经济区、推动长江经济带转型升级的有利机遇，积极争取国家相应政策，推动中部六省之间以及与其他省份的合作，大力发展内陆型开放经济。积极主动对接上海自由贸易区的建设，研究出台促进加工贸易转型升级和提高产业承接质量的政策措施，全面深入推进中部地区的对内对外开放。

（四）积极探索重点领域制度改革

中部地区要准确把握国家新一轮改革的战略意图和方向，积极争取更多的先行先试权，寻求符合中部实际的改革新思路。以城镇化发展为契机，积极探索土地流转有效机制，积极盘活土地资源，带动城乡统筹发展。积极研究上海自由贸易区建设对中部地区深化改革带来的经验，分析在投资项目审批、行政

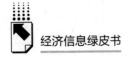
管理模式创新、服务业开放、企业海外投资和外向型经济发展平台建设等领域的下一步改革重点，创造中部地区新一轮加快发展的制度红利。

参考文献

IMF，*World Economic Outlook*，October，2013。

国家统计局：《中国统计年鉴（2013）》，中国统计出版社，2013。

国家发展和改革委员会：《2013 年促进中部地区崛起工作要点》，2013。

G.31
2013 年西部地区经济形势分析
与 2014 年展望

唐明龙 *

摘　要：

国家采取加强基础设施、鼓励产业调整升级、推进生态文明建设和扩大对外开放等措施，促进西部地区发展，2013 年，西部地区经济继续保持较快增长，但增长回落幅度较大，应当引起注意。西部地区经济发展基础不稳，生态环境恶化，贫困人口多，造成自身活力不足。展望 2014 年，全国经济增长放缓，财政收入增长乏力，影响国家对西部地区的投资。西部地区以传统产业为主，竞争力不高，2014 年的经济增长并不乐观。西部地区发展要注重资源开发和环境保护，要突出重点，加大扶贫工作力度，加快承接产业转移和结构调整，扩大沿边对外开放，不断完善体制机制。

关键词：

西部　经济运行

一　2013 年西部地区经济运行情况

（一）经济保持较快增长

2013 年 1~6 月，西部地区生产总值增长 10.7%，分别比东部地区、东北

---

* 唐明龙，国家发展和改革委员会西部开发司处长，从事西部开发研究与实践。

地区、中部地区高 1.6 个、1.8 个、1.1 个百分点。这一状况有可能保持到 2013 年 12 月底。工业生产增长平稳，2013 年 1~8 月，西部地区全部省份规模以上工业增加值增速均超过 9.5% 的全国平均水平。西藏、贵州增速分别为 14% 和 13.9%，位列全国前两位；重庆紧随其后，增长 13.6%；经济规模比较大的陕西、四川、内蒙古分别增长 13.2%、11%、12.1%。

（二）固定资产投资高位运行

2013 年 1~8 月，西部地区累计完成固定资产投资 6.43 万亿元，共有 9 个省份固定资产投资增速超过 20.3% 的全国平均水平。西藏、贵州、青海、云南、宁夏增速占据全国前五位。从这些高增长的地区来看，政策因素起主导作用。西部地区除西藏、云南增速加快之外，其他省份增速均有不同程度回落，新疆回落幅度最大，达到 8.1 个百分点，内蒙古回落幅度最小，为 0.1 个百分点。

（三）地方财政收入增长放缓

2013 年 1~8 月，西部地区地方财政一般预算收入 9222 亿元，增长 12.4%，与东部地区持平，比中部地区低 4.5 个百分点，比东北地区高 4.4 个百分点。四川、广西均增长 15.9%，为西部最高。与 2012 年同期相比，只有四川、宁夏、内蒙古增长幅度增加，分别增加 0.8 个、0.8 个和 0.3 个百分点，其他省份均出现不同程度的下滑，幅度在 1.4 个~18.3 个百分点。其中，贵州增速回落幅度最大，重庆回落幅度最小。

（四）对外贸易情况出现新的亮点

2013 年 1~8 月，受益于西部地区的对外开放政策，宁夏、青海、陕西进出口总额分别增长 45.5%、41.4%、35.4%，增速比 2012 年同期提高 50.4 个、43.1 个、41.4 个百分点。有 5 个省份外贸进出口总额增速超过全国平均水平（8.3%）。宁夏增速最高，达到 45.5%。但总的对外贸易增长形势没有前几年好，主要是西部地区出口大户下降较快，重庆、四川、云南同 2012 年同期相比，增速分别下降了 116 个、25 个和 18.7 个百分点。

二　西部开发的主要措施

（一）加强西部地区基础设施建设

推进"八纵八横"骨架公路建设，云南昆明至中越边境河口全线贯通 405 公里高速公路，中越国际大通道云南段实现全程高速化。重庆当年通车的高速公路项目共有 7 个，总长度达 403 公里。加强中西部贫困地区铁路和西部地区出海通道、南北通道以及国际通道等重大铁路建设。以重庆为枢纽的连接西部地区的南北和东西，开工建设兰渝铁路、渝黔新线、成渝客运专线、郑渝铁路；新疆首条高速铁路兰新铁路第二双线预计 2014 年就能通车；广西将开通衡柳高铁。能源基础设施建设加快，哈密南至郑州 ±800kV 特高压直流输电线路工程甘肃段全线贯通，西气东输三线正在加紧建设。建设了一批骨干水利工程、重点水利枢纽工程、大中型水库及城市水源工程，解决西部地区"路"和"水"两块短板。

（二）积极引导产业转移和发展特色优势产业

支持劳动密集型、环境友好型产业向中西部地区转移，批准了广西桂东、重庆沿江、甘肃兰白、四川广安、宁夏银川五个承接产业转移示范区。支持西部地区依托能源资源禀赋，高标准建设国家能源基地、资源深加工基地、装备制造业基地，有选择地发展新能源、新材料、节能环保、生物医药等战略性新兴产业。甘肃、宁夏、内蒙古建设太阳能、风能等新能源基地初具规模。加强优势资源就地加工转化，进一步壮大了产业规模，如在新疆、甘肃、四川、重庆布局石油化工项目；重庆市设立了页岩气创业投资基金，建立页岩气临港重型装备产业园，集聚页岩气产业群。加快产业结构调整，培育产业发展新优势，构建现代产业体系。兰州新区成立金融产业发展专项资金；批准四川建设国家数字家庭应用示范产业基地；新疆软件园建设加速。

（三）推进西部地区科技进步和自主创新

加大科技投入力度，开展了科技创新体制机制试点。加强企业技术中心、研发中心建设，构建以企业为主体、以市场为导向、产学研相结合的技术创新体系。实施科技成果产业化专项建设，加快科技成果向现实生产力的转化。科研单位与有关企业联合攻关，积极突破优势资源开发利用和传统产业改造升级的关键技术，积极发展绿色经济、循环经济和低碳技术，以科技进步和自主创新塑造新竞争优势。国家发展和改革委员会、中国科学院联合印发了《科技助推西部地区转型发展行动计划（2013～2020年)》。

（四）大力推进生态文明建设

完善森林生态效益补偿基金制度，全面建立草原生态保护补助奖励机制，加快建设水资源和水环境的生态补偿制度，建立矿山环境恢复治理保证金制度，积极探索湿地和海洋方面的补偿机制等，通过一系列制度建设，生态补偿制度框架逐步形成。巩固退耕还林成果，安排中央专项投资112亿元，提高了基本口粮田、补植补造建设项目的中央补助标准。加大退牧还草实施力度，扩大了实施范围。开展西部地区荒漠化防治区、黄土高原水土保持区、青藏高原江河水源涵养区、西南石漠化防治区、重要森林生态功能区的综合治理。西部地区选择了74个市县开展生态文明示范工程试点，探索建设生态文明的有效途径。

（五）全面提升西部地区对外开放水平

大力发展内陆开放型经济，重庆、宁夏内陆开放型经济试点各项工作积极推进。加大提升沿边开发开放水平，积极建设云南瑞丽、广西东兴、内蒙古满洲里开发开放试验区，沿边开发开放规划即将出台。积极推进"丝绸之路经济带"建设，加快中孟印缅、中巴经济走廊建设，打造互利共赢的利益共同体。充分利用国内外两个市场、两种资源，将"引进来"与"走出去"相结合，互利互惠、合作共赢的对外开放新局面逐步显现。

三 2014 年西部地区发展展望

2014 年，中国经济在外需没有回暖的情况下，由于经济结构的调整和提升需要一段较长的时间，要使内需强力拉动经济增长也需时日，经济增长至少在三两年内保持较低速度。同时，财政收入的增长也会放缓，国家政策支持特殊地区发展的手段将会受到限制。因此，2014 年西部地区发展所面临的环境压力比 2013 年大。西部地区发展本身面临的主要矛盾和深层次问题尚未得到根本解决。

一是经济持续健康增长的基础仍不稳固。西部地区产业结构相对单一，企业实力不强，重工业偏重，轻工业偏轻，高技术比重不高，抗外部冲击能力差。如西北的甘肃、青海、宁夏、新疆、内蒙古等省区，采掘和原材料加工等传统产业占工业总产值的比重超过 70%，且多集中于石油、煤炭、冶金等领域，经济发展受资源性产品价格的影响很大。2013 年上半年，西部地区生产总值增速为 10.7%，比 2012 年同期回落 1.8 个百分点。今后一段时期，受内外需求不足、部分行业产能严重过剩、财政金融风险加大等因素影响，西部地区经济发展将会面临更多困难。

二是基础设施建设和生态环境瓶颈制约依然突出。2012 年，西部地区公路、铁路网密度仅相当于全国的 55.6% 和 53.5%，综合交通运输网络骨架尚未完全形成，一些地区交通"通而不畅"的问题突出，如内蒙古赤峰到北京仅 400 多公里，但火车要开 9 个多小时。生态环境总体恶化趋势尚未根本扭转，尚有 6500 多万亩 25 度以上陡坡耕地需要退耕，近 15 亿亩退化草原、7.8 亿亩沙化土地亟须治理。还有 2500 多万群众居住在生态脆弱、自然灾害多发、生存条件恶劣的地区。

三是提高城乡居民生产生活水平的任务更加艰巨。2012 年，西部地区城镇居民人均可支配收入和农民人均纯收入分别相当于东部地区的 71% 和 56%，相当于全国的 84% 和 76%。东部地区人均地区生产总值是西部地区的 1.8 倍，其中，最高的天津是最低的贵州的 4.7 倍。同时，西部地区也是我国贫困面最广、贫困人口最多、贫困程度最深的区域。2012 年，按照 2300 元/人的国家

扶贫标准，全国共有 9899 万扶贫对象，其中 5086 万位于西部地区，约占全国扶贫对象总数的 51.4%；贫困发生率达 17.6%，高出全国 7.4 个百分点。从现在到 2020 年实现全面建成小康社会只有 7 年多的时间，必须下大气力解决城乡居民收入区域差距过大、贫困人口脱贫致富等问题。

四是中央投入西部开发的资金渠道仍有待完善。13 年来，各部门、各单位对西部地区的资金支持力度很大，但这些资金源于多头，并随不同部门工作重点的变化而变化。目前，尚未在制度上建立明确用于西部大开发的长期的、稳定的、专属的资金渠道。国际上，欧盟在 1994 年成立凝聚基金，专项用于帮助欠发达成员国发展基础设施和环境保护设施，缩小与发达成员国的发展差距，起到了缩小区域差距、增进区域凝聚力的较好效果，对我国深入实施西部大开发战略有很强的借鉴意义。

综合以上判断，2014 年西部地区增长速度会进一步放缓，但由于是国家政策支持的特殊地区，西部与其他地区相比将继续保持相对较高的增长速度。

四　西部地区发展建议

（一）加强资源开发

能源矿产资源丰富是西部地区的一大优势，在我国经济规模不断扩大、对资源需求更多的今天，其优势更加明显。把资源优势转化为经济优势，是西部地区经济发展、增强经济实力的有效途径。因此，国家应加强政策支持力度，加强西部地区资源开发，并调整好资源开发中的利益分配，使西部地区在资源开发中分享更多。一要加大地质勘探力度，增加资源探明储量；二要优先审批西部地区资源开发项目和加工项目；三要改革资源使用许可制度和资源税收制度，让资源所在地分享更多利益。

（二）大力建设生态文明

西部地区不能走"先污染、后治理"的老路，必须在加快发展的同时加强生态环境保护。要推动资源有偿使用，促使企业有效开发资源；当地要与开发企业签订生态环境恢复协议，对恢复因开发而破坏的生态环境承担义务；建立生态环境恢复储备金制度，在销售产品中提出一定比例的资金交给当地政府，作为生态环境恢复基金。如果企业按照生态环境恢复协议恢复了生态环境，由此发生的支出可从基金中获得补偿。以重大生态修复工程为抓手，加快建立健全生态补偿机制。有计划、有步骤地对 25 度以上陡坡耕地和严重沙治理化耕地实施新一轮退耕还林。积极推动实施搬迁安居工程，加强对生态脆弱地区的保护。加强土壤环境保护和综合治理，改善耕地质量。

（三）抓好重点经济区发展

西部地区有些产业发展基础好、生态环境承载力高的重点经济区，像成渝、关中、呼包鄂、天山北坡、黔中、北部湾、兰州新区、滇中等。这些地区是西部经济增长点，它们的好坏，决定着西部地区经济发展的大局，抓好西部发展要从这些区域入手。针对这些地区的特点，一要落实好党中央、国务院关于促进有关省份经济社会发展的政策措施和已出台的重点经济区区域发展规划；二要加强对未出台规划的区域的规划指导，尽快发布规划；三要重点安排这些区域的基础设施建设，高水平提供这些区域发展所需交通、能源、通信等条件；四要鼓励这些地区深化改革、扩大开放，创造发展的良好软环境；五是完善金融监管，改善这些区域的融资环境。

（四）突出扶贫开发

西部地区还有许多集中连片贫困地区，提高这些区域人民群众的生活，是发展的重要任务，也是社会主义制度的要求。因此，促进西部地区的发展，要重点经济区和贫困地区扶贫两头抓、齐头并举。对于贫困地区，一要尽快制订集中连片贫困地区扶贫规划，加强指导；二要增加投入，改善其生产生活条件，增加教育支出，培育社会有用人才，改善贫困人口在就业中的位势；三是健全社会保障制度，使贫困人口享受更多的发展成果。

（五）强化承接产业转移和结构调整

承接东中部产业转移，是构建西部地区完整产业体系的重要途径，也是

当前西部地区快速发展特色优势产业的有利机会。承接产业转移，一是要把自身资源、产业基础、市场优势与之结合起来，确定承接重点行业和企业；二是要坚持市场导向，尊重各类企业在产业转移中的主体地位，充分发挥市场配置资源的基础性作用，政府要加强规划指导、政策引导、改善环境、完善服务；三是要注重环保，严禁污染产业和落后生产能力转入，发展循环经济，推进节能减排，促进资源节约集约利用；四是要促进承接产业集中布局，引导转移产业向园区集中，促进产业园区规范化、集约化、特色化发展，增强重点地区产业集聚能力；五是强化人力资源支撑和就业保障，大力发展职业教育和培训。

（六）全面提升西部地区对内对外开放水平

西部地区的对外开放，不但对西部地区的发展举足轻重，而且对全国改革开放形势有重大影响。做好西部地区对外开放这篇文章，首先，要制定对外协作、贸易管理、金融合作、边境开放、海关监管、进出口等方面的政策；其次，要加强重点边境口岸的交通、能源、通信等基础设施建设，增强道路与周边的互通性、通信的联网性；再次，支持重点开发开放试验区加快发展，允许具备条件的地区申请设立海关特殊监管区域和保税监管场所，支持重庆两江、陕西西咸、四川天府、甘肃兰州、贵州贵安等新区和宁夏银川开展内陆开放型经济建设；最后，要创造条件，支持西部地区有条件的企业"走出去"，在能源、矿产资源开发、消费品生产等方面投资合作，着力打造重庆、成都、西安等内陆开放型经济高地，加快宁夏内陆开放型经济试验区建设，发挥向西开放桥头堡作用，打造南宁、昆明、乌鲁木齐等沿边省区中心城市连接边境口岸、通往周边国家和地区的经济走廊，积极推动共同建设"丝绸之路经济带"。

（七）提高基本公共服务水平

在西部发展经济过程中，各方都想尽了办法，对加强基础设施建设、发展特色产业等措施上比较全面，但对社会事业的发展有的只停留在口头上重视，实际投入较少，办法不多。要改变这一状况，首先，各级政府要真正重视社会事业发展；其次，国家财政要加大对西部地区教育、医疗、社会保险等社会服务的投入；最后，还要积极引导社会的投入，形成多方力量发展社会服务事业的格局。

（八）完善体制机制

一个发达的地区离不开先进、文明的社会制度，在西部发展中只有注意体制机制的完善，才能真正使西部地区进入现代社会行列。西部地区在发展中要积极完善适应市场、促进全民共同富裕、增进社会公平的体制机制。要以促进西部地区发展、人民幸福为目标，不断推进经济体制改革、社会体制改革。进一步完善和落实西部大开发政策，加强政策的有效性和针对性，实施分类指导、分类评价。实行差别化的经济政策，对特殊困难民族自治州发展问题研究特殊政策措施。积极推进煤炭资源税费综合改革，提高当地群众在资源开发中的收益比例。

2013 年辽宁省经济形势分析
与 2014 年展望

于晓琳　姜健力*

摘　要：

2013 年辽宁经济运行总体保持平稳，但是下行压力仍然存在。前三季度，全省地区生产总值增长 8.7%，是 2000 年以来同期最低增速。工业增速持续下滑是辽宁经济增速下行的主要原因，同时，投资需求支撑趋弱、消费增长动力不足、财政收支矛盾加剧的局面难以在短期内得到改善。预计 2013 年全省经济运行总体将呈现平缓态势，全年增速可达 9%。2014 年，随着国内外经济环境的改善，全省经济增速有望略高于 2013 年。面对严峻的内外部经济环境，辽宁经济工作应把 "稳当前和增后劲结合起来"，稳增长、促就业、控通胀、保收入、调结构、抓改革、促创新、建四化、惠民生，加快经济发展方式转变，打造辽宁经济 "升级版"。

关键词：

辽宁　经济运行　形势展望

一　2013 年辽宁经济运行的基本态势

2013 年以来，全省经济运行总体保持平稳，但下行压力仍然存在。前三季度，全省经济增长 8.7%（见图 1），比全国平均水平高 1.0 个百分点，但比

---

* 于晓琳，辽宁省信息中心经济预测处处长；姜健力，辽宁省信息中心副主任，研究员。

上半年低 0.3 个百分点，是 2000 年以来同期最低增速。同时，2013 年前三季度各季度增速均低于 2003 年以来的同期增速。其中，第三季度经济增长仅 8.2% 左右，是爆发金融危机的 2008 年下半年以来的最低单季增速。2012 年以来，辽宁经济增速持续下行的主要原因是工业经济运行持续下滑。当前全省经济增速的放缓并未带来经济运行质量的明显提高和经济结构的明显改善，全省依然面临投资需求支撑趋弱、消费增长动力不足、财政收支矛盾加剧的局面，经济形势依然较为严峻。2013 年前三季度辽宁经济运行的主要特点有以下四点。

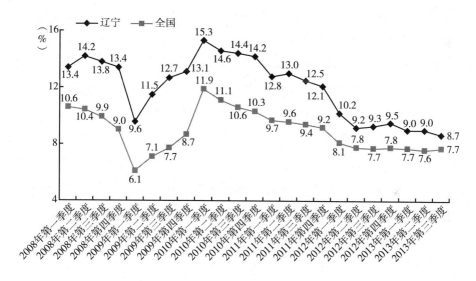

图 1　辽宁地区生产总值季度累计增长率与全国的对比

（一）三次产业增速呈现"一稳一低一加快"的局面

1. 第一产业平稳增长，但增速始终处于低位

2013 年以来，全省第一产业保持平稳的低速增长态势。前三季度，第一产业增加值增长 3.2%，比全国平均水平低 0.2 个百分点，是 2004 年以来同期的最低增速。

2. 第二产业增速继续小幅降低，工业生产运行持续下滑

2013 年以来，全省第二产业季度累计增速呈逐季下滑态势。前三季度，

第二产业增加值增长 9.2%，比全国平均水平高 1.4 个百分点，比第一季度增速低 1.5 个百分点，比上半年增速低 1.1 个百分点，是 2002 年以来同期最低增速。2012 年以来，全省工业生产持续低迷，2013 年更是逐季下滑。2013 年前三季度，全省规模以上工业增加值同比增长 9.7%，比第一季度回落 1.4 个百分点，比上半年回落 1.0 个百分点。其中，9 月当月仅增长 7.5%，低于全国平均水平 2.7 个百分点。前三季度，全省工业增速比全国高出 0.1 个百分点，居全国第 25 位。从生产要素来看，全省工业用电量略有回升，前三季度增长 5.5%，延续了下半年以来的回升态势；全社会货运量增速基本平稳，前三季度增长 10.4%，年初以来一直保持在 10% 左右。造成当前全省工业增速放缓的主要原因，一是有效需求依然不足，订单减少，企业生产愿望不强；二是主要支柱行业增速下滑，其中装备制造业和农产品加工业 8 月当月增速为近三年来最低，同比仅增长 2.5% 和 6.4%；三是部分行业和产品仍存在产能过剩，导致企业开工不足。值得关注的是，高耗能行业用电效率降低。在六大高耗能行业规模以上工业增加值占全省规模以上工业增加值的比重变化不大的情况下，2013 年 8 月，高耗能行业用电量占全部工业用电量的比重由 2012 年同期的 62.1% 提高到 79%，8 月份高耗能行业用电量拉动当月工业用电量提高 8.8 个百分点。

3. 第三产业有加快发展的势头，增速高于全国平均水平

2013 年以来，全省第三产业季度累计增速持续提高。前三季度，全省第三产业增加值增长 8.7%，比第一季度提高 1.4 个百分点，比上半年提高 0.7 个百分点，比全国平均增速高 0.3 个百分点，扭转了低于全国第三产业增速和多数年份低于全省经济增速的局面。

（二）三大需求增速呈现"一平一升一反弹"的局面

1. 固定资产投资增速平稳

2013 年前三季度，全省固定资产投资增长 20.8%，高出全国平均水平 0.6 个百分点，比上年同期减缓 6.1 个百分点。前三季度，全省房地产开发投资增长 23.8%，增速比上年同期提高 4.4 个百分点，比 1~8 月提高 2.5 个百分点。

2. 消费增速小幅回升

2013 年前三季度，全省社会消费品零售总额增长 13.2%，比全国平均增速低 0.3 个百分点，但比第一季度回升 0.8 个百分点，比上半年回升 0.3 个百分点。其中，城镇消费同比增长 13.3%，快于农村。假日经济、"夜经济" 和大众餐饮稳步增长，城乡居民收入增速的小幅回升是社会消费品零售总额增速有所回升的主要原因。

3. 外贸增速呈反弹之势

2013 年前三季度，全省进出口总额增长 7.0%，增速与年初相比逐渐回升，呈现一定的恢复性增长势头，但仍比上年同期低 1.0 个百分点。全省进口增速有所恢复，前三季度增长 4.1%。全省出口增长 9.3%，恢复至 2013 年各月累计增速的次低水平，仅低于 1～5 月 9.8% 的增速。进出口形势的好转，主要得益于 9 月当月进出口 31.1% 的高速增长，其中，出口增长 28.6%，进口增长 34.5%。前三季度拉动辽宁外贸出口增长的主要因素：一是一般贸易出口快速增长，同比增长 24.7%；二是占比 40% 的民营企业出口保持快速增长，同比增长 36.7%；三是对东盟、欧盟、韩国等主要贸易伙伴的出口保持较快增长，其中对东盟同比增长 49.9%；四是主要商品出口均呈增长态势，其中，成品油出口增长 50.2%，服装及衣着附件出口增长 15.1%。辽宁出口存在的主要问题仍是外需不振：一是外需不足对加工贸易的影响日益显现，加工贸易出口同比下降 4.2%；二是国有企业和外资企业出口继续减缓，其中，外资企业出口下降 10.8%；三是对日本出口持续下降，受日元贬值等不利因素影响，前三季度全省对日本出口下降 4.9%，此外，对朝鲜的出口下降 0.5%，虽然对朝出口比重不大，下降幅度也不大，但是影响不小；四是机电产品需求下降，占辽宁出口最大份额的机电产品出口同比下降 3.9%，其中，船舶出口大幅下降 36.0%。

（三）三大收入增长均呈小幅回升的态势

1. 财政收入增速略有回升，非税收收入恢复为正增长

2013 年前三季度，全省公共财政一般预算收入增长 7.8%，比第一季度回落 2.6 个百分点，比上半年回升 2.1 个百分点，虽呈现一定的回升态势，但仍

比全国增速低 4.9 个百分点，继续处于一位数增长区间，比上年同期大幅回落 15 个百分点，财政收支矛盾依然存在。财政收入增速回升的主要原因，一是各项税收收入增速自 2013 年下半年以来持续回升，前三季度，全省各项税收增长 10.7%，比上半年回升 2.1 个百分点；二是非税收收入增速由负转正，前三季度全省非税收收入增长 0.2%。

2. 城乡居民收入增速有所回升

2013 年前三季度，全省城镇居民人均可支配收入达到 19109 元，名义增长 10.0%，增速比全国平均水平高 0.5 个百分点，比上年同期回落 4.0 个百分点，比上年全年回落 3.5 个百分点；实际增长 7.3%，比全国平均水平高 0.5 个百分点，比上年同期回落 3.3 个百分点，比上年全年回落 3.0 个百分点。前三季度，辽宁农村居民人均现金收入达到 12823 元，名义增长 12.1%，增速比全国平均水平低 0.4 个百分点，比上年同期回落 7.9 个百分点，比上年全年回落 4.9 个百分点；实际增长 9.2%，比全国平均水平低 0.4 个百分点，比上年同期回落 5.3 个百分点，比上年全年回落 1.1 个百分点。当前辽宁居民收入增速虽有所回升，但仍未走出低缓态势。前三季度城镇居民人均可支配收入增速仍低于全省经济增速。辽宁居民收入增速的明显下滑主要由实体经济下滑所致。

（四）居民消费价格涨幅有所回落

2013 年以来，全省居民消费价格涨幅呈持续下降态势。前三季度，全省居民消费价格指数同比增长 2.6%，比全国平均水平高 0.1 个百分点，涨幅比上年同期回落 0.3 个百分点。

二 对 2013 年辽宁经济走势的基本判断

2013 年，全省经济运行总体呈现平缓态势，全年增速将在 8.7%～9.3%，达到 9% 的可能性比较大。按全年经济增长 9% 测算，预计辽宁主要经济指标完成情况如下。

产业方面，预计全年第一产业增加值将增长 3.5% 左右，第二产业增加值将增长 10% 左右，第三产业增加值将增长 9% 左右，有望实现与经济增长同步的目标。

需求方面，预计全年全社会固定资产投资将增长 20.0% 左右，全省社会消费品零售总额将增长 13.5% 左右；居民消费价格涨幅回调至 2.8%。由于 2012 年第四季度辽宁出口增长速度基数较高（增长 24.1%），预计全年出口总额将增长 9% 左右。

收入方面，预计全年公共财政一般预算收入将增长 9% 左右；全年城镇居民人均可支配收入实际增长将达到 7.2% 左右；农村居民人均纯收入实际增长将达到 9% 左右。

整体来看，全国经济形势的不确定性依然较大。国内研究机构普遍认为，2013 年第四季度全国经济增速可能低于第三季度 7.8% 的增速。如果全国经济继续减速、国际经贸环境不能明显改善，则辽宁工业经济下滑趋势仍将难以扭转，辽宁经济增长存在跌破 9% 的可能，全年经济增速可能与前三季度增速持平，维持在 8.7% 左右。

三 2014 年辽宁经济发展趋势展望

根据国际机构对世界经济和中国经济走势的判断，结合辽宁的实际情况，本报告预计，2014 年全省面临的外部环境将比 2013 年有所改善，全省经济增速将有所回升，很可能在 9.0% ~9.5%。如果 2014 年经济环境有较为明显的改善，那么经济增速超过 9.5% 的可能性也是存在的。对 2014 年全省主要经济指标的预测情况见表 1。

表 1　2013 ~2014 年辽宁主要经济指标预测表

指标名称	2013 年 1 ~9 月		2013 年		2014 年
	实际数	增长（%）	预计数	预计增长（%）	预计增长（%）
地区生产总值(亿元)	19263.9	8.7	27200	9.0	9.5
第一产业增加值	1257.2	3.2	2350	3.5	4.5
第二产业增加值	10362.5	9.2	14300	10.0	10.0
第三产业增加值	7644.2	8.7	10550	9.0	9.5

指标名称	2013 年 1~9 月		2013 年		2014 年
	实际数	增长（%）	预计数	预计增长（%）	预计增长（%）
规模以上工业增加值（亿元）	—	9.7	—	9.8	10.0
公共财政预算收入（亿元）	2594.4	7.8	3385	9.0	8.7
固定资产投资额（亿元）	21017.6	20.8	26200	20.0	14.0
社会消费品零售总额（亿元）	7668	13.2	10510	13.5	13.5
居民消费价格指数（上年同期＝100）	102.6	2.6	102.8	2.8	3.0
出口总额（亿美元）	467.4	9.3	630	9.0	9.5
城镇居民人均可支配收入（元）	19109	10.0	25545	10.0	13.0
农村居民人均纯收入（元）	12823	12.1	10510	12.0	14.0

注：产值增速为可比价；居民收入增速未扣除价格因素；农村居民人均纯收入2013年1~9月为农村居民人均现金收入。

四　对辽宁经济工作的几点建议

从当前国内外经济发展态势看，当前辽宁经济发展面临的挑战很有可能长期化，转变经济发展方式的倒逼机制越来越强烈。同时，中央政府的工作重点转到创造良好发展环境、提供优质公共服务、维护社会公平正义上来。因此，辽宁经济工作应该把"稳当前和增后劲结合起来"。针对当前严峻的经济形势，各级政府应把当前经济工作的重点放在"稳增长，促就业、控通胀、保收入"上。

稳增长，就是稳定第一产业和第二产业的发展，加快第三产业的发展，在保持有效投资稳定增长的基础上，着力刺激消费需求，努力扩大出口，使辽宁经济下行压力得到缓解，遏制经济增长速度的进一步减缓，实现全年9%以上的发展目标，为促就业、控通胀、保收入创造条件。

促就业，就是把扩大就业作为各级政府工作的首要任务。各项政策应向就业倾斜，实施"全民创业"战略，鼓励、扶持自主创业。鼓励、支持就业容量大的产业发展，大力发展中小微企业和服务业，拓宽就业渠道。

控通胀，就是高度重视辽宁的通货膨胀压力，加强市场监控和监管，增加有效供给，有效遏制物价，特别是保持与人民生活息息相关的基本商品价格的平稳。

保收入，就是保证居民收入的增长与经济发展的基本同步。在经济下行压力不减的环境中，全力保障居民收入水平的提高，同时，保持地方公共财政收入的适度增长，把更多的财力投到基本公共服务中，提高社会保障的能力和水平，提升居民消费的动力，增强消费对经济发展的拉动作用。

针对辽宁经济社会发展的中长期目标和任务，在今后一个时期里，稳增长、调结构、抓改革、促创新、建四化、惠民生，加快经济发展方式的转变，打造辽宁经济"升级版"。

"稳增长"是打造辽宁经济"升级版"的基本前提。对处于全面振兴和加快进入东部发达省份行列、"建设富庶文明幸福新辽宁"关键阶段的辽宁来说，应在未来几年把辽宁经济增长速度稳定在 9% ~10% 的潜在增长率区间，不断提升经济发展的内在动力，发现、培育新的经济增长点，不过于追求一时的高速度，保持经济平稳、健康、可持续发展，为转变经济发展方式创造较为宽松的发展环境和发展空间。

"调结构"是打造辽宁经济"升级版"的着力点。加快调整产业结构，逐步形成"一产稳、二产新、三产快"的发展格局，逐步实现经济发展由第二产业主导向第二、第三产业共同拉动转变。保持第一产业的稳定发展，加快实现农业现代化。加快建设现代产业体系，大力发展战略性新兴产业；在坚持以增量调整产业结构的同时，加大对现有产业存量的改造、升级和再创新力度，形成传统产业持续升级与战略性新兴产业加快发展相互促进的发展格局。加快第三产业的发展，增强第三产业对经济发展的拉动作用。加快调整需求结构，逐步形成"投资稳、消费强、出口多"的发展格局，逐步实现经济发展从单纯依靠投资需求拉动向内外需协同拉动、投资和消费协同拉动转变。着力实施扩大消费需求战略，构建长效机制，把扩大消费需求作为培育内生增长动力的战略重点，不断增强消费对经济发展的拉动作用。同时，继续保持有效投资需求的稳定，不断扩大对外开放，扩大出口。

"抓改革"是打造辽宁经济"升级版"的根本保障。改革是辽宁经济发展的最大潜在"红利"。全面落实中央简政放权政策，全面深化经济体制改革和行政体制改革，推动政府职能由"全能型"和"经济型"向创造良好发展环境、提供优质公共服务、维护社会公平正义的以公共服务为主的"服务型"政府转变。处理好政府与市场、政府与社会的关系，把该放的权力放掉，把该管的事务管好，激发市场主体创造活力，增强经济发展内生动力。各级政府应在改革和财政政策方面加大对转型的支持力度，公共财政应从直接扶持产业发展逐步向支持社会发展、惠及民生转变，创新公共服务提供方式，把政府工作重点放在"保基本"上，夯实和扩大消费的基础，促进经济发展。

"促创新"是打造辽宁经济"升级版"的核心动力。抓紧完善、实施、落实辽宁的创新发展战略。将市场的基础性作用与政府的引导推动相结合，形成制度、市场、科技相结合的创新体制。充分发挥市场主体的创新主导作用和政府规划引导、政策激励和组织协调作用，尽快实现以创新驱动为主的经济发展模式。

"建四化"是打造辽宁经济"升级版"的重要抓手。"促进工业化、信息化、城镇化、农业现代化同步发展"是中央的一个重大战略思想和一项重大战略部署。应根据辽宁经济社会发展的实际，对加快"新四化"同步发展做出全面部署。坚持走以信息化带动工业化、以工业化促进信息化、工业化和信息化深度融合的新型工业化道路，把发展战略性新兴产业作为辽宁工业化发展的主攻方向；加快产业发展、就业吸纳和人口集聚相统一，以及工业化和城镇化良性互动的新型城镇化建设，把提升城镇综合承载能力和城镇化质量作为辽宁城镇化建设的主攻方向；加快农业现代化，形成以工促农、以城带乡、工农互惠、城乡一体的新型工农、城乡关系。

"惠民生"是打造辽宁经济"升级版"的出发点和落脚点。贯彻"以人为本"的科学发展理念，在力求强省与富民有机统一中更加突出"富民"，真正保障全省人民共享小康社会发展成果。把扩大就业作为各级政府工作的重要内容，抓实、抓好。加快完善基本公共服务体系和收入分配制度改革。努力提高城乡居民收入，确保居民人均收入增长与经济发展同步，使辽宁城镇居民家庭人均可支配收入超过全国平均水平，接近东部省份的平均水平；农村居民家庭人均纯收入接近或超过东部省份的平均水平。

G.33

2013 年广东省经济形势分析
与 2014 年展望

蒙卫华　周锦舜*

摘　要：

2013 年以来，在中央实行"稳增长、保下限"的政策作用下，
广东经济增长内生动力持续增强，经济继续企稳回升，全年预
计增长 8.5%，CPI 上涨 2.7%。展望 2014 年，世界经济在欧美
引领下延续复苏态势，但不稳定因素仍然存在；国内将继续落
实稳增长与调结构的各项政策措施，加大改革力度，有利于进
一步激活经济增长内生动力。结合情景预测，2014 年广东经济
增幅将小幅回升到 9% 左右，CPI 涨幅在 3.52% 左右。

关键词：

广东经济　经济运行分析

一　2013 年广东省经济运行特点及全年增长预测

（一）2013 年前三季度经济运行主要特点

1. 经济效益明显好转，经济运行基本保持平稳

在外需持续放缓的情形下，国家及时出台了一系列"稳增长、保下限"
政策措施，广东经济总体保持平稳增长，2013 年 1~9 月广东地区生产总值增

---

* 蒙卫华，广东省发展和改革委员会信息中心高级经济师，主要研究领域：宏观经济、数量经济；
周锦舜，花旗银行（中国），策略分析师，主要研究领域是宏观经济、数量经济、金融经济

长 8.5%，增幅与 2013 年第一季度和第二季度持平。工业生产基本平稳，扭亏为盈，2013 年前三季度完成规模以上工业增加值 18164.2 亿元，增长 8.7%，比上年同期加快 1.1 个百分点，增速比上半年略回落 0.4 个百分点，但工业企业经营状况明显好转。前 8 个月利润同比增速达 27.3%，比上年（-11.1%）大幅提高 38.4 个百分点，亏损企业亏损额则下降 16.3%。同时，财政收入保持较快增长，2013 年前 9 个月财政收入增长 13.6%，比上半年提高 2.9 个百分点，比上年同期提高 9.7 个百分点。

2. 基建投资和房地产投资接连发力，投资保持较快增长

2013 年前三季度，广东完成固定资产投资 15341.55 亿元，增长 18.2%，比上年同期提高 4.3 个百分点，比上半年增速回落 0.4 个百分点。其中，基础设施投资 3646.15 亿元，增长 19.9%，比上年大幅提高 20.9 个百分点，比上半年提高 6.1 个百分点，拉动投资增长 4.7 个百分点；房地产开发完成投资 4444.02 亿元，增长 21%，增速比上年大幅提高 8.9 个百分点，比上半年回落 2.5 个百分点，拉动投资增长 8.5 个百分点；工业投资有所加快，完成 5007.68 亿元，增长 12.4%，比上年同比回落 5.4 个百分点，但增幅比上半年回升 0.5 个百分点，拉动投资增长 3.0 个百分点。

3. 物价上涨预期加大，消费稳步走高

2013 年前三季度广东完成社会消费品零售总额 18526.16 亿元，增长 21.1%，比上年同期提高 0.6 个百分点，比上半年回升 0.5 个百分点。在劳动力等要素成本上涨较快的情况下，2013 年居民消费价格稳中趋升，前三季度上涨 2.3%，比上年同期回落 0.8 个百分点，比上半年提高 0.2 个百分点。

4. 进出口增长放缓

2013 年前三季度，广东累计完成进出口总额 8145 亿美元，增长 13.8%，比上年同期提高 7.7 个百分点，但比上半年回落 7.4 个百分点。其中，出口 4683.6 亿美元，增长 12.3%；进口 3461.4 亿美元，增长 15.9%。2013 年以来，人民币兑美元汇率上升较快，据国际清算银行数据，2013 年 1~8 月人民币实际有效汇率上升达 6.29%，而周边国家货币对美元则是贬值，在全球经济放缓的情形下，明显影响广东外贸出口企业的竞争力。第三季度广东出口增速已回落到个位数，进口转为负增长（见图1）。

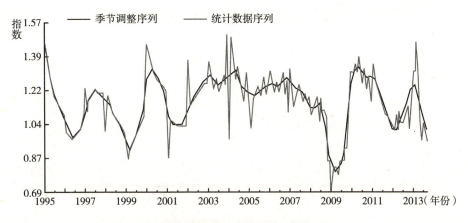

图1　广东进出口当月增速指数走势（上年同期 = 1）

资料来源：广东进出口统计月报，下同。

（二）2013 年全年经济走势预测

广东经济景气指数显示，2013 年 5 月以来，广东景气指数持续走低，运行在浅蓝灯区间，总体经济景气略低于正常水平。九大监测指标灯色显示"三绿二浅蓝四深蓝"，其中，进出口指标由 6 月绿灯区间大幅跌落到 8 月深蓝灯区间，其他指标所处灯区没有变化（见图2）。在我国加强海关特殊监管区管理、人民币持续升值、国际贸易保护主义抬头等影响下，从 2013 年 6 月起，广东进出口增速出现明显回落，增速从两位数快速回落到个位数，这是导致广东经济景气指数回落的重要原因（见图2）。

对广东主要监测指标数据进行时差相关分析显示，金融机构中长期贷款、钢材产量、我国制造业采购经理人指数（PMI）、主要港口货物吞吐量增速走势变动通常比工业增加值增速走势变动领先 3 ~ 4 个月。目前，四大指标均呈稳步回升态势，预示 2013 年第四季度广东工业总体形势将继续好转。如果第四季度国外环境不出现异常波动，工业带动广东经济恢复稳定增长的可能性较大。

根据以上判断，在国内外环境不发生太大变化的情况下，假设 OECD 国家 GDP 增长与 2012 年持平（为 1.4%）、M2 增长 14%、利率维持不变、汇率基本稳定，结合季度模型测算，预计 2013 年全年 GDP 增长 8.5%，规模以上工业增加值增长 8.7%。受前期货币供应量增加较多、投资需求趋旺、劳动力成

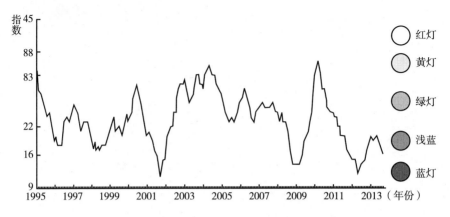

图2　广东综合景气指数走势

注：蓝灯表示运行大大低于正常；浅蓝灯表示运行低于正常；绿灯表示运行正常；黄灯表示运行高于正常；红灯表示运行大大高于正常。

资料来源：原始数据来源于《广东统计月报》，分析结果来源于2003年国家信息中心与信息中心合作开发的《广东景气监测分析系统》。

本推动等影响，2013年第四季度CPI将有所反弹并走高，预计全年涨幅在2.7%左右。2013年广东主要经济指标预测值见表1。

表1　2013年、2014年广东主要指标预测

单位：%

指标	2012年		2013年前三季度		2013年		2014年	
	实际值	增长(%)	实际值	增长(%)	预测值	增长(%)	预测值	增长(%)
地区生产总值(亿元)	57067.92	8.2	44471.53	8.5	64088.70	8.5	74614.45	9.0
第二产业(亿元)	27825.3	7.6	21432.94	7.7	30086.44	7.8	36221.15	8.8
第三产业(亿元)	26393.71	9.2	20903.72	10.1	30907.01	9.9	34847.71	9.8
规模以上工业增加值(亿元)	21988.06	8.4	18164.20	8.7	24754.91	8.7	29599.97	9.9
固定资产投资额(亿元)	19307.53	15.5	15341.55	18.2	22967.70	18.4	27246.87	18.3
社会消费品零售总额(亿元)	22677.11	12	18526.16	12.1	25602.01	12.9	28921.23	13.3
出口总额(亿美元)	5741.4	7.9	4683.6	12.3	6312.91	10.0	6786.8	7.5
进口总额(亿美元)	4096.79	7.4	3461.4	15.9	4583.40	11.9	5156.3	12.5
CPI(上年同期=100)	102.8	2.8	102.3	2.3	102.7	2.7	103.2	3.2

注：地区生产总值、工业增速为可比价，其他指标增速为名义价。

与 2012 年底笔者所做的 2013 年主要经济指标预测值相比，总体经济运行情况略低于基准情景。其中，工业增幅回落速度超出预期，主要是因为 2013 年全球经济复苏力度低于预期，国内产能过剩仍在加剧。此外，2013 年广东进出口的增长超出预期，是由 2013 年前 4 个月深圳海关特殊监管区域货物进出口成倍激增所引致。在国家加强管理后，从 2013 年 5 月起，深圳海关特殊监管区货物进出口增速回落到正常水平。如扣除前 4 个月深圳海关特殊监管区货物进出口数据影响，全年广东进出口增长将回落到个位数，与 2012 年预期基本相符。

二　2014 年广东省经济发展面临的国内外环境分析

（一）国际环境分析

发达经济体持续改善，OECD 国家先行指数 2013 年 7 月升至 100.7，创 2011 年 5 月以来新高。制造业持续扩张，美、日采购经理人指数（PMI）均达到近两年多高位，欧盟综合 PMI 自欧债危机以来首次站上荣枯分界线。美国、欧元区通胀基本保持在 2% 的目标范围内，日本物价有所上升，但涨幅有限。

1. 美国基本面持续好转

2013 年第三季度，美国 GDP 增长 2%。失业率下降至 7.2%，创金融危机以来新低。美联储货币政策调整预期升温，国际短期资本继续从新兴经济体向发达国家回流。企业赢利预期强劲，标准普尔 500 指数创出历史新高，达到 1755。2014 年经济增速有望进一步回升，据 IMF 预计，2014 年美国经济将增长 2.6%，比 2013 年提高 1 个百分点。

2. 欧元区逐步走出欧债危机的阴霾，主权债务危机尾部风险大幅下滑

服务业先于制造业部门走出衰退，保持持续扩张，2013 年以来，服务业 PMI 加速上扬，成为推动其整体经济复苏的主要动力。欧洲央行和英国央行已多次表态，将继续维持低利率政策以刺激经济复苏，并且不排除进一步采取降息和长期再融资操作的可能，为欧元区持续复苏提供必要的流动性需求。德国 2013 年 9 月制造业 PMI 为 51.3，环比下降 1.1%，综合产出指数为 53.8，环

比上升 0.6%，创 8 个月以来最高；失业率降至 6.2%，为 20 年来最低水平。英国央行加入前瞻指引，并承诺维持超低利率（0.50%）至 2016 年，量化宽松规模维持在 3750 亿英镑不变；9 月制造业 PMI 为 56.7，是连续第六个月处在行业活动扩张与萎缩分界线 50 上方。

3. 在超宽松货币政策和大规模财政刺激支持下，日本经济仍将持续温和复苏

日本产业空心化、人口结构老龄化等长期结构性问题仍难以在短期内大幅改善，随着日元贬值和股市上涨势头放缓，安倍经济学的刺激效用已开始减弱。2014 年灾后重建支出下降和消费税上调也将对日本经济带来较严重影响。不过，在目前通胀水平受控的前提下，国际投资者普遍预期日本 2014 年仍有机会进一步扩大量化宽松规模以缓和消费税上调带来的负面效应。

4. 新兴经济体下行风险较大

美联储退出量化宽松预期使新兴经济体资本流入进一步放缓，随着资本回流至发达经济体，外资对新兴市场的拉动作用将有所减弱。IMF 预计，2014 年流入新兴经济体的私人资本将降至 1.11 万亿美元，比上年下降近 40 亿美元。印度 2013～2014 财年（2013 年 4 月至 2014 年 3 月）前 5 个月财政赤字实际执行数已经达到全年预算计划的 75%，完成年内预算目标压力巨大。亚洲开发银行报告预计，印度 2013～2014 财年经常项目赤字占 GDP 比重将从上一财年的 2.6% 增至 2.8%，"双赤字"问题严重。而受国际大宗商品价格继续低迷的影响，巴西、俄罗斯等国也同样面临结构性问题造成的减速压力。其中，巴西为对抗通胀压力，年内已加息五次，共上调 225 个基点，企业融资成本提升，进一步削弱了经济增长动力。近期，IMF、世界银行、亚洲开发银行等国际组织纷纷下调了对新兴经济体 2014 年的增长预期，新兴经济体 2014 年将面临较大的增长压力。

（二）国内环境分析

2013 年 7 月以来，在中央实行"稳增长、保下限"政策作用下，国内主要经济指标均出现明显企稳回升态势，并带动工业生产回暖。2013 年 8 月、9 月工业生产增速分别比上月加快了 0.7 个和 0.1 个百分点。9 月，制造业 PMI

新订单分项指数为 52.8，创 2012 年 3 月以来新高，反映出需求增加推动工业企业回补库存。同时，我国实行更加积极主动的开放战略，深化改革和创新，加快经济结构调整和发展方式转变。其中，取消和下放了 200 多项行政审批事项，扩大了营改增试点范围，积极推动利率市场化、铁路等基础设施投融资体制、资源性产品价格等领域改革，激发了市场活力。2013 年 9 月 29 日，上海自由贸易区正式成立，其改革正面影响将逐渐释放。

但国内经济仍面临一些制约因素：一是要完成国家节能减排任务可能对经济增长有一定影响。2013 年 7 月以来，我国工业明显回升，但钢铁、焦炭等高能耗行业及产品增长较快，完成国家制定的减排目标难度较大。二是债务金融潜在风险有所上升。世界银行 2013 年 10 月 7 日调降 2013 年、2014 年中国经济成长预估，认为中国地方政府债务和影子银行系统的迅速扩张为增长埋下了隐患。据 IMF 估计，我国广义政府债务占 GDP 近 50%，其中很大一部分依靠土地出让收入支撑偿还。地方政府通过融资平台继续为基础设施建设进行投融资，大规模扩大影子银行业务，在偏紧的货币政策预期下，部分理财产品信用违约风险提高。加上美国迟早会退出量化宽松政策，届时，美元升值、借贷成本走高和资本外流的压力将加大我国金融业的潜在风险。

（三）广东省内环境分析

就广东省而言，产业结构不断优化，第三产业发展加快，比重继续提升。2013 年前三季度，三次产业的拉动力有所变化，第二产业对 GDP 的贡献低于第三产业。第三季度，尽管第二产业增速有所放慢，但第三产业在金融业、房地产业、交通运输业的带动下继续保持较快增长，填补了第二产业的空缺，成为推动经济稳定健康发展的重要力量。

在消费方面，2012 年广东人均 GDP 为 8570 美元，大约仅为我国台湾地区（20374 美元）和韩国（22705 美元）的四成，人均收入、消费尚处于较低水平，要充分满足人民群众的消费需求还有较大的提升空间。"宽带中国"战略的实施，将有利于激活广大居民的潜在消费需求，拉动省内消费市场持续升温。

在投资方面，国务院陆续出台一系列关于推动盘活存量金融资产、贷款利

率市场化、盘活存量财政资金等解决投资资金来源的政策措施，有助于支撑广东省投资增长。小微企业税费减免等结构性减税政策以及营改增试点顺利推开，有助于降低企业整体税负，增加广东省试点企业的投资热情。

在外贸方面，发达国家经济持续改善，需求逐渐回升，加上大宗商品价格下降，原材料购进成本持续走低，也有利于广东出口的回升。出口产品结构进一步优化，高附加值产品出口增长较快。2013 年 1~9 月，广东省机电产品、高新技术产品（与机电产品有交叉，下同）出口分别增长 17.0% 和 25.3%，比整体出口增幅分别高 4.7 个和 13 个百分点，分别占广东省外贸出口总值的 69.5% 和 41.2%。

三 2014 年广东省主要经济指标预测

2014 年，广东省经济形势总体上好于 2013 年，经济仍维持较快增长。预计 2014 年广东生产总值达 74614.45 亿元，增长 9.0%，其中，第三产业实现 34847.71 亿元，增长 9.8%。受到外需回暖影响，预计 2014 年工业部门表现将优于 2013 年，规模以上工业增加值达到 29600 亿元，增长 9.9%。

（一）固定资产投资增长

受 2013 年下半年的微刺激政策影响，预计 2014 年广东省的基础设施投资仍能以较快速度增长，预计基础设施建设投资达 6360 亿元，增长 20%，拉动固定资产投资增长约 8 个百分点。由于 2013 年以来广东省房价呈普遍上涨之势，十八届三中全会后或将出台相应的房地产价格长效调控机制，在一定程度上压制房地产价格快速上扬。预计 2014 年房地产投资增速将有所回落，增长 17% 左右。2014 年，预计固定资产投资总额达 27246.87 亿元，增长 18.3%。

（二）社会消费品零售额增长

广东省商品消费增长一直相对平稳。2013 年 8 月 17 日，国务院发布《关于印发"宽带中国"战略及实施方案的通知》，广东率先推出 100M 宽带，促进了 IPTV 互动电视、智慧家居、云分享、云游戏等多种信息产品服务消费，进一步实现家庭生活信息化、数字化、智能化，互联网消费动能持续增强。从 2013 年 5 月 1 日起，广东省调升企业职工最低工资标准和非全日制职工小时最低工资标准，其中一类地区（广州）月最低工资标准调升至 1550 元/月，二类地区（包括珠海、佛山、东莞、中山）调升至 1310 元/月。最低工资水平上调幅度明显，将有助于提升低收入群体的消费水平。随着消费信心的好转和网络信息服务消费的兴起，预计 2014 年广东省消费将维持平稳较快增长，消费对经济增长的拉动作用会有所增强。

（三）外贸增长

美欧日仍是广东省主要贸易市场。随着美欧日经济持续复苏，预计广东对这三个地区的出口仍能保持平稳增长。但俄罗斯、巴西和南非等新兴市场增速放缓，加上以印度尼西亚和印度为首的东南亚、南亚地区受资本外流影响，将在一定程度上抵消发达国家需求上涨带来的正面效应。同时，人民币目前已处于相对均衡的状态，不存在大幅升值的空间，本币升值对出口的抑制作用有所减少。预计 2014 年进口和出口将分别达到 5156.3 亿美元和 6786.8 亿美元，分别增长 12.5% 和 7.5%。

四 保持广东省经济平稳增长的对策建议

（一）进一步改革开放，完善投资环境

充分利用行政审批制度改革先行先试的机遇，进一步改革开放，加快推出广东投资准入负面清单，切实清除各种"玻璃门"与"弹簧门"障碍，调动民间投资积极性，促进投资较快增长。加快推进社会信用体系和市场监管体系建设，进一步规范和优化市场管理手段和工具，营造宜居宜商的良好投资环境。

（二）配套落实相关政策措施，推进产业升级

统一梳理促进产业升级的各项政策措施，着重落实政策之间的配套与衔

接，切实发挥政策措施对产业升级的指导、促进作用。加大力度实施新能源、环保、健康服务等行业的应用示范工程，以应用促研发，以点带面，促进战略性新兴产业加快发展。

（三）合理疏导消费需求，并与产业升级紧密联系，努力实现生产—消费良性循环

加强对新形势下国内消费市场的综合研究，有针对性地出台促进消费的相关政策措施，引导投资和生产，努力实现生产—消费的良性循环。同时，通过加大供给、减税、补贴等多种经济手段，规范调节居民消费行为，如加大廉租房建设；降低商品房涨价预期；允许购买车辆但限制使用范围，以减轻高峰期间城市中心区路面拥堵状况；给低收入家庭减免税和发放食品补贴等，使居民消费需求不断得到释放和满足，实现幸福广东的目标。

（四）进一步增强服务意识，促进外贸增长

认真落实国家推出的促进贸易便利化、扩大进口等一系列贸易扶持政策，进一步增强服务意识，如及时发布外贸风险预警、区域性自由贸易新规则等信息，对中小企业开展应对贸易摩擦相关知识的培训等，更积极主动地帮助企业妥善应对国际贸易新变化，促进外贸增长。

参考文献

IMF, *World Economic Outlook*, October, 2013.

广东省统计局，http：//www. gdstats. gov. cn/。

广东省对外贸易经济合作厅，http：//www. gddoftec. gov. cn/。

新浪财经，http：//finance. sina. com. cn。

路透资讯，http：//cn. reuters. com/。

2013 年首都经济圈经济形势分析
与 2014 年展望

贾秋淼*

摘　要：

2013 年，京津冀三省市在全球经济复苏势头趋缓、国内经济稳中向好、结构调整持续推进的宏观背景下，宏观经济实现了总体稳定运行，发展的质量和效益稳步提升。展望 2014 年，首都经济圈规划的正式批复和环渤海区域一体化规划编制的开展，标志着区域合作共赢发展进入了实质性阶段，将显著提升区域一体化水平、改善环境质量、增强地区整体实力和可持续发展能力，使首都经济圈成为引领全国科学发展的制高点。

关键词：

首都经济圈　京津冀　环渤海

一　2013 年首都经济圈经济发展形势分析

（一）经济运行总体平稳，发展质量稳步提升

2013 年，受国内外经济下行压力加大影响，首都经济圈三省市经济走势基本保持一致，各季度增速总体平稳，发展的质量和效益同步提高，第三季度呈现稳中向好的迹象。其中，北京在承受日益严重的雾霾天气的同时，深刻反思经济增长速度与质量的关系，在延续房市、车市调控政策的基础

---

* 贾秋淼，北京市经济信息中心研究部副主任，经济师，主要研究方向为宏观经济、资源环境。

上，加大了落后产能淘汰退出和清洁能源结构调整力度，主动调低了"十二五"规划中的 GDP 目标，将更多的财力、物力投到改善大气环境、完善城市功能、缓解交通拥堵等方面。全市 2013 年 1~9 月实现地区生产总值13766.2 亿元，增长 7.5%，与上海同列全国各省市末位，较 2012 年同期回升 0.2 个百分点。第三季度经济出现进一步回稳迹象，增速与上半年持平，全市万元 GDP 能耗下降 4% 左右，发展的质量进一步提升。天津继续依托滨海新区带动作用，重点工程加快推进，生产和效益同步提高，美丽天津建设卓有成效，经济发展实现了稳中有优。2013 年 1~9 月实现地区生产总值10223.0 亿元，同比增长 12.6%，增速连续两年居全国首位，带动区域经济增长的龙头作用进一步显现。河北加大力度推进产业结构调整，以壮士断腕的决心压缩过剩工业产能，工业生产实现了基本平稳，2013 年 1~9 月实现地区生产总值20947.3 亿元，同比增长 8.5%，较 2012 年同期回落 0.8 个百分点。整体看，2013 年 1~9 月首都经济圈三省市经济总量达 44936.5 亿元，同比增长 8.4%，高于全国 7.7% 的水平，区域发展形势良好。在全国重点发展区域中，首都经济圈三省市 GDP 占全国比重稳定在 11.7%，与2012 年持平，连续三年超过珠三角和成渝地区，全国第二大经济圈的地位进一步巩固（见表1）。

表1　2013 年 1~9 月全国四大经济圈主要指标对比

地区/指标		GDP(亿元)	固定资产投资(亿元)	出口总额(亿美元)
全国		386762	309208	16149
首都圈	北京市	13766.2	4881.3	474.7
	天津市	10223.0	7963.9	365.5
	河北省	20947.3	16571.2	230.1
	小计	44936.5	29416.4	1070.3
	占全国比重(%)	11.7	9.5	6.6
	上年同期比重(%)	11.7	9.8	6.4
长三角	上海市	15474.1	3754.3	1503.4
	浙江省	26195.0	14770.0	1845.0
	江苏省	41934.3	25510.8	2423.4
	小计	83603.4	44035.1	5771.8
	占全国比重(%)	21.6	14.2	35.7

续表

地区/指标		GDP(亿元)	固定资产投资(亿元)	出口总额(亿美元)
珠三角	广东省	44471.5	15341.6	4683.6
	占全国比重(%)	11.5	5.0	29.0
成渝地区	四川省	19138.9	15803.7	298.0
	重庆市	8637.1	7634.3	322.1
	小计	27776.0	23438.0	620.1
	占全国比重(%)	7.2	7.6	3.8

（二）需求结构持续改善，内生动力明显增强

2013 年，在国际经济持续低迷的背景下，我国进一步加快了全国范围内结构调整的力度，更加突出内需对经济增长的拉动作用，确保宏观经济稳定运行。在这一宏观背景下，首都经济圈三省市在稳增长、调结构的同时，需求结构得到进一步改善。2013 年 1 ~ 9 月，京津冀三省市固定资产投资分别增长8.2%、17.2% 和 18.8%，社会消费品零售总额分别增长 8.6%、13.5% 和13.3%，出口额分别增长 7.9%、- 1.2% 和 3.3%。从全国范围看，首都经济圈固定资产投资占全国的比重从 2012 年的 9.8% 进一步回落至 2013 年 1 ~ 9 月的 9.5%；在东南沿海出口负增长的背景下，首都经济圈对外贸易更加活跃，北京和河北出口增速出现反弹，出口总额占全国比重持续提升。其中，北京投资、消费、出口"三驾马车"更加均衡，受高端消费低迷影响，社会消费品零售额增速有所回落，但消费主导作用仍较为稳定。投资结构进一步改善，平原造林、轨道交通、节能环保成为市政投资重点领域，房地产投资占总投资的比重为49.4%。天津在外需低迷的情况下，不断提升内生发展动力。投资结构不断优化，民间投资十分活跃，增长 24.7%，占总投资的 51.2%，成为天津经济快速发展的持续动力。消费潜力逐步释放，大众餐饮发展迅猛，网上零售增势强劲，居民人均消费增长 8.9%。同时，出口国别结构不断优化，外资增长较快，在一定程度上抵消了外贸下滑的影响。河北大力改善投资结构，工业技术改造投资占工业投资的比重高达 61.7%，高新技术产业投资增长 19%，为工业结构优化转型升级奠定了基础，民间投资占全省投资的比重上升至 78.9%，出口有所回暖，同比增长 3.3%，较 2013 年上半年回升 1.7 个百分点。

（三）产业结构调整深入推进，区域梯度愈加明显

2013年以来，首都经济圈三省市以打造全球重要的生产性服务业和先进制造业高地为目标，加快产业升级调整步伐，强化主导产业发展，差异化、梯度化发展特色日益显现。其中，北京深入实施清洁空气行动计划，强化落后产能淘汰退出，做大做强高端制造业和生产性服务业，取得阶段性成果，全市汽车制造业，计算机、通信和其他电子设备制造业，及医药制造业增加值分别增长26.1%、14.5%和8.9%，汽车和医药制造业利润分别增长11.5%和31.2%，高端制造业发展势头良好。在金融、科技服务、信息技术等产业带动下，第三产业保持稳定增长，达到7.5%，住宿、餐饮业出现明显回落，第三产业区位商降至1.72。天津充分发挥优势产业的支撑作用，2013年1～9月规模以上工业增加值同比增长13%，其中八大优势产业工业总产值增长12.1%，占规模以上工业的89.1%，高新技术产业工业总产值占规模以上工业总产值的比例达到30.7%。产业结构加快调整优化，全年将淘汰140万吨钢铁、229万吨水泥等落后产能，并关停440家重污染企业。河北实现夏秋粮双丰收，2013年1～9月畜牧、蔬菜、果品三大优势产业产值占农、林、牧、渔业总产值的69.6%，第一产业的区位商稳步提高至1.47。结构调整取得成效，装备制造业比重提高，增加值占规模以上工业增加值的17.9%，同比提高0.8个百分点，超额完成了国家下达的淘汰落后产能任务，第二产业区位商提升至1.17（见表2）。

表2　2008年至2013年1～9月京津冀产业区位商变化情况

时间	北京市			天津市			河北省		
	第一产业	第二产业	第三产业	第一产业	第二产业	第三产业	第一产业	第二产业	第三产业
2008年	0.1	0.53	1.83	0.17	1.24	0.95	1.12	1.12	0.83
2009年	0.09	0.49	1.78	0.17	1.17	1.02	1.23	1.11	0.82
2010年	0.09	0.52	1.74	0.16	1.14	1.05	1.26	1.13	0.8
2011年	0.08	0.47	1.81	0.13	1.17	1.03	1.42	1.15	0.74
2012年	0.08	0.46	1.90	0.13	1.15	1.02	1.43	1.15	0.77
2013年1～9月	0.09	0.46	1.72	0.13	1.18	1.00	1.47	1.17	0.74

注：产业区位商计算公式为 $HQ_{ij} = (H_{ij}/H_i) / (H_j/H)$，其中，$HQ_{ij}$表示第 i 个地区、第 j 个产业的区位商，H_{ij}表示第 i 个地区、第 j 个产业的产出，H_i 表示第 i 个地区的全部产出；H_j 表示全国第 j 个产业的全部产出，H 表示全国所有产业的总产出。一般讲，当区位商超过1时，说明该产业在该地区拥有一定的比较优势。

（四）创新势能加速积蓄，区域经济竞相发展

在京津冀三省市中，北京中关村国家自主创新示范区、天津滨海新区和河北沿海经济区均上升为国家战略区域，三省市充分发挥人才、科技、资金和政策的优势，凝聚创新动力，推动园区发展。北京中关村国家自主创新示范区规模（限额）以上高新技术企业 2013 年前三季度共实现收入 19437.8 亿元，同比增长 29.9%，示范区实现利润总额 1251.4 亿元，同比增长 35.9%。重点监测的新材料及应用技术、先进制造、生物工程和新医药、电子与信息、环境保护、新能源等六大高新技术领域均保持较快增长。科技创新活动保持活跃，企业用于科技活动经费支出同比增长 30.6%；专利申请 18864 件，同比增长 39.9%。天津滨海新区加快功能区开发，一批优质项目加快落户。2013 年 1～9 月，天津滨海新区规模以上工业总产值达 11913.40 亿元，增长 13.2%，航空航天、电子信息、新能源、生物医药四个产业增长较快；长城二期、阿尔斯通等 90 多个项目竣工，华泰汽车、GE 医疗器械等 140 多个项目开工建设，欢乐海魔方等一批商业旅游设施建成投入使用；中新天津生态城新城形象初步显现。河北以创新资源引进为突破口，发挥好环首都圈和沿海地区两大增长极的优势，以"百家央企和百家科研院所、高校入冀"为契机，探索建立创新资源在京津冀区域内流动共享的新机制，与中关村管委会、国家开发银行、建设银行、北京师范大学、中国科学院高能物理研究所等合作事项有序推进，为区域经济发展注入了新的活力。

二 2014 年首都经济圈发展的环境分析及展望

（一）首都经济圈扩容助推区域共赢发展

首都经济圈区域规划已编制一年有余，党的十八大胜利召开，对继续深入实施首都经济圈区域协同发展进行了新的战略部署，新的首都经济圈将扩容至京津冀三省市全境，为首都经济圈在新起点上推动科学发展、协调发展指明了方向。中关村国家自主创新示范区、天津滨海新区、河北沿海地区、首都经

圈都上升为国家发展战略区域，成为区域发展的动力支撑，京津冀三省市对深化合作取得了新共识，签署了一系列强化经济与社会发展的合作协议。另外，首都经济圈三省市面临着同样的问题和挑战，区域水资源和能源严重匮乏，人口资源环境约束明显，大气污染日益严重；区域城镇体系还不完善，各城市发展阶段差异明显，内部发展落差较大；市场要素还不够活跃，市场化协同推进机制尚未有效形成。以上诸多优势因素和存在的问题，均使首都经济圈的建设显得更加迫切。

扩容后的首都经济圈将在三个省级行政区整建制范围内进行跨行政区域资源整合和功能协作，将更有效地发挥本区域创新资源集聚和产业梯度优势，合力解决制约区域发展的诸多问题，使首都经济圈成为全国创新发展的引领区和经济发展的重要增长极，真正实现面向全球、辐射全国、服务首都、共赢发展。

（二）大气环境治理将成为区域合作的试金石

2013 年突如其来的严重雾霾天气严重影响了首都经济圈三省市的生态环境、居民健康和区位优势。在环保部发布的 2013 年第三季度全国 74 个城市空气质量报告中，污染较重的前 10 个城市有 7 个位于河北，天津位列第七、北京侥幸未上榜。首都经济圈 13 个城市空气质量平均达标天数比例为 40.9%，重度污染天数比例为 11.6%，严重污染天数比例为 1.3%。长三角地区 25 个城市空气质量达标天数比例为 78.4%，重度污染天数比例为 0.3%，无严重污染天数。珠三角地区 9 个城市平均达标天数比例为 66.0%，重度污染天数比例为 1.5%，无严重污染天数。在空气质量上，首都经济圈被另外两个经济圈远远甩在了后面。

由于区域独特的地理结构和产业特征，京津冀大气污染物相互传输、相互影响，尽管区域内每个城市都为防治大气污染做了大量工作，但区域性灰霾、光化学烟雾等大气污染近年来日益突出。面对党中央、国务院治理空气污染的明确要求和三省市居民改善环境质量的深切期盼，首都经济圈三省市面临着巨大的压力，陆续出台了一系列防治措施和行动计划。但是，空气污染问题不是一个区域能解决的问题，作为全国污染最严重的区域，三省市只有切实加强合作、尝试制度突破并做出必要的利益牺牲，才有可能切实解决环境污染问题，大气污染防治也成为首都经济圈能否成功实现区域全面合作的突破口和试金石。

（三）2014 年首都经济圈发展势头总体平稳

从国际形势看，2014 年世界经济复苏势头依然乏力，欧美主要经济体将相继退出量化宽松政策，将在一定程度上拖累新兴经济体复苏势头，外需的疲软和美国传统工业回流总体不利于首都经济圈各省市出口状况的改善。但全球流动性趋紧有望进一步降低原材料价格，欧盟对我国光伏产业制裁告一段落成为外贸领域有限的利好因素。从国内形势看，2014 年国内经济仍将延续"稳中向好"的势头，宏观调控政策将继续在"稳增长、调结构"之间保持平衡，货币政策仍将保持稳健，财力、物力将更多地向结构优化升级、民生保障和生态环保领域倾斜。十八届三中全会以后，一系列改革措施稳步推进，将对经济复苏释放出强烈的利好因素，为首都经济圈三省市把握改革红利、实现区域经济的协同发展迎来契机。从区域层面看，京津冀于 2013 年签署的一系列合作协议将发挥实际效果，区域间的产业合作深度将显著加大，围绕首都经济圈规划实施的一系列资金、产业和基础设施布局将陆续展开，首都新机场、通州医疗城、京石高速、银滩新区、河北沿海经济区等诸多重点项目深入推进，将为区域发展带来新的动力。

2014 年，首都经济圈经济运行总体保持稳定，虽然外部需求持续低迷，但区域产业结构调整和大气污染治理力度加大，初步预计，2014 年三省市GDP 增速可能略高于 2013 年，在 10% 左右，占全国的比重接近 12%。消费对经济增长的拉动作用进一步增强，投资结构更趋合理，外需有所恢复，高端制造业表现依旧强劲，传统工业调整面临阵痛，服务业保持稳定。

三　首都经济圈健康长远发展的政策建议

（一）切实推动首都经济圈规划顺利实施

在规划编制完善和发布前夕，三省市政府部门应建立更加广泛、更加完

善、更高级别的常态化、多层次的区域合作机制，以区域合作共赢为出发点，树立"有舍才有得"的合作观，加快推动首都经济圈规划编制出台和落实。建立健全区域合作法规政策体系和协调沟通机制，制定完善的规划实施细则，积极沟通协调解决在规划实施中的重大问题。同时，对于涉及首都经济圈发展的相关重大问题，提前做好谋划和应对之策。如对于重点产业和项目合作过程中的土地、产业、税收、就业、社保等合作机制和补偿问题，提前制定区域土地管理体制，实施差别化用地政策，促进园区产业"腾笼换鸟"，加大对欠发达地区、生态涵养区财政支持和生态补偿力度，研究制定区域税收分享政策。

（二）切实构建深度协同合作的现代产业体系

充分利用首都经济圈吸引高端要素集聚的优势，坚持高端、高效、高辐射发展方向，大幅提升服务金融、商贸、现代物流、旅游、新兴人文服务的经济规模、质量和效益，加快培育发展新一代信息技术、生物、节能环保、新能源、航空航天等战略性新兴产业，积极发展电子、汽车、装备等先进制造业，将首都经济圈打造成立足区域、服务全国、辐射世界的高端产业集聚区。建立区域产业协同机制，完善区域产业分工合作，发挥北京总部和研发优势、天津港口和区位优势、河北腹地优势，打造首都经济圈"服务—制造"功能合作链条，推动制造业加速发展。探索区域一体化开发模式，尝试利用"共建园区"和"飞地经济"等形式不断优化产业布局。

（三）切实建立全区域污染物协同防治机制

以建立健全区域污染物防治长效机制为重点，坚持总量控制、协同减排、整体推进、齐抓共管，全面提升区域污染防控能力，显著改善区域环境质量。建立环境污染治理长效机制，实施区域污染物排放总量控制，探索和建立区域大气、水、危险废弃物环境执法联动机制，探索排污权交易机制，逐步提升区域污染物排放标准。持续推进高污染行业退出，区域内严格限制高污染、高耗能的钢铁、水泥、电解铝、平板玻璃等产业项目，加快淘汰落后产能。全面实施清洁空气行动计划，加大能源结构调整力度，推进清洁能源替代工程，压减区域主要城市燃煤总量。加大机动车污染治理力度，在区域内逐步推行"国

V"油品排放标准，推广使用新能源汽车。加大水体污染防治力度，高标准处理污水。

附录　2013 年 1~9 月京津冀主要城市的经济发展指标

地区/指标		GDP（亿元）	投资（亿元）	消费（亿元）	出口（亿美元）	财政收入（亿元）
北京市	绝对值	13766.2	4881.3	6073.3	474	2805.5
	增长(%)	7.7	8.2	8.6	7.9	11.1
天津市	绝对值	10223.0	7337.7	3288.9	365.5	1541.3
	增长(%)	12.6	19.3	13.5	-1.2	18.1
河北省	绝对值	20947.3	16571.2	7210.8	230.1	1741.6
	增长(%)	8.5	18.8	13.3	3.3	8.1
石家庄	绝对值	3489.0	3135.6	1431.1	52.0	240.2
	增长(%)	9.3	17.9	13.4	-7.6	14.5
唐山市	绝对值	4521.0	2285.5	1218.8	42.1	254.4
	增长(%)	8.8	21.1	13.1	32.2	5.4
保定市	绝对值	2118.6	1444.9	924	33.6	128.8
	增长(%)	8.7	10.4	13.5	-11.2	8.6
秦皇岛	绝对值	856.4	551.8	361	18.2	79.9
	增长(%)	6.6	7.5	13	-2.2	8.6
廊坊市	绝对值	1413.8	1108.8	470.2	24.1	168.9
	增长(%)	9.1	21.7	13.1	11.8	18.4
沧州市	绝对值	2275.1	1639.7	621.8	15.2	131.7
	增长(%)	9.1	20.8	13.4	-3.3	28.1
张家口	绝对值	969.7	914.9	343.3	2.3	92.4
	增长(%)	8.6	16.1	13.3	-6.3	12.7
承德市	绝对值	864.1	934.8	270.5	1.6	78.8
	增长(%)	9.2	20.8	13.2	63.3	20.7
衡水市	绝对值	839.4	562.9	337.7	22.1	48.8
	增长(%)	8.6	23.5	13.5	17.5	26.2
邢台市	绝对值	1208.3	1002.3	486.5	8.8	64.2
	增长(%)	6.8	17.7	13	9.5	1.9
邯郸市	绝对值	2426.1	1979.6	745.8	10.1	134.6
	增长(%)	8.7	18.0	13.3	-5.6	-9.4

中国社会科学院 社会科学文献出版社

首页 数据库检索 学术情源库 我的文献库 皮书全动态 有奖调查 皮书报道 皮书研究 联系我们 读者帮助

搜索报告

权威报告　热点资讯　海量资源

当代中国与世界发展的高端智库平台

皮书数据库 www.pishu.com.cn

皮书数据库是专业的人文社会科学综合学术资源总库，以大型连续性图书——皮书系列为基础，整合国内外相关资讯构建而成。包含七大子库，涵盖两百多个主题，囊括了近十几年间中国与世界经济社会发展报告，覆盖经济、社会、政治、文化、教育、国际问题等多个领域。

皮书数据库以篇章为基本单位，方便用户对皮书内容的阅读需求。用户可进行全文检索，也可对文献题目、内容提要、作者名称、作者单位、关键字等基本信息进行检索，还可对检索到的篇章再作二次筛选，进行在线阅读或下载阅读。智能多维度导航，可使用户根据自己熟知的分类标准进行分类导航筛选，使查找和检索更高效、便捷。

权威的研究报告，独特的调研数据，前沿的热点资讯，皮书数据库已发展成为国内最具影响力的关于中国与世界现实问题研究的成果库和资讯库。

皮书俱乐部会员服务指南

1. 谁能成为皮书俱乐部会员？

- 皮书作者自动成为皮书俱乐部会员；
- 购买皮书产品（纸质图书、电子书、皮书数据库充值卡）的个人用户。

2. 会员可享受的增值服务：

- 免费获赠该纸质图书的电子书；
- 免费获赠皮书数据库100元充值卡；
- 免费定期获赠皮书电子期刊；
- 优先参与各类皮书学术活动；
- 优先享受皮书产品的最新优惠。

3. 如何享受皮书俱乐部会员服务？

（1）如何免费获得整本电子书？

购买纸质图书后，将购书信息特别是书后附赠的卡号和密码通过邮件形式发送到pishu@188.com，我们将验证您的信息，通过验证并成功注册后即可获得该本皮书的电子书。

（2）如何获赠皮书数据库100元充值卡？

第1步：刮开附赠卡的密码涂层（左下）；

第2步：登录皮书数据库网站（www.pishu.com.cn），注册成为皮书数据库用户，注册时请提供您的真实信息，以便您获得皮书俱乐部会员服务；

第3步：注册成功后登录，点击进入"会员中心"；

第4步：点击"在线充值"，输入正确的卡号和密码即可使用。

社会科学文献出版社 皮书系列

卡号：2836160526354229

密码：

（本卡为图书内容的一部分，不购书刮卡，视为盗书）

皮书俱乐部会员可享受社会科学文献出版社其他相关免费增值服务

您有任何疑问，均可拨打服务电话：010-59367227　QQ:1924151860

欢迎登录社会科学文献出版社官网(www.ssap.com.cn)和中国皮书网（www.pishu.cn）了解更多信息

"皮书"起源于十七、十八世纪的英国，主要指官方或社会组织正式发表的重要文件或报告，多以"白皮书"命名。在中国，"皮书"这一概念被社会广泛接受，并被成功运作、发展成为一种全新的出版形态，则源于中国社会科学院社会科学文献出版社。

皮书是对中国与世界发展状况和热点问题进行年度监测，以专家和学术的视角，针对某一领域或区域现状与发展态势展开分析和预测，具备权威性、前沿性、原创性、实证性、时效性等特点的连续性公开出版物，由一系列权威研究报告组成。皮书系列是社会科学文献出版社编辑出版的蓝皮书、绿皮书、黄皮书等的统称。

皮书系列的作者以中国社会科学院、著名高校、地方社会科学院的研究人员为主，多为国内一流研究机构的权威专家学者，他们的看法和观点代表了学界对中国与世界的现实和未来最高水平的解读与分析。

自20世纪90年代末推出以经济蓝皮书为开端的皮书系列以来，至今已出版皮书近800部，内容涵盖经济、社会、政法、文化传媒、行业、地方发展、国际形势等领域。皮书系列已成为社会科学文献出版社的著名图书品牌和中国社会科学院的知名学术品牌。

皮书系列在数字出版和国际出版方面成就斐然。皮书数据库被评为"2008~2009年度数字出版知名品牌"；经济蓝皮书、社会蓝皮书等十几种皮书每年还由国外知名学术出版机构出版英文版、俄文版、韩文版和日文版，面向全球发行。

2011年，皮书系列正式列入"十二五"国家重点出版规划项目；2012年，部分重点皮书列入中国社会科学院承担的国家哲学社会科学创新工程项目；一年一度的皮书年会升格由中国社会科学院主办。

法 律 声 明

　　"皮书系列"（含蓝皮书、绿皮书、黄皮书）由社会科学文献出版社最早使用并对外推广，现已成为中国图书市场上流行的品牌，是社会科学文献出版社的品牌图书。社会科学文献出版社拥有该系列图书的专有出版权和网络传播权，其 LOGO（ ）与"经济蓝皮书"、"社会蓝皮书"等皮书名称已在中华人民共和国工商行政管理总局商标局登记注册，社会科学文献出版社合法拥有其商标专用权。

　　未经社会科学文献出版社的授权和许可，任何复制、模仿或以其他方式侵害"皮书系列"和 LOGO（ ）、"经济蓝皮书"、"社会蓝皮书"等皮书名称商标专用权的行为均属于侵权行为，社会科学文献出版社将采取法律手段追究其法律责任，维护合法权益。

　　欢迎社会各界人士对侵犯社会科学文献出版社上述权利的违法行为进行举报。电话：010－59367121，电子邮箱：fawubu@ssap.cn。

社会科学文献出版社